글로벌
마케팅을 위한
소비자행동의
이해

이 저서는 2018년 정부(교육부)의 재원으로 한국연구재단 대학 인문역량강화사업(CORE)의 지원을 받아 수행된 저서임

해 양 인 문 학 총 서

XIX

글로벌
마케팅을 위한
소비자행동의
이해

전중옥 · 이은경 지음

목 차

제 1 장

글로벌 마케팅의 개요

제1절 글로벌 마케팅의 이해

세계화로 대표되는 글로벌 추세에 맞추어 우리나라 기업의 글로벌 마케팅 활동도 다양한 형태로 발전되어 왔다. 그러나 우리나라 기업의 글로벌화가 비록 외형적 성장을 이루었음에도, 실제로 많은 기업들은 국내 마케팅이나 영업을 해외에 그대로 옮겨놓은 지역적 확장의 수준에 머무르고 있음을 부인할 수 없다. 이러한 현실은 진정한 의미의 글로벌화와는 괴리가 있다.

우리 기업들이 불확실한 시장환경 아래에서 글로벌 기업과의 국내외 경쟁을 극복하고 지속적 성장을 이루기 위해서는, 우리 기업의 경영활동도 적극적이고 고도화된 해외시장 공략을 통하여 글로벌 경영으로 나아가야 할 것이다. 이처럼 우리나라 기업의 경영활동이 글로벌화 하기 위해서는 글로벌 마케팅 활동과 전략에 대한 올바른 이해가 실행되어야 한다.

글로벌 마케팅은 한마디로 기업이 전 세계시장을 대상으로 수행하는 마케팅 활동으로서 국경을 넘어서 행해지는 모든 형태의 마케팅 활동이라 할 수 있다. 글로벌 마케팅과 국내 마케팅의 차이는 크게 보면 마케팅 활동의 범위에 기인하며, 글로벌 마케팅 수행 기업은 주로 국내 시장이 아닌 글로벌 시장의 환경에서 기업의 역량과 자원을 집중한다.

한편, 글로벌 마케팅을 수행하는 기업은 해외의 특정 국가나 지역에서 익숙하지 않은 특유의 시장환경에 빈번하게 직면한다. 예를 들어, 중국에서는 특허 침해나 기술 도용에 대해 타 국가에 비해 관용적임을 감안하여, 역외 기업은 자사의 지적 재산을 지키고 경쟁력 우위를 유지하기 위해 적극적인 주의를 기울여야 한다. 또한 특정 국가는 애국주의나 자국 우월주의 등과 같은 자민족중심주의가 팽배해 있다. 따라서 마케터는 전 세계의 다양한 해외시장 환경을 이해함과 동시에 보편적인 마케팅 원리에 맞는 마케팅 전략을 수행할 때 글로벌 시장에서 성공할 가능성이 높아진다는 점을 명심해야 할 것이다.

글로벌 마케팅은 크게 세 가지의 마케팅 활동으로 이루어진다. 즉 해외시장을 향하여 이루어지는 마케팅과 해외시장 내에서 이루어지는 마케팅, 그리고 전 세계시장을 대상으로 하는 마케팅활동이다. 첫 번째 마케팅 활동은 국내 또는 해외에서 생산된 제품을 해외시장을 대상으로 수출하기 위해 벌이는 마케팅 활동이며, 이의 대표적인 형태가 수출마케팅이다. 두 번째 마케팅 활동은 해외시장 내에서 현지 고객을 대상으로 직접 마케팅 활동을 벌이는 현지 마케팅 활동을 말한다. 세 번째 마케팅 활동은 시장의 글로벌화 추세에 맞추어 전 세계를 하나의 시장으로 보고 마케팅 활동을 벌이는 글로벌 마케팅이다(이철 2016).

글로벌 마케팅의 이점 중 하나는 복수의 시장에서 마케팅 함으로써 얻게 되는 레버리지 효과이다. 레버리지 효과는 한 기업이 한 나라 이상의 국가에서 기업 활동을 수행함으로써 얻게 되는 이점을 말한다. 즉 글로벌 마케팅을 수행하는 기업은 한 나라에서 얻은 마케팅 경험을 다른 글로벌 시장에서 활용하고 자원과 전략을 전 세계적으로 이용하여 규모의 경제를 이루게 됨으로써 시간, 노력, 비용의 절감을 가져오는 장점을 얻을 수 있다. 실제로 한 해외시장에서 검증된 마케팅전략이나 구체적인 제품, 영업, 프로모션 프로그램을 비슷한 환경을 가진 다른 해외시장에 이전하여 적용함으로써 마케팅 비용을 줄일 수 있다. 물론 이전된 전략이 해당 시장에 적절하지 않으면 이전효과를 살릴 수 없다. 그러나 글로벌 시장에서 이용할 마케팅 경험을 가지고 있다는 것은 글로벌 마케팅의 중요한 이점 중의 하나이다. 이처럼 레버리지 효과는 경험 이전, 규모의 경제, 자원 활용, 글로벌 전략으로 요약될 수 있다(이철 2016).

글로벌 마케팅은 기업의 자원과 마케팅 경험 및 제품을 전 세계적으로 활용하기 위한 것이 기본 목적으로, 각국의 독특한 시장환경에 적응하면서 전체적으로 통일된 마케팅 활동을 수행해 나가는 데 초점이 주어진다. 최근 각국의 소비자 기호가 유사해지고 시장 개방이 가속화되면서 시장의 글로벌화가 급속하게 진행되었다. 이러한 글로벌화 현상에 따라 기업의 마케팅 활동도 글로벌 마케팅으로 급속히 변하고 있다. 또한 다국적 마케팅의 단점인 해외시장 간의 마케팅 프로그램의 중복 및 이로 인한 마케팅 비용의 증대라는 문제점을 해결하기 위해서도 많은 다국적 기업들이 글로벌 마케팅을 도입하게 되었다.

마케팅의 원칙은 만국 공통이다(Keegan et al. 2015). 글로벌 마케팅 역시 기본적으로 전 세계를 하나의 시장으로 보고 마케팅 활동을 전개해 가는 것이라고 할 수 있다. 즉 기본원리는 전 세계의 해외시장을 하나의 시장으로 간주하고 전 세계적으로 적용될 수 있는 하나의 통일된 마케팅 원형(prototype)을 개발한 다음, 이 원형을 각 해외시장의 특성에 맞게 약간씩 수정하여 적용한다. 이는 곧 글로벌 현지화 전략(global localization)으로 표현될 수 있다. 따라서 글로벌 마케팅에서는 해외시장 간의 차이점보다 유사점이 보다 강조되며, 해외시장 간의 통합 및 조정에 초점이 맞추어진다. 또한 현지 시장에서의 개별적 이익 극대화보다 글로벌 시장의 전체적 이익 극대화를 궁극적 목표로 하고 있으며, 각 개별시장의 마케팅 활동에 대한 평가도 글로벌 이익의 극대화에 얼마나 기여 했는가를 중심으로 이루어진다(이철 2016).

이러한 글로벌 마케팅의 장점은 첫째, 전 세계적으로 자사 제품에 대한 일관된 이미지를 소비자에게 인식시킬 수 있으며, 둘째, 글로벌 원형을 개발하여 이를 해외시장의 특성에 맞추어 약간씩 수정하는 전략을 사용함으로써 자원 및 마케팅 비용을 절감할 수 있다. 세 번째, 해외시장 간의 조정 및 통합이 강조되면서 전 세계적 관점에서 자원의 효율적 이용이 가능하다. 반면 단점으로는 조정 및 통합을 우선시함으로 인해 현지 소비자 기호 및 시장 특성에 부응하는 차별화된 마케팅 활동의 수행이 어려워져, 현지 소비자로부터 부정적인 반응을 얻을 수 있다는 점을 들 수 있다.

제2절 글로벌 마케팅과 소비자행동

글로벌 시장은 국내 시장과 경제적·사회적·문화적·정치적·법률적 환경이 서로 다르며, 글로벌 시장 사이에도 국가에 따라 시장환경이 달라진다. 이러한 시장환경의 중심에는 그 수요를 이루고 있는 소비자가 있어, 글로벌 소비자의 행동에 대한 이해를 기반으로 글로벌 마케팅 전략을 수립하고 글로벌 시장에 차별적으로 적용해야 할 것이다.

글로벌 마케팅과 국내 마케팅의 차이는 근원적으로 글로벌 시장과 국내 시장의 차이점에서 비롯된다. 이러한 차이는 크게 시장환경, 정책 및 제도의 차이를 위시한 환경 요인들에 의해 그 차이를 구분할 수 있다. 글로벌 마케팅의 관리자는 이러한 국내 시장과의 차이를 사전에 확인하고 이를 바탕으로 글로벌 마케팅을 수립해야 한다(이철 2016). 특히 시장환경의 차이에 있어 글로벌 마케팅은 다수의 서로 다른 시장환경을 다루어야 한다. 이러한 시장환경의 중심에 서로 다른 수요와 욕구를 지닌 소비자들이 있으며, 이들 소비자행동의 차이를 인식하고 확인하는 것이 선행되어야 한다.

Surman(2009)은 범세계적 이동성과 연결성이 문화적 글로벌화와 글로벌 소비자로서의 생활에 지대적인 영향을 미치고 있음에도, 글로벌화가 공통적인 글로벌 문화를 이끄는지에 대해서는 두가지 상반된 관점이 있음을 역설하고 있다. 우선 거대 글로벌 기업과 그 브랜드에 의해 소비자들이 문화적 융합과 동질성을 경험하게 된다는 주장이 있다. 이에 반해 글로벌 브랜드와 실무에서의 지역적 적응화가 오히려 다양성과 다원성을 증대시킨다고 주장하고 있다. 이러한 글로벌화의 전개에 대한 상반된 관점은 글로벌 마케팅 전략이 글로 벌 소비자의 인식과의 상호간에 어떠한 영향을 미치는지를 역설적 으로 보여주고 있다.

일반적으로 글로벌 마케팅의 연구의 경우 각국간 소비자행동의 차이에 대해 사회·문화적 환경 차원에서 검토되고 있다. 즉 비교문 화적 관점에서 소비자행동의 차이를 파악하는 데에 치중하고 있어, 전반적인 소비자행동의 이해를 통한 각국간 소비자행동의 유사점과 차이점 인식 및 이에 따른 글로벌 마케팅의 전략 수립과 실행에는 부족함이 있다. 이러한 점에서 본서는 우선 전반적인 소비자행동의 이해를 위해 의사결정과정과 이에 영향을 미치는 요소들을 중심으 로 설명한다. 이어 글로벌 소비자 시장에서의 중요한 요소인 문화를 비교문화적 접근방법으로 구체적으로 살피고, 이러한 소비자행동 연 구를 글로벌 마케팅전략과 연계시켜 깊이 있게 다룬다.

〈사례〉 CJ제일제당 비비고 만두의 글로벌 시장 성공 전략

식품의 세계화는 결코 쉬운 과제가 아니다. 음식 고유의 정체성을 유지하면서도 현지 소비자들의 기호를 만족시켜야 한다. 즉 세계화와 현지화라는 상충되는 목표를 동시에 달성해야 하는 난제를 안고 있다.

CJ제일제당은 이러한 글로벌 시장에서의 여러 어려움을 극복하고 비비고 만두의 글로벌화를 성공적으로 이루어냈다. 2000년대 초반 한식의 세계화가 본격적으로 추진되던 시기에 CJ제일제당은 전 세계 인의 입맛을 사로잡을 킬러 아이템(Killer Item)으로 비비고 브랜드의 만두 제품을 선택하고 승부를 걸었다. 한식의 정체성이 약한 만두로

세계 시장을 노린다는 발상은 다소 생소하였으나 자사 제품의 수출 경험과 현지 시장 조사 결과, 대부분의 문화권에서 거부감 없이 받아들일 수 있는 만두를 최종 대안으로 결정한 것이다. 글로벌 1위 식품 회사를 꿈꾸던 CJ제일제당은 자신들의 선택을 과감히 밀어붙였다. CJ제일제당은 한식의 정체성을 지니면서도 외국인들이 친숙하게 느끼는 음식부터 공략해야 성공할 수 있다고 판단했다. 첫 목표 시장은 미국이었다. 상대적으로 진입장벽이 낮고 문화적으로도 가까운 동남아시아나 중국 대신 미국을 노렸다. 이에 비해 중국이나 일본, 동남아 등 지리적인 근접성과 문화적 유사성을 지닌 아시아 권역은 후순위로 미루었다. 냉동식품 시장이 미국보다 상대적으로 작고, 현지 경쟁업체도 다수인 점이 고려요인으로 작용한데다, 세계에서 냉동식품 시장 규모가 가장 큰 나라인 미국에서 성공해야 CJ의 '비비고' 브랜드를 글로벌 시장에서 보다 용이하게 각인시킬 수 있다고 판단하였기 때문이다. CJ제일제당은 미국 진출 10여 년 만인 2016년 매출 1080억 원을 기록하며 현지 만두시장 1위 자리에 올라섰다. 미국에서 쌓은 노하우는 중국, 베트남, 러시아 시장에 성공적으로 진출하는 원동력이 됐다.

<표 I-1> 비비고 만두의 국내/글로벌 매출 현황 및 비중

* ( )는 비중, 단위: 억원

	2016년	2017년	2018년(목표)
전체 매출	3300	5050	6600
국내	1950(59%)	2660(53%)	2870(43%)
글로벌	1350(41%)	2390(47%)	3730(57%)

자료원: CJ제일제당

<표 I-2> 국가별 비비고 만두 매출액

* 2018년 예상치, 단위: 억원

	국가	매출액
🇰🇷	한국	3,150
🇺🇸	미국	2,800
🇨🇳	중국	1,768
🇯🇵	일본	690
🇻🇳	베트남	475
🇷🇺	러시아	1,300
🇩🇪	독일	250

자료원: CJ제일제당

<표 I-3> 글로벌 만두 시장의 규모 및 시장점유율

* 2016년은 실적, 2018~2020년은 예상치

	2016년	2017년	2018년	2019년	2020년
전체 시장 규모	5조8000	6조	6조2000	6조5000	6조7000
CJ제일제당	5.7%	8.1%	11.1%	13.3%	15.2%
중국 완차이페리(現 1위 업체)	13%	12.6%	12.2%	11.7%	11.3%

자료원: CJ제일제당

<표 I-3>과 같이 2017년 기준으로 비비고 만두는 6조원대로 추정되는 글로벌 만두 시장에서 8.1%의 점유율을 차지하였다. 이 여세를 몰아 CJ제일제당은 2020년까지 글로벌 만두 시장에서 비비고의

시장점유율을 약 15%까지 끌어올릴 계획이다.

CJ제일제당 비비고 만두가 글로벌 시장에서 성공할 수 있었던 주요 요인으로 여러 가지의 글로벌 마케팅전략을 들 수 있는데, 그 중에서도 현지 소비자 맞춤전략인 '비비고식 Glocalization'이 있다.

CJ제일제당은 철저하게 현지인의 식습관에 맞춘 제품을 소개하였다. 미국에는 비비고 스팀 덤플링, 미니완탕이, 중국에는 비비고 교황, 왕수교자가 대표적인 제품이다. 최근 진출한 베트남에는 비비고 해산물 만두와 고기와 옥수수가 들어간 미트 앤 콘 만두를 대표 제품으로 내어놓았다. CJ제일제당은 미국 시장에서 미니완탕으로 성공한 이후 현지화 작업을 본격화하였다. 현지의 메이저 경쟁업체들을 이기기 위해서는 비비고 만두만의 차별성이 명확히 인지되어야 한다고 믿은 것이다. 또한 지역마다 현지인이 친숙하게 느끼는 맛과 향이 있어 이를 간과하면 현지 소비자에게 외면당할 수 있다고 판단하였다.

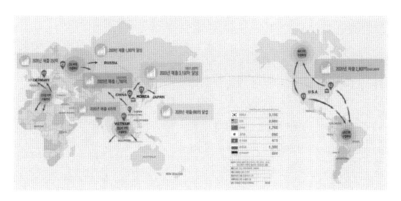

자료원: CJ제일제당

<그림 I-1> CJ제일제당 비비고 만두의 세계지도

CJ제일제당은 현지 소비자들이 원하는 맛을 개발하기 위해 다각적인 노력을 기울였다. 그 일례로 미국에서는 건강을 챙기는 소비자가 많다는 특성을 감안해 만두소에 닭고기를 썼다. 아시아의 맛을 원하는 소비자 성향을 고려해 고수도 넣었다. 반면에 중국 소비자들은 부추를 싫어하는 경우가 많았다. 그래서 부추 대신 배추와 옥수수를 넣은 제품을 만들었다. 러시아의 비비고 만두에는 돼지고기 대신 쇠고기가 많이 들어간다. 쇠고기의 맛과 향을 좋아하는 러시아인의 입맛에 맞춘 결과다. 맛 현지화의 중심에는 CJ제일제당의 '글로벌 식품 R&D센터'가 있다. 센터 직원 총 23명 가운데 9명이 중국, 베트남, 미국 등 세계 각지에 파견돼 있다. 이들은 시장조사 등을 통해 현지인이 좋아하는 맛을 찾아내고 있다.

최근 CJ제일제당이 중국 시장에서 괄목할 만한 성과를 나타내는 것도 현지화 전략의 결과라 할 수 있다. 2011년 비비고의 중국 진출 당시 중국에는 3대 식품업체가 85%의 만두 시장점유율을 기록할 정도로 과점 상태였다. 그만큼 중국 소비자들은 현지 주요 식품업체의 만두에 익숙해 있어 비비고가 그 틈을 비집고 들어가기에 매우 어려운 상황이었다. 이에 CJ제일제당은 중국 소비자들의 취향을 분석하여 중국인들이 한국 만두를 부정적으로 평가하는 원인을 찾아내었다. 우선 한국인들이 선호하는 부추에 대해 중국인 중 상당수는 부추가 열을 올리는 식품이라는 이유로 꺼려한다는 점이다. 대신 중국내 시판되는 만두의 대부분에 옥수수와 배추가 들어간다는 사실을 확인하였다. 또한 간장, 식초를 위시한 현지 재료의 특성이 한국과 다른 점에 착안하여 재료 배합 역시 원점에서 출발하여 새로운 조합을 찾아내었다. 이렇게 현지인의 식습관에 주력하여 중국 소비자만을 위한 철저한 맞춤식 비비고 왕교자를 새롭게 출시하게 된 것이다.

현지화 전략은 현지인의 취향과 욕구를 반영한 제품과 서비스를 제공하는 것으로, 최근에 들어 글로벌 시장 진출의 기본 전제로서 그 중요성이 강조되고 있다. 그러나 현지인의 취향과 욕구를 제대로 파악하고 반영하기가 쉽지 않다. 또한 현지화가 강조됨에 따라 자칫 자사나 자사 브랜드의 차별적 아이덴티티나 핵심역량을 상실할 수 있어 이에 대한 면밀한 접근이 요구된다.

앞서의 CJ제일제당의 사례에서와 같이 현지화를 위한 노력에는 이에 상응한 시간과 자원이 소요된다. 현지화란 단지 현지 소비자들이 어디에 얼마를 소비하는지 그 수와 양을 확인하는 것을 의미하지 않는다. 무엇보다 이들 현지 소비자들의 소비행동 전반과 그 행동에 영향을 미치는 개인적·환경적 요인들을 면밀히 파악하는 것이 현지화를 위한 올바른 과정이다.

글로벌경영 특히 글로벌 마케팅의 오랜 과제로 Global-Local 딜레마가 존재한다. Global-Local 딜레마란 글로벌 시장 진출시 현지화에 수반되는 비용 압력을 말한다. 현지화를 하면 각국 소비자의 취향과 욕구를 충족시킬 수 있으나, 제품 단위당 비용이 증가하며 복수 국가에의 중복 투자 유발이라는 저효율성에 직면하는 경우가 많다. 즉 매출이 증가해도 수익률이 낮아지는 결과에 직면하기 다반사다. 반면 제품 및 마케팅을 표준화해서 시장에 진출할 경우 비용을 줄일 수는 있지만 현지 소비자들을 만족시키기 어렵다. 따라서 제품의 현지화를 추구하면서 전체 비용을 낮출 수 있는 방안을 강구하는 노력이 필요하다. 이러한 Global-Local 딜레마를 해결하기 위해 가치사슬이나 공정상 핵심 부문은 표준화하고 비핵심 부문이나 차별화가 요구되는 부문을 현지화해서 문제를 해결하는 방안이 제시되고 있다.

예를 들어 CJ제일제당의 만두의 경우 생산 방식은 플랫폼화 되어 표준화 공정으로 현지에서 생산 및 공급이 이루어지고, 재료와 포장 및 프로모션은 차별화하는 것이다.

자료원: 이비영·류주한(2018), "현지인 식습관 간파한 '맞춤형 만두' 미·중 '글로컬리제이션' 돌풍," 동아비즈니스리뷰, 252, p.70-84. 내용 수정 및 재구성

제 2 장

소비자행동의 이해

제1절 소비자행동의 개념

1. 소비자행동 이해의 중요성

소비자행동을 이해하는 것이 왜 중요할까? 제품이나 서비스에 대한 소비자의 태도나 구매행동이 기업의 성과(예: 수익성)를 결정하기 때문이다. 소비자의 특정 제품 또는 서비스에 대한 선호는 계속해서 변화한다. 따라서 이러한 소비자의 지속적인 변화 양상을 반영하는 적절한 마케팅전략의 개발을 위해 마케터들은 소비자행동에 대한 폭넓은 지식을 가져야 한다.

소비자의 욕구를 파악하여 이를 충족시키는 마케팅전략을 개발함으로써 시장에서 성공을 거둔 기업의 사례를 주위에서 쉽게 접할 수 있다. 대표적으로 글로벌 커피 프랜차이즈인 스타벅스(Starbucks)는 전통적인 마케팅믹스인 4P(Product, Price, Place, Promotion)에 더하여 People을 중심에 놓는 파격적인 발상으로 전략적으로 접근하였다. 이는 누가 누구를 위해 어떤 사람이 필요로 하는 서비스를 누구에게 하느냐가 고객을 유인하는 중요한 요소로 작용한다는 것을 알았기 때문이다. 또한 스타벅스는 전략적으로 '가벼운 사치를 즐기는 여유'를 갖고 있는 젊은 세대의 감성과 생활에 적절히 파고든 노력에 의해 성공할 수 있었다고 분석하고 있다.

소비자의 이해 정도에 따라 마케팅 전략이 결정되는 철학을 마케팅 컨셉(marketing concept)이라고 할 수 있다. 마케팅 컨셉은 마케터가 소비자들이 시장에서 추구하는 편익을 정의하고 이를 충족시키기 위한 마케팅전략을 개발하는 것을 의미한다. 이러한 마케팅 컨셉을 수용함으로써 마케팅의 맥락에서 소비자행동의 연구가 가능해진 것이다.

소비자행동은 소비자들이 어떻게 구매의사결정을 하고 그들이 구매한 제품 또는 서비스를 사용하고 폐기하는가에 중심을 두고 있다. 이러한 소비자행동 연구는 구매의사결정과 제품사용에 영향을 미치는 요인들에 대한 분석을 포함한다.

소비자들이 어떻게 구매의사결정을 내리는가를 이해하는 것은 여러 면에서 마케터에게 도움이 된다. 예를 들면, 노트북 마케터가 마케팅조사를 통해 슬림함이 노트북의 목표 시장에서 가장 중요한 속성으로 나타났다면, 기업은 그러한 주요 속성에 대해 만족시키기 위해 제품을 다시 디자인할 수 있을 것이다. 하지만 단기간에 디자인을 변화시킬 수 없다면, 기업은 소비자의 의사결정시 평가기준을 변화시키기 위한 노력으로 프로모션을 활용할 수도 있다. 즉 기업은 노트북의 슬림함을 낮게 평가하는 반면, 빠른 속도나 배터리 지속성을 주요 평가기준으로 내세우고 이를 장점으로 내세우는 광고를 집행하는 전략을 사용할 수 있다.

2. 소비자행동의 개념적 모델

소비자행동에 대한 많은 정의 중 Blackwell, Miniard, and Engel(2006)은 "사람들이 제품이나 서비스를 획득하고, 소비하고, 처분할 때 수행하는 활동"으로 소비자행동을 정의하고 있다.(Consumer behavior is defined as activities people undertake when obtaining, consuming, and disposing of products and services.) 이 정의에 따르면 소비자행동은 구매 이상의 다양한 소비관련 활동(예: 획득, 사용, 처분 등)을 포함하고 있다.

소비자행동의 여러 측면들과 소비자행동에 영향을 미치는 변수들 간의 관계는 매우 복잡하며, 절대적인 기준을 가지고 단정 짓기에는 무리가 있다. 이러한 점에서 매우 다양한 소비자행동의 개념적 모델이 제시되고 있다. 소비자행동의 전체적인 윤곽을 이해하는 데에 이 개념적 모델이 도움이 되지만, 한편으로 다양한 주장을 표현해 냄으로 인해 혼란을 가중시키기도 한다.

소비자행동의 개관을 보여주는 개념적 모델 중 주요 구성요소와 그들 간의 관계를 보다 명확히 보여주는 Blackwell, Miniard, and Engel(2006)의 소비자 의사결정모형을 대표적으로 소개한다. <그림 II-1>의 모델에서 보는 바와 같이 전체 모형은 의사결정과정을 중심으로 정보처리과정과 의사결정에 영향을 미치는 요인들로 구성되어 있다.

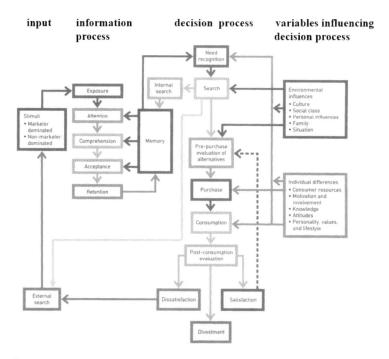

자료원: Blackwell, Miniard, and Engel(2006), Consumer Behavior (10th ed.), Thomson South-Western.

<그림 II-1> 소비자 의사결정모형

제2절 소비자 의사결정과정

소비자들의 일상생활은 수많은 의사결정의 연속이라고 해도 과언이 아닌데, 소비자의 의사결정은 구매 및 이와 관련된 행동에 직접적으로 영향을 미치기 때문에 이에 대한 이해는 매우 중요하다. 소비자들은 제품이나 서비스를 구매할 때 일반적으로 <그림 II-2>와 같이 다섯 단계의 소비자 의사결정과정을 따른다. ① 문제인식

(problem recognition), ② 정보탐색(information search), ③ 대안평가 (alternative evaluation), ④ 구매(purchase), 그리고 ⑤ 구매후 행동 (post-purchase behavior)이다. 구매의사결정의 다섯 단계는 소비자들 이 어떠한 제품이나 서비스를 인지한 후 구매하기까지의 일반적인 과정을 나타내는 것으로, 소비자들이 어떻게 의사결정을 내리는지를 연구하기 위한 지침이라 할 수 있다.

소비자들의 구매의사결정과정은 문제해결을 위한 의사결정 유형 에 따라 달라질 수 있기 때문에, 소비자들이 의사결정과정에서 이러 한 다섯 단계를 모두 거치는 것은 아니다. 현실적으로 소비자들은 어떤 경우에는 다섯 단계를 모두 거쳐 구매의사결정을 하지만 또 다 른 경우에는 한 단계를 생략하거나 단계 간 순서를 바꾸기도 한다.

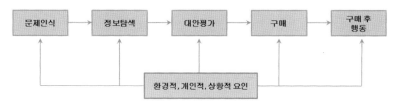

자료원: 김상현 등(2011), 마케팅, 이프레스

<그림 II-2> 소비자 의사결정과정

1. 소비자 의사결정의 유형

소비자가 문제를 해결하는 유형은 <표 II-1>과 같이 소비자의 관 여도 수준, 의사결정을 위한 시간, 제품 비용, 정보탐색의 정도, 고려 대안의 수 등에 따라 포괄적 의사결정(extended decision making), 제한적 의사결정(limited decision making), 일상적 의사결정(routinized decision making)으로 구분할 수 있다. 의사결정 유형을 결정짓는 가장 중요한 요인은 소비자의 관여도 수준이다. 관여도(involvement)는 주어진 상황에서 특정 대상에 대한 개인의 중요성 지각정도(perceived personal importance) 혹은 관심도(interest)를 말한다(Antil 1984). 소비자는 자신의 욕구와 관련된 제품에 대한 관여도가 높을수록 보다 많은 정보를 탐색, 평가하는 데 많은 시간과 노력을 할애하는 경향이 있으므로, 보다 신중한 의사결정의 과정을 거치게 된다.

<표 II-1> 소비자 의사결정유형

의사결정 요인	의사결정유형		
	일상적 의사결정	제한적 의사결정	포괄적 의사결정
관여도	낮음	약간 낮음	높음
탐색시간	짧음	약간 짧음	김
비용	낮음	약간 낮음	높음
정보탐색	내적정보	주로 내적정보	내적정보, 외적정보
대안의 수	하나	몇 가지	다수

자료원: 김상현 등(2011), 마케팅, 이프레스

이렇게 관여도와 정보처리 수준 등에 따라 구분된 의사결정 유형별 특징을 의사결정과정의 단계별로 살펴보면 다음의 <표 II-2>와 같다.

<표 II-2> 관여도와 의사결정 유형

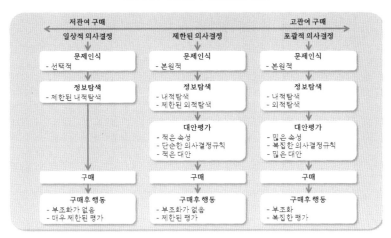

자료원: Hawkins and Mothersbaugh(2010), Consumer Behavior: Building Marketing Strategy(11th ed.), McGraw-Hill Irwin 수정

1) 포괄적 의사결정(Extended Decision Making)

제품이 소비자에게 중요하기는 하나 친숙하지 않고 자주 구매하는 품목이 아닐 때 더 많이 이루어지는 의사결정을 말한다. 이러한 과정은 가장 복잡하고 광범위한 유형의 소비자 의사결정으로, 자동차, 가구, 노트북, 여행 등 고관여 제품의 구매와 관련이 있다. 자동차를 구매하기 위한 결정은 음료를 구매하기 위한 결정보다 훨씬 중요하고 복잡하므로, 소비자는 더 많은 시간과 노력을 투입하여 신중한 의사결정을 할 것이다. 포괄적인 의사결정에서 소비자들은 세부적이고 복합적인 방법으로 브랜드를 평가하고 다른 어떤 유형의 구매결정보다 더 많은 정보를 탐색하고 더 많은 수의 브랜드 대안을 평가한다.

2) 제한된 의사결정(Limited Decision Making)

소비자가 이전에 제품을 구매해본 경험은 있으나 이용 가능한 현재 브랜드와 친숙하지 않을 때 발생한다. 말하자면 어떤 제품을 새로 구매해야 하는 상황이면 대부분 해당된다고 할 수 있다. 예컨대 평소에 주로 애용하던 샴푸가 상품 진열대에 없거나 사용해 본적이 없는 샴푸가 행사 상품으로 눈길을 끌 때, 다른 대안이나 행사 상품의 브랜드를 선택할지를 두고 잠시 고민할 것이다. 제한적 의사결정은 문제해결을 위한 의사결정에 있어 제한된 범위의 정보탐색을 하는 것을 말하며, 문제가 비교적 간단하거나 소비자가 정보를 어느 정도 가지고 있는 경우의 방식이다. 이 유형은 일상적인 의사결정보다는 관여도 수준이 높지만 주로 저관여 제품들과 관련이 많다고 할 수 있다.

3) 일상적 의사결정(Routinized Decision Making)

특정 문제를 해결하기 위해 별도의 의사결정이 이루어지지 않기 때문에 습관적인 의사결정(habitual decision making)이라고도 한다. 필수품의 재고가 없어 단순 보충의 개념으로 이루어지는 일상적 의사결정은 직접 경험을 통해 문제 해결을 하기 위한 대안을 알고 있어, 문제 인식 후 선택을 위한 결정을 곧바로 하는 것을 말한다. 이 유형은 일반적으로 구매빈도가 높은 저가의 제품이나 서비스에 대한 구매의사결정이 이루어질 때 행해진다. 주로 치약, 라면, 음료수, 출퇴근 교통수단 등과 같은 저관여 제품구매와 관련해서 일상적인 의사결정이 이루어지며, 소비자들은 구매 전 정보탐색과 평가에 많은 시간을 할애하지 않고 신속하게 구매결정을 한다. 일상적 구매의 사결정을 하는 소비자들은 보관된 장소에 비어있는 것을 알아차리거나 상점의 선반위에 진열된 제품을 보기 전까지는 필요를 인식하지 못하는 경향이 있으며, 제품의 구매 후에 평가가 이루어진다.

앞에서 살펴본 세 가지 의사결정 유형이 항상 지속적이고 고정적인 것은 아니다. 일상적으로 구매하던 제품에 대해 더 이상 만족스럽지 않다면 소비자들은 브랜드 전환을 위해 제한적이거나 포괄적인 의사결정을 할 수 있다. 그리고 처음에 포괄적 의사결정으로 구매한 사람이 차후의 구매 시에는 제한적 또는 일상적 의사결정을 하기도 한다. 예를 들어, 초보엄마가 아기 기저귀를 처음으로 구매할 때에는 관련 정보를 더 많이 탐색하고 여러 브랜드를 심각하게 평가하고 구매할 가능성이 높다. 그러나 이후에 지속적으로 기저귀를 구매할 경우에는 앞서 구매한 기저귀와 동일한 브랜드를 일상적 의사결정에 따라 구매할 것이다.

2. 소비자 의사결정과정의 다섯 단계

이미 소개한 바와 같이 의사결정과정은 크게 다섯 단계로 나누어질 수 있는데, 이를 단계별로 살펴보면 다음과 같다.

1) 문제인식(Problem Recognition)

소비자들이 실제상태(actual state)와 이상적인 상태(desired state) 사이에 차이(gap)를 인식하게 되면 그 차이를 해소시킬 수 있는 수단에 대한 욕구가 환기된다. 욕구환기(need arousal)는 소비자 의사결정의 출발점이 되며, 이러한 욕구환기를 문제인식(problem recognition)이라고 한다. 문제인식이 의사결정과정을 거쳐 구매행동으로 이어지기 위해서는 충분한 동기가 유발되어야 한다. 즉, 실제 상태와 이상적인 상태간의 차이가 크거나, 그 문제의 중요성이 클 때 강한 동기가 유발된다. 예를 들어, 소비자가 노트북을 가지고 싶은 욕구가 있더라도 그리 크지 않거나 욕구가 크더라도 다른 제품의 소유에 대한 욕구보다 중요성이 낮다면 구매의사결정으로 연결되지는 않는다. 또한 욕구의 크기와 중요성이 구매에 드는 금전적·비금전적 비용과 사회적 규범 등의 제약요인을 이길 수 있을 만큼 충분히 클 때에야 동기유발에 따른 의사결정과정이 시작된다.

문제인식의 동기유발은 내적, 외적 자극을 통해서 활성화된다. 먼저 소비자의 내적 자극에 의한 문제인식은 소비자의 내적 욕구변화로 스스로 문제를 인식하는 것을 말하며, 배고픔, 갈증 등의 내적 요인에 의해서 발생할 수 있다. 그리고 외부적 환경자극에 의한 문제인식은 외적 요인에 의한 것으로, 광고나 판매촉진 등 기업이 제공한 마케팅 활동이나 가족, 준거집단, 친구 등의 사회적 요인으로부터 발생한다. 예를 들면, 갈증을 해소하기 위해 생수를 구입하고, 배가 고플 때 인근 식당을 방문하는 경우는 내적인 자극에 의해 동기가 유발되는 경우이다. 한편 TV에서 유명 아이돌 그룹이 광고하는 스마트폰을 구매하고 싶고, 친구가 모임에 몰고 온 자동차를 부러워하며, 매장에서 판매원이 권하는 한정판 핸드백을 구입하는 경우는 외적인 자극에 의해 문제인식을 하는 것으로 볼 수 있다. 이러한 내·외부 자극들은 소비자들로 하여금 자신의 욕구나 문제를 인식하게 하고 나아가 구매행동을 촉발시킬 수 있기 때문에, 마케터는 소비자들의 문제를 인식하게 하는 요인이나 상황들에 대해 제대로 파악하고 있어야 한다.

2) 정보탐색(Information Search)

소비자가 문제를 인식하고 그 문제의 크기와 중요성이 비용과 사회적 규범 등의 제약요인보다 크다면 정보탐색을 하게 된다. 일반적으로 정보탐색은 구매상황과 관련하여 소비자 기억 속에 저장되어 있는 정보를 회상하고 인출하는 과정인 내적 탐색과 광고나 친구, 판매원 등의 외적 자극요인으로 부터 정보를 수집하는 과정인 외적 탐색으로 나눌 수 있다.

(1) 내적 탐색(Internal Search)

소비자의 장기, 단기 기억 속에는 제품이나 서비스와 관련된 과거의 구매 경험이나, 기업의 광고나 타인으로부터 수집된 다양한 정보가 저장되어 있는 경우가 많다. 소비자가 문제를 인식하고 나면, 이를 효과적으로 해결해 줄 수 있는 관련 정보를 얻기 위해 기억 속에 있는 정보를 회상하게 되는 내적 탐색을 거치게 된다. 소비자가 의사결정을 할 만큼 충분한 정보를 저장하고 있고, 그 정보를 회상할 수 있으며, 이와 함께 상당히 만족스러운 대안이 존재한다면 곧바로 그 대안을 구매할 수 있다. 이러한 내적 탐색은 신속하게 탐색이 이루어지고 시간과 비용을 적게 들이면서 원하는 정보를 수집할 수 있다는 장점이 있어 일상적인 의사결정을 할 때 일어날 가능성이 크다. 하지만 소비자의 내부 정보가 만족스런 구매결정을 하기에 충분치 않다면 추가적인 정보 수집을 위해 외적 탐색이 시작된다.

(2) 외적 탐색(External Search)

　소비자가 문제해결을 할 만큼 충분한 정보를 기억 속에 갖고 있지 않거나 이를 회상할 수 없으면 추가적인 정보를 찾기 위해 자발적으로 시간과 노력을 들여서 외부 정보를 탐색하는 활동인 외적 탐색을 하게 된다.

　외적 탐색을 탐색 시점에 따라 구분하면 구매전 탐색과 계속적 탐색으로 나눌 수 있다. 구매전 탐색(pre-purchase search)은 소비자가 당면한 문제를 해결하기 위해 정보를 탐색하는 것이며, 계속적 탐색(ongoing search)은 당면 문제를 해결하기 위한 목적이 아니라 평소에 관심을 가지고 지속적으로 정보를 탐색하는 것이다. 예를 들어, 소비자가 노트북을 구매하기 위해 온라인으로 많은 정보를 탐색하고 실물을 확인하기 위해 전자상가를 방문했다면 구매전 탐색이지만, 평소 IT 제품에 관심이 많아 컴퓨터 정보 사이트를 자주 검색하며 정보를 축척해 왔다면 계속적 탐색에 해당한다.

　① 외적 탐색에 영향을 미치는 요인

　외적 탐색의 정도는 개인과 구매상황에 따라 매우 달라질 수 있다. 소비자 입장에서는 외부 탐색에 많은 시간과 비용이 투입되고, 의사결정이 지연되며, 정보 과부화 등의 문제가 발생하기 때문에 선택적으로 이루어지는 경우가 많다. 외적 탐생의 정도는 탐색을 통해 기대되는 혜택과 탐색에 따르는 비용 간의 비교를 통해 혜택이 비용을 초과하는 한도 내에서 이루어진다고 할 수 있다. 일반적으로 의사결정과정의 유형에 따라 외적 탐색의 정도와 성격이 달라지는데, 포괄적 의사결정의 경우 제한적이거나 일상적 의사결정에 비해 가장 활발한 외적 탐색 활동을 하게 된다. 외적 탐색에 영향을 미치는 요인으로는 제품 특성, 소비자 특성, 상황적 특성으로 요약할 수 있다.

- 제품 특성 : 일반적으로 음료, 과자, 물티슈 등의 편의품(convenience goods)은 소비자들이 반복적이고 습관적으로 구매하는 제품이기 때문에 정보탐색을 거의 하지 않는다. 한편 의류, 영양제, 악세서리 등의 선매품(shopping goods)은 대안들 간의 가격, 성능, 디자인 등을 비교하여 구매하기 때문에 정보 탐색의 수준이 높아진다. 그리고 자동차, 오디오, 아파트 등의 전문품(specialty goods)은 대체로 가격이 높고 구매를 위해 상당한 노력을 기울여야 하므로 편의품이나 선매품보다 훨씬 높은 수준의 정보탐색을 하게 된다.
- 소비자 특성 : 소비자의 제품에 대한 사전 지식이나 경험의 수준에 따라 정보탐색의 노력과 양이 달라진다. 일반적으로 소비자가 제품지식이나 경험이 적을 경우에는 보다 많은 정보탐색 노력을 할 것으로 예상된다. 그러나 이러한 소비자가 기술적으로 난해한 제품을 구매할 경우에는 자신의 외적 탐색에 따른 의사결정에 자신감이 없으면 오히려 외적 탐색을 적게 할 수도 있다. 따라서 소비자의 제품 지식과 외적 탐색의 관계는 부(negative)의 관계일 수도 있고, 역U 관계일 수도 있다. 또한 소비자의 제품에 대한 관여수준이 높을수록 불확실성이나 지각된 위험을 크게 지각하기 때문에 외적 정보탐색을 많이 하게 된다. 한편 인구통계적 특성과 관련하여 보면 일반적으로 소비자의 연령이나 소득수준이 높을수록, 교육수준이 낮을수록 정보탐색에 대한 시간적 기회비용을 높게 고려하기 때문에 정보탐색을

적게 하는 경향이 있다.

- 상황적 특성 : 상황적으로 소비자가 긴급한 구매결정을 해야 하는 경우나 충동구매가 발생할 때는 정보탐색의 기회는 줄어든다. 또한 매장이 혼잡할수록 정보탐색을 많이 할 수 없으므로 외적 탐색은 감소하지만, 쇼핑 분위기가 쾌적하다면 소비자들은 더 많은 정보탐색을 하게 된다. 그리고 문제 해결을 위한 제품이나 서비스, 브랜드 등과 관련된 대안의 수가 많을수록 외적 정보탐색의 양은 많아질 것이다. 반면에 고려할 수 있는 대안의 수가 지나치게 많을 경우 정보 과부화로 인해 소비자가 정보탐색을 망설이게 되는 부정적인 결과를 초래할 수도 있다.

② 외적 정보의 원천

소비자들은 온라인과 오프라인을 포함한 다양한 정보원천으로부터 외부 정보를 획득한다. 소비자 정보의 원천(information sources)에는 다음의 네 가지 유형이 있다.

- 상업적 원천(commercial sources) : 기업이 제공하는 광고, 홍보, 판매원, 중간상, 판촉물, 포장 등
- 개인적 원천(personal sources) : 가족, 친구, 이웃, 직장동료나 지인 등
- 중립적 원천(neutral sources) : 신문, 방송뉴스, 소비자 관련 보고서, 한국소비자원 자료 등
- 경험적 원천(experiential sources) : 소비자가 직접 제품이나 서비스를 이용해 보거나 시험조작을 해봄으로써 정보를 얻는 경우

일반적으로 소비자는 상업적 원천으로부터 손쉽게 많은 정보를 접할 수 있지만 정보에 대한 신뢰성을 낮게 평가한다. 반면, 개인적 원천이 제공하는 의견이나 정보는 신뢰성이 높다고 지각하는 경향이 있기 때문에 이에 대한 영향력이 크다. 또한 소비자들이 대안 제품에 대한 정보를 갖고 있는 경우, 상업적 원천이 의사결정의 초기단계에 중요할 수도 있다. 그러나 친구와 동료의 의견, 소비자의 과거 경험은 구매결정에 가까워질수록 더욱 중요한데, 이는 소비자들이 이러한 원천을 가치있는 것으로 생각하기 때문이다.

(3) 고려상표군(Consideration Set)

소비자들은 선택대안을 비교평가하기 위해 정보탐색을 통해 수집된 정보를 바탕으로 대안상표군을 형성한다. 이때 제품 카테고리 내에 존재하는 대안들을 모두 고려할 수 없기 때문에 대안평가를 위해 최종적으로 고려되는 상표군에는 일부 상표가 제외될 수 있다.

소비자가 기존에 인지하고 있던 상표들 중 내적 탐색을 통해 회상되는 상표군을 상기상표군(evoked set)이라고 한다. 상기상표군은 소비자의 문제 해결이 가능한 브랜드의 집합이며, 상기상표군 내에 구매하고자 하는 상표가 있으면 바로 구매로 연결될 수 있으나, 보다 추가적인 정보가 필요할 경우 외적 탐색을 하게 된다. 외적 탐색 과정에서 새롭게 추가되는 상표들과 상기상표들을 합쳐 고려상표군(consideration set)이라고 한다. 이들 중 몇 가지의 대안을 제거한 뒤 선택상표군(choice set)을 형성하여 다양한 속성들을 평가하는 과정으로 넘어가게 된다.

(4) 정보탐색의 방식

소비자들이 구매결정을 위해 몇 가지의 대안상표들에 관한 정보를 획득할 때, 정보를 탐색하고 처리하는 방식으로는 브랜드별 처리, 속성별 처리, 혼합식 처리가 있다.

- 브랜드별 처리 : 소비자가 하나의 브랜드를 선택해서 그 브랜드의 모든 속성과 특성을 탐색한 후 다른 브랜드를 선택하여 동일한 방식으로 정보를 획득하고 처리하는 방식이다. 예를 들어, 노트북에 대한 브랜드별 처리를 할 경우 먼저 A 노트북의 크기, 무게, 속도, 디자인 등의 속성에 관한 정보를 파악하고 나서 B 노트북도 같은 방식으로 정보를 처리한다.
- 속성별 처리 : 제품의 한 가지 특정 속성을 기준으로 여러 브랜드에 대한 정보를 탐색한 후, 또 다른 속성에 대하여 각 브랜드의 정보를 획득한다. 예를 들어 노트북에 대해 속성별 처리 방식을 사용할 경우, 속도 속성부터 A, B, C, D 노트북 브랜드의 순으로 정보를 탐색한 다음, 디자인 속성도 마찬가지로 A, B, C, D 노트북 브랜드 순으로 정보를 처리한다.
- 혼합식 처리 : 위의 두 가지 처리방식을 혼합한 방식이며, 속성에 따라 정보 처리를 하다가 특정 브랜드가 마음에 들면 나머지 브랜드는 제외시키고 그 브랜드에 대해서만 나머지 속성들을 탐색하고 처리하는 방식이다. 예컨대, 노트북의 무게 속성에 대해 A, B, C, D 브랜드 별로 정보 탐색을 한 후 A와 C 브랜드가 맘에 든다고 생각된다면, B와 D 브랜드에 대한 정보 수집을 그만 두고, A와 C 브랜드에 대해 크기, 속도, 디자인 등의 속성들을 탐색하는 것이다.

3) 대안평가(Alternatives Evaluation)

정보탐색을 통해 원하는 정보를 얻고 대안 제품의 고려상표군을 구축하게 되면 소비자는 구매결정을 할 준비가 되어있다고 할 수 있다. 그 다음 단계로 선택된 대안들을 평가하기 위한 일련의 기준을 설정해야 하며, 이를 근거로 고려상표군에 속하는 브랜드를 평가하게 된다. 다음에서는 이러한 평가기준의 특성과 평가방법에 대해 구체적으로 살펴보기로 한다.

(1) 평가기준의 특성

소비자는 여러 가지 평가기준을 근거로 각 대안을 평가한다. 소비자가 어떤 평가기준을 사용하느냐는 최종 선택된 브랜드를 결정짓는 데 있어 중요한 요소로 작용한다. 평가기준(evaluative criteria)은 선택기준(choice criteria)이라고도 하며, 소비자가 문제해결을 위해 대안을 비교하고 평가하는 것과 관련된 표준(standards)과 명세(specifications)를 말한다.

다시 말해, 소비자가 구매하고자 하는 제품이나 서비스의 속성, 혜택, 특징 등을 의미한다. 예를 들면, 백팩을 평가할 때 디자인, 브랜드, 견고성, 가격, 크기 등이 평가기준이 될 수 있다. 소비자의 평가기준은 아래와 같이 몇 가지의 특성을 가지고 있다.

- 평가기준은 구매목적 또는 동기를 반영한다 : 평가기준은 제품이나 서비스의 구매 목적 또는 소비자가 추구하고자 하는 동기와 관련이 있다. 예를 들어, 평소 입냄새가 고민인 여성이 치약

을 구매할 때는 구취제거성분을 중요시할 것이며, 충치예방이나 잇몸질환에 관심이 많은 소비자는 충치나 잇몸질환 예방성분을, 하얀 치아를 원할 경우 미백효과를 더 중요시할 것이다. 이처럼 소비자의 제품이나 서비스 구매동기 즉 기대되는 혜택이 무엇인가에 따라 구매 시 고려되는 평가기준은 달라질 것이다. 소비자의 제품 구매동기는 제품을 통해 실질적인 효용(benefit)을 얻고자 하는 실용적 동기(utilitarian motive)와 제품을 소비함으로써 즐거움과 기쁨을 성취하고자 하는 쾌락적 동기(hedonic motive)로 구분된다.

- 평가기준은 제품에 따라 수와 중요성이 다르다 : 노트북, 자동차, 아파트 등은 대체로 고가격이면서 고관여 제품이라 할 수 있다. 이러한 경우 구매에 따른 위험을 높게 지각하기 때문에 의사결정에 보다 신중하게 되므로, 평가기준의 수가 많아지는 경향이 있다. 반면 편의품 등의 저관여 제품은 일상적으로 자주 구매하기 때문에 평가기준의 수가 적거나 거의 없는 편이다. 또한 여러 개의 평가기준 중에서 소비자가 중요하게 고려하는 한두 개의 속성이 결정적인 평가기준으로 작용한다. 그러나 가장 중요한 평가기준이 반드시 결정적인 평가기준이 되는 것은 아니다. 예를 들어, 소비자들이 자동차를 구매할 때 성능을 가장 중요시 하더라도 고려 대안들 간에 성능이 비슷하다면 브랜드, 디자인, 가격, A/S 등 다른 속성으로 평가를 할 것이다.
- 평가기준은 상황에 따라 달라진다 : 평소 맛집의 분위기를 중요시하여 음식점을 선택하던 소비자가 시간에 쫓기는 상황에 처하면 음식이 얼마나 빨리 나오는 지를 우선 고려하여 패스트푸드점에 가게 된다. 또한 소비자 자신이 직접 사용하기 위해 화

장품을 구매할 때와 직장 동료의 생일 선물로 화장품을 고를 때 적용하는 평가기준은 차이가 있다.

(2) 평가 방법

소비자가 상표대안들을 평가할 때, 브랜드를 비교하기 위한 일련의 결정기준이 필요하다. 평가기준이 설정되고 나면 각 기준별로 선택대안들을 평가해야 하는데, 이를 평가하는 방법으로 보상적 방식과 비보상적 방식이 있다.

① 보상적 방식

소비자들이 중요하게 생각하는 평가기준에 따라 상표대안들의 평가를 할 때, 각 상표가 갖는 속성들은 강점과 약점을 포함하게 된다. 소비자는 각 브랜드가 갖는 어떤 속성의 장점을 다른 속성이 갖는 단점으로 보상(compensate)하여 브랜드를 종합적으로 평가하는데, 이러한 평가방식을 보상적 방식(compensatory rule)이라고 한다. 예를 들면, 대학생이 여러 노트북 모델을 처리 속도, 기억 용량, 화면 크기, 무게 및 기타 속성들을 평가함으로써 각 브랜드에 대한 전반적인 평가를 하게 된다. 이러한 보상적 평가방식은 가산적인 것으로 각 브랜드에 대한 평가는 모든 속성의 합계이며, 특정 속성에 대한 좋은 평가가 다른 속성에 대한 나쁜 평가 점수를 보상할 수 있다.

② 비보상적 방식

비보상적 방식(non-compensatory rule)은 중요한 속성에 따라 각 브랜드를 평가하고 선택하는 방식이다. 이런 경우 모든 속성에 대한 전반적인 점수의 총합 보다는 소비자가 가장 중요시하는 속성의 점수가 높은 것이 더 중요하다. 소비자가 사용하는 비보상적 방식의 형태는 다음과 같다.

- 사전편집식(lexicographic rule) 방식 : 소비자가 가장 최우선으로 중요시하는 평가속성에서 가장 높게 평가되는 브랜드를 선택하고 나머지는 제외시키는 방식이다. 만약 최상의 상표가 두 개 이상이 선택된다면 두 번째로 중요한 속성을 비교해서 브랜드를 평가하며, 그 후 하나의 브랜드가 선정될 때 까지 평가한다. 노트북에서 가장 중요한 속성이 <표 II-3>에 제시된 순서와 같다고 가정한다면, 센스 브랜드가 선택될 것이다.
- 순차제거식(sequential elimination rule) 방식 : 소비자가 중요하게 생각하는 몇 가지의 속성의 수준이 최소한 어느 정도는 되어야 한다는 수용기준(cut-off point)을 설정하고, 그 기준을 충족시키지 못하는 브랜드를 순차적으로 제거해가는 방식이다. 소비자는 각 속성별로 수용기준을 만족시키지 못하는 브랜드를 제거하고 마지막까지 살아남는 브랜드를 선택한다. <표 3-2>에서 소비자가 처리 속도와 가격 두 속성의 수용기준을 4점 이상으로 한다면 레노버 브랜드가 선택된다.
- 결합식(conjunctive rule) 방식 : 어떤 브랜드가 모든 기준들에 대해 용인할 수 있는 표준을 충족한다면 그 브랜드를 고려하는 방식이다. 즉 각 브랜드별로 모든 속성의 수준이 최소한의 표준을 만족하는가에 따라 평가한다. 소비자가 각 속성의 최소 기준을 4점으로 한다면 센스와 엑스노트는 가격에서, 아수스는 처리 속도와 기억용량에서 기준을 초과하지 못하므로 선택대안에서

제외된다. 따라서 모든 속성에서 최소수용기준을 만족시킨 레노버가 최종적으로 선택된다. 순차적 제거식은 속성별 평가방법이나 결합식은 브랜드별 평가방식이라는 점에서 차이가 있다.

- 분리식(disjunctive rule) 방식 : 특히 중요하게 고려하는 한두 가지 속성에서 최소한의 수용기준을 설정하고, 그 기준을 통과하는 대안을 모두 고려하는 방식이다. 예를 들어 기억 용량을 특히 중요시하고 6점을 기준으로 한다면 센스가 선택될 것이다. 또한 기억용량이 뛰어나고 가격이 좋은 노트북을 선택할 경우 최소수용기준을 6점으로 한다면, 기억용량에서는 센스가 선택되고 가격에서는 레노버와 아수스가 고려될 것이다.

<표 II-3> 노트북의 속성점수표(7점 척도 사용)

평가기준	브랜드			
	센스	엑스노트	레노버	아수스
처리 속도	5	5	4	2
기억 용량	6	4	4	3
가 격	3	3	6	6

(3) 대안선택 전략

① 자극 중심 선택과 기억 중심 선택

고려상표군이 결정되면 소비자는 고려상표군 내 대안들 간의 차이점을 비교·평가 하게 된다. 일반적으로 어떤 브랜드가 가지고 있는 속성은 다른 브랜드들이 가지고 있지 않은 속성이거나 혹은 상대적으로 열등한 속성일 경우가 많다. 소비자는 대부분의 속성들에서 유사해 보이는 대안들 간의 차이점을 평가하기 위해 경우에 따라서 사소하거나 중요하지 않은 속성을 평가기준으로 사용하기도 한다 (Carpenter et al. 1994). 그러나 소비자들은 대체로 중요한 속성들을 기준으로 브랜드 대안들 간의 차이를 먼저 비교하게 되며, 중요한 속성에서 차이가 없다고 판단될 경우에만 덜 중요한 속성에서의 차이를 찾는 과정을 거치게 된다.

소비자는 고려상표군 내 선택 대안들 중에 특정 대안을 선택하기 위해 자극 중심의 선택전략, 기억 중심의 선택전략, 그리고 이 둘을 결합한 혼합전략 가운데 하나를 이용한다.

자극 중심 선택(stimulus-based choice)은 자극별 평가에 기반을 둔 선택 방식으로, 소비자가 고려하는 모든 대안들에 대해 각 대안에 대한 속성정보를 직접 관찰하여 그 차이를 비교하는 방식이다. 예를 들어, 시리얼 제품을 구매하기 위해 식료품점에 들른 소비자가 선반에 진열된 브랜드들 가운데 자신이 고려 대안으로 삼은 3개의 브랜드만을 골라 중요한 속성들을 기준으로 이들을 비교하는 경우가 이에 해당된다. 해당 선택 방식은 브랜드 대안들 간에 직접적인 비교가 가능하므로 브랜드 대안 간에 어떤 차이가 있는지에 대해 비교적 간단하게 판단할 수 있다. 가령, 소비자가 설탕 함유량에서 대안들 간에 어떠한 차이가 있는지에 대해 비교하는 경우, 그 제품 포장에 적혀 있는 해당 정보를 읽어보면서 3개 대안들에 대한 설탕 함유량을 쉽게 비교해 볼 수 있다.

기억 중심 선택(memory-based choice)은 소비자가 필요로 하는 제품정보를 자신의 기억으로부터 인출하여 브랜드 대안들을 비교하는 방법이다(Lynch et al. 1988). 예를 들어, 식사를 하기 위해 어느 식당에 가야 할지에 대해 기억에 의존하여 결정을 내려야 할 때, 소비자는 고려대상이 될 식당의 이름, 각 식당이 제공하는 음식 유형, 서비스의 질, 그리고 기타 관련 정보를 기억으로부터 회상해 낼 수 있어야 할 것이다.

② 혼합선택

혼합선택(mixed choice)은 구매의사결정과정에서 가장 흔히 볼 수 있는 선택시나리오로, 자극 중심 선택과 기억 중심 선택을 결합한 방식이다. 즉 외적 정보탐색을 통해 직접 관찰된 제품정보와 기억으로부터 인출된 정보를 함께 사용하여 각 대안을 비교·평가하는 것이다. 예를 들어, 자동차 구매를 고려하는 소비자는 몇 개의 대리점을 차례로 방문할 것이다. 어느 한 대리점을 방문한 다음 두 번째 대리점을 방문한 소비자는 그 대리점에서 취급하는 대안들을 직접 살펴보면서 먼저 방문했던 대리점에서 취급하는 대안들을 떠올리려 할 것이다. 현장에서 직접 살펴보고 있는 브랜드와 기억 속에 저장된 브랜드를 비교하는 경우, 대체로 현장에서 직접 보고 있는 브랜드(stimulus brand)가 기억 속에 저장된 브랜드(memory brand)에 비해 선택될 가능성이 더 높다(stimulus-brand advantage effect). 그 이유는 현장에서 보고 있는 브랜드가 기억 속에 저장된 브랜드보다 더 생생하며, 기억 속에 저장된 대안의 경우 관련 제품정보를 인출해내지 못할 수도 있기 때문이다.

이 경우 기억 속에 저장된 브랜드가 현장에서 직접 본 브랜드에 비해 실제로 더 우수하더라도 소비자는 현장에서 본 브랜드를 선택하게 될 가능성이 높다.

Alba and Chattopadhyay(1986)은 현장에서 직접 관찰되는 대안이 기억으로부터 인출된 대안에 비해 더 유리하게 평가될 가능성이 다른 조건하에서도 적용될 수 있는지, 즉 현장에서 직접 본 브랜드 대안이 기억 속에 저장된 브랜드 대비 갖게 되는 경쟁우위 효과에 대해 조사하였다. 소비자는 대체로 기억 속에 저장된 대안보다 현장에서 직접 관찰하고 있는 대안을 더 선호할 가능성이 높으나, 기억 속에 저장된 브랜드가 오히려 더 선호될 수도 있음을 세 개의 실험을 통해 밝혀내었다.

만일 소비자가 특정 브랜드를 여러 제품속성에서 우수한 것으로 기억하고 있다면, 비록 그 브랜드의 제품 속성에 대한 구체적인 정보를 인출해 낼 수 없다 하더라도 그 브랜드가 여러 제품 속성에서 우수했다는 개괄적 정보는 기억할 수 있기 때문에 해당 브랜드를 더 선호할 수 있다.

광고나 영업사원으로부터 과장된 제품정보를 받게 되면, 그 정보는 소비자의 기억 속에 선명하게 기억되기 때문에 소비자는 그 브랜드를 현장에서 직접 관찰하고 있는 브랜드 대안보다 더 선호할 수 있다.

실험1에서 실험참가자들은 먼저 두 개의 브랜드 대안, 즉 성능이 우수한 브랜드 대안과 상대적으로 덜 우수한 브랜드 대안에 대한 제품 정보에 노출되었다. 우수한 브랜드 대안은 중요한 몇 가지 제품 속성에서 그 성능이 매우 우수한(예: TV 화상도, 품질보증, 사운드) 것으로 설명되었으며, 그 이외의 다른 속성들에 대해서는 큰 차이가 없는 것으로 제시되었다. 덜 우수한 브랜드 대안은 중요한 제품 속성에서 성능이 뛰어나지 않은 것으로 설명되었으나, 덜 중요하지만 다른 속성(예: 이어폰의 성능, 전기코드)에서는 우수하다는 제품 정보가 제공되었다. 실험참가자는 제시된 두 브랜드 대안에 대한 설명서를 읽고 난 다음, 평균 수준의 브랜드에 대한 설명서를 제공받았다. 추가적으로 정보제시 시간을 조작하였는데, 한 집단은 첫 번째 두 브랜드 대안에 대한 정보를 제시받은 후 바로 평균 수준의 브랜드에 대한 제품 정보를 제시받았으며, 다른 집단은 이틀이 경과한 후에 평균 수준의 브랜드에 대한 제품 정보를 제시받았다. 바로 제시되었던 실험 조건 하에서는 우수한 브랜드 대안이 덜 우수한 브랜드 대안보다 더 선호되었다. 그러나 이틀이 경과한 후에 제시된 조건에서는 오히려 덜 우수한 브랜드 대안이 우수한 브랜드 대안보다 더 선호되는 것으로 나타났다. 이와 같은 결과는 시간이 경과함에 따라 소비자들은 각 제품 특성에 대한 구체적 정보를 인출해 내는 데는 어려움을 겪지만 덜 우수한 브랜드가 여러 속성들에서 긍정적인 제품 특성들을 가진다는 전반적인 평가는 쉽게 기억할 수 있기 때문이다.

이러한 결과는 소비자에게 자신의 선택을 정당화 시키도록 요구한 실험3에서 더 강하게 나타났다. 구체적으로 소비자는 자신의 선택을 정당화하는 과정에서 덜 우수한 브랜드 대안이 평균 수준의 브랜드 대안에 비해 더 많은 긍정적 제품 특성을 가지고 있기 때문에 더욱 선호한다고 대답하였다.

실험2는 소비자가 과장광고를 한 브랜드의 정보를 기억 속에 저장한 경우 직접 관찰하고 있는 브랜드 대안의 경쟁우위를 약화시킬 수 있음을 보여주었다. 구체적으로 실험참가자는 특정 카메라 제품이 사진에 깊은 관심을 가지고 있는 소비자들에게 적절한 제품이며 기술적으로 매우 우수한 제품이라는 정보를 제공하는 광고에 노출되었다. 이와 함께 사용하기 매우 쉽다는 메시지(과장된 정보)와 구체적 정보(패드가 달린 어깨걸이용 줄)도 제시하였다.

그런 다음 실험참가자들에게 기술적 정보만 담고 과장된 메시지가 없는 다른 브랜드의 제품광고를 제시하였다.

첫 번째 브랜드에 관한 메시지를 먼저 제시한 다음 바로 두 번째 브랜드에 관한 메시지를 제시한 실험조건에서는 참가자들이 두 브랜드 대안을 쉽게 비교할 수 있기 때문에 두 번째 브랜드 대안을 더 선호하였다. 그러나 첫 번째 브랜드에 관한 메시지를 보여준 후 일주일이 경과한 다음 두 번째 브랜드에 관한 메시지를 제시한 실험조건에서는, 첫 번째 브랜드를 더 선호하였다. 이와 같은 결과는 광고에 노출된 다음 어느 정도의 시간이 경과하면 응답자들은 과장된 메시지만 기억하고 이에 대한 구체적 정보는 기억할 수 없기 때문이다. 이처럼 소비자의 기억력은 시간이 경과함에 따라 약화되므로 선택상황이 어떻게 변하는지에 따라 선택 대안으로 고려되는 각 브랜드에 대한 선호도 또한 변화될 수 있는 것이다.

(4) 대안평가방식의 결정에 영향을 미치는 요인들

대안평가방식을 결정하는 데 있어 소비자는 소비자 관여도(involvement), 결정의 타당성(accountability), 지각된 위험(perceived risk), 정보처리 부담 정도, 맥락변수, 그리고 제품정보의 설명방식과 같은 요인에 의해 영향을 받는다.

먼저 소비자 관여도는 당면한 의사결정이 개인에게 얼마만큼 관련되어 있는지 혹은 중요한지를 나타낸다. 일반적으로 자아표현의 중요성, 쾌락적 가치의 중요성, 실용적 관련성, 구매위험이 높을수록 구매하려는 제품에 대한 소비자 관여도는 높아진다. 제품에 대한 소비자의 관여도가 높을수록 보다 신중하게 의사결정을 내리고 대안평가과정에서 더 많은 인지적 노력을 기울이려고 하기 때문에 보상적 평가방식을 사용할 가능성이 높아진다. 그러나 제품에 대한 소비자의 관여도가 높더라도 의사결정에 대한 자신감이 없거나 제품에 대한 지식수준이 낮은 소비자는 비교적 용이하게 의사결정을 내릴 수 있는 비보상적 평가방식을 따를 가능성이 높다.

결정의 타당성은 자신의 결정을 타인들에게 정당화시키거나 설명하기 위한 근거를 의미하며(Simonson 1989), 제품구매에 대한 소비자의 관여도가 높거나 자신이 내린 결정에 대한 타당성을 타인에게 보여야 할 필요가 있는 경우, 많은 시간과 노력이 들더라도 바람직한 결정을 내리려는 동기가 높아진다. 이 경우 소비자는 의사결정과정에 상당한 노력을 기울이며 단순한 비보상적 평가방식보다는 보상적 평가방식의 선택 전략을 사용할 가능성이 높아지게 된다.

잘못된 결정을 내릴 위험에 대한 지각의 정도도 단순한 평가방식보다는 많은 인지적 노력이 요구되는 평가방식을 사용하여 대안을 선택하도록 만든다(Kruglanski 1989). 지각된 위험이 커서 잘못된 결정이 소비자에게 부정적인 결과를 초래할 가능성이 높을 경우, 소비자는 의사결정에 상당한 고심을 하기 때문에 비보상적 평가방식을 사용할 가능성이 낮아진다.

정보처리 부담의 정도는 정보처리과정에 투입된 인지능력(cognitive capacity)을 의미한다. 어려운 의사결정일수록 정보처리에 투입될 인지용량도 증가한다. 고려대안의 수, 고려속성의 수, 시간의 압박 등은 의사결정의 어려움에 영향을 미친다. 따라서 의사결정이 어려워질수록, 소비자는 선택과업을 비교적 쉽게 통제할 수 있는 비보상적 선택전략을 이용할 가능성이 커진다.

맥락변수도 선택전략의 결정에 영향을 준다. 기업은 다양한 방식을 이용하여 제품정보를 제시할 수 있으며, 이러한 제품정보를 제시하는 방식에 따라 소비자의 정보처리과정도 달라진다. 예를 들어,

브랜드별로 제품속성들에 대한 정보를 제시하는 방식(brand-based format)은 대안별 정보처리방식(within-alternative processing)을 선택할 가능성을 높이며, 각 속성 별로 여러 브랜드들을 비교하는 방식(attribute-based format)은 대안 간 정보처리(between-alternative processing)를 선택할 가능성을 높인다.

브랜드 중심으로 제품정보가 제시되는 경우는 소비자들이 결합식 또는 분리식 평가방식 등의 대안별 정보처리전략을 이용할 가능성이 높고, 속성 중심으로 제품정보가 제시되는 경우는 사전편집식이나 속성제거식, 또는 차이가산 평가방식 등과 같은 정보처리 전략을 이용할 가능성이 높다.

제품정보의 설명방식도 선택과정에 영향을 주는 주요 맥락변수이다. 특정 평가대상은 긍정적 내용 혹은 부정적 내용으로 설명될 수 있는데, 평가대상물을 어떤 방식으로 설명하느냐에 따라 그 대상에 대한 사람들의 평가가 달라질 수 있다.

(5) 대안의 평가 및 선택에 영향을 미치는 요인들

① 맥락효과

고려상표군이 어떤 상표대안들로 구성되어 있는지, 그리고 고려상표군 내에 어떤 특성의 상표대안이 새로이 추가되는지 등과 같이 소비자의 의사결정을 둘러싼 맥락적 상황이 대안에 대한 선호와 선택행동에 영향을 미칠 수 있는데, 이를 맥락효과(context effect)라고 한다. 맥락효과의 대표적인 유형인 유인효과와 타협효과에 대해 살펴보기로 한다.

· 유인효과(Attraction Effect)

소비자의 고려상표군에 영향을 미쳐 자사브랜드의 선택가능성을 높일 수 있는 방법으로는 기존제품보다 뛰어나거나 열등한 신규브랜드를 자사 제품라인에 추가시킴으로써 기존제품이 실제보다 더 매력적이거나 덜 매력적으로 지각되도록 유도할 수 있다. 예를 들어, A전자회사가 70만 원짜리 에어컨을 출시하였다고 하자. 해당 신규 브랜드의 매출은 썩 좋지 않았지만, 이후 후속 브랜드제품을 제품라인에 추가하고 나서 먼저 출시된 브랜드의 매출이 오히려 증가하는 경우가 발생할 수 있다. 일반적으로 사람들은 새로운 제품이 출시되면 기존제품의 시장점유율은 점차 감소하고 그 감소폭은 기존제품이 신제품과 유사할수록 더 클 것으로 생각한다. 이러한 일반적인 생각을 선택모형(choice model)에서는 정규성의 원리(regularity principle)와 유사성 효과(similarity effects)라고 한다. 즉 정규성의 원리에 의하면 기존 선택집합에 새로운 대안이 추가되면 기존대안의 선택확률은 결코 증가될 수 없으며, 유사성 효과에 의하면 기존대안들 가운데 새로운 대안과 유사한 기존대안의 선택확률이 다른 기존대안에 비해 더 많이 줄어들게 된다. 그러나 오리지널 브랜드와 유사해 보이면서 그보다 열등한 미끼제품을 출시해 오리지널 브랜드가 실제보다 훨씬 더 매력적으로 보이도록 만들면 오히려 오리지널 브랜드에 대한 선택확률이 증가하게 되는데, 이를 유인효과라 한다(Simomson 1989). 이때 미끼대안은 자신의 매출실적은 썩 좋지 않더라도 제품라인 내 다른 브랜드의 매출 증대를 돕는 역할을 하면 된다. 또한 새로 등장한 경쟁브랜드가 미끼대안과 유사한 역할을 할 수도 있다.

유인효과가 발생하는 이유는 두 가지 측면에서 살펴볼 수 있다.

첫째, 미끼대안이 선택집합에 새로이 등장함에 따라 기존대안들의 속성값이나 속성 중요도에 대한 인식이 바뀌어 기존대안의 전체 효용이 변화되기 때문이다. 즉 오리지널 브랜드가 경쟁 브랜드보다 품질면에서 열등하였음에도, 오리지널 브랜드보다 품질이 훨씬 좋지 않은 새로운 브랜드가 능장하면 소비자들은 오리지널 브랜드와 경쟁 브랜드 간 품질 차이가 크지 않는 것으로 느끼는 지각적 편향(perceptual bias)이 발생되어 유인효과가 나타난다. 예를 들어, 품질 평가 점수가 각각 7점(오리지널 브랜드)과 8점(경쟁 브랜드)인 상황에서 품질 점수가 4점인 미끼대안이 등장하면 7점과 8점의 차이는 상대적으로 작게 느껴지게 되는 것과 같다.

둘째, 브랜드 간 속성수준에서 차이가 있다는 것과는 무관하게 소비자에게 특정대안을 선택한 것에 대해 정당성을 부여할 근거를 제공할 경우에 유인효과가 발생한다. 예를 들어, 오리지널 브랜드가 품질은 우수하지만 가격이 비싸서 구매를 주저하는 상황에서 기업이 새로운 미끼제품(초고가 브랜드)을 출시하면, 오리지널 브랜드(고가격 제품)는 가격면에서 새로운 미끼대안과 지배관계나 타협관계에 위치하게 된다. 이로 인해 소비자는 오리지널 브랜드를 선택하는 것에 대해 스스로 정당화하기가 용이하기 때문에 오리지널 브랜드의 선택확률이 증가하게 되는 것이다.

유인효과는 매우 강력한 맥락효과 중의 하나로서, 유인효과가 일어나는 조건과 일어나지 않는 조건을 구분하기 위한 연구가 활발히 진행되고 있다. 예컨대, Hauser and Wernerfelt(1990)의 연구에 의하면 소비자들이 여행상품을 선택할 때, 선택대안과 관련하여 투숙호텔의 입지나 서비스 등급처럼 수량적으로 나타낼 수 있는 속성들만 제시되었을 때는 유인효과가 나타났지만, 선택대안들과 관련한 범주적 측면이 추가되는 경우(예: 여행지로서의 이태리와 프랑스)에는 유인효과는 크게 나타나지 않았다.

· 타협효과(Compromise Effect)

타협효과는 두 개의 선택대안이 존재하는 상황에서 세 번째 대안이 추가되었을 때 중간수준의 대안에 대한 선택확률이 증가하는 것으로, 이는 사람들이 극단적인 대안을 회피하고자 하는 극단성 회피(extreme aversion) 성향으로 인해 나타난다. 예를 들어, 고품질과 고가격의 제품(A)과 저품질과 저가격의 제품(B)으로 이루어진 선택집합에 중간수준의 품질과 가격을 가진 제품(C)이 추가되면, 중간수준의 대안(C)에 대한 선호와 선택확률이 증가하게 되는 현상이 타협효과라고 할 수 있다.

이와 같이 타협효과를 이용하여 중간 수준의 대안을 도입함으로써 브랜드의 선택확률을 높일 수 있다. 중간수준의 브랜드는 소비자 관점에서 더욱 안전한 선택 대안으로 보여질 수 있다. 예를 들어, 소비자는 저가격 대의 카메라와 적정 가격대의 카메라 중 하나를 선택하는 데 있어 고심할 수 있다. 그러나 고가격대의 카메라를 고려상표군 내에 추가시키면 중간 가격대의 카메라가 양 극단의 대안을 피할 수 있는 매력적인 타협안으로 여겨질 것이다.

가격, 품질 등의 여러 제품 차원에서 중간 수준의 브랜드가 자주 선택되는데, 이러한 현상은 소비자가 자신의 결정을 다른 사람들에게 정당화시켜야 하는 상황에서 더 강하게 나타난다. 따라서 마케터는 고려상표군 내에 극단적인 브랜드 대안(예: 매우 비싸거나 매우 저렴한 브랜드)을 추가시킴으로써 자사브랜드를 타협안으로 보이게 만들 수 있다.

② 프로스펙트 이론(Prospect Theory)

von Neumann and Morgenstern(1944)에 의해 현대적인 기대효용
이론의 체계가 정립된 이후, 기대효용이론의 기술적 모형(descriptive
model)으로서의 가치는 계속 위협을 받아왔다. 기대효용이론은 사람
들의 효용을 각 개인 특유의 효용함수로 표현할 수 있다고 보고, 사
람들은 자기 자신의 기대효용을 극대화하기 위해 일관성 있는 의사
결정을 할 것이라고 가정한다. 그러나 사람들의 의사결정에 대한 경
험적 연구들에 의하면 이 같은 가정에 체계적으로 위배되는 의사결
정 행동들이 많이 관찰된다. 이에 Kahneman and Tversky(1979)는
불확실성하에서의 의사결정에 대한 기술적 모형으로 프로스펙트 이
론을 제시하였다. 이 이론의 핵심은 사람들이 확률이나 효용을 지각
함에 있어 전통적인 의사결정이론에서 생각하는 것처럼 베이지안
(Bayesian) 확률 수정법칙이나 부(富)의 모든 영역에서 위험에 대한
태도 면에서 일관성있는 효용함수를 따르지 않는다는 점이다. 따라
서 Kahneman and Tversky(1979)는 주관적 확률 대신 의사결정 가중
치(decision weight)를, 효용함수 대신 가치함수(value function)를 제
안하였다. 이 중 마케팅 시사점을 많이 내포하고 있는 개념은 가치
함수이므로 이에 대해 설명한다.(이학식 등 2015).

전통적인 효용이론에서는 개인의 효용은 절대적 부의 수준(final
wealth position)에 의해서 좌우된다고 보는 데 반해, 프로스펙트 이론
에서는 어떤 개인이 준거점(reference point)을 어디에 두는가에 의해
평가대상의 가치가 결정된다고 본다. 예컨대 백만원을 가진 사람이
내기를 해서 십만원을 잃었다면 구십구만원에 대한 효용을 느끼는
것이 아니라 잃어버린 십만원에 대한 비효용을 경험하게 된다는 것

이다. 또한 프로스펙트 이론에서는 부의 모든 영역에서 일관성 있는 위험에 대한 태도를 가정하는 효용함수와는 달리, 준거점을 중심으로 이득(gain)영역에서는 오목(concave) 함수를, 손실(loss)영역에서는 볼록(convex) 함수를 가정한다. 또한 일반적으로 사람들은 같은 액수의 이득보다는 손실을 더 크게 느끼므로 가치함수는 이득보다는 손실영역에서 더 가파른 모양을 띄게 된다. 이 같은 현상을 손실 회피(loss aversion)라고 부른다. 이를 그림으로 표현하면 아래와 같은데, 이를 활용하여 몇 가지 마케팅 시사점을 도출해 보면 다음과 같다.

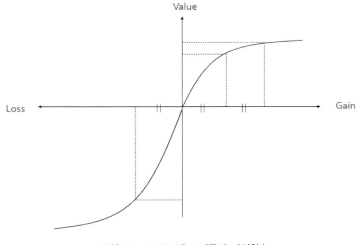

<그림 II-3> 프로스펙트 이론의 가치함수

가치함수에서 도출될 수 있는 결론 중 중요한 것은 "이득은 나누고 손실은 합하라"는 것인데, 이는 가치함수가 손실영역과 이득영역에서 그 모양을 달리하는 데에 기인한다. 예컨대 소비자에게 두 개 이상의 사은품을 제공하는 경우 이들을 한 번에 제공하는 것보다는

별도의 사은품으로 제공하는 것이 효과적일 것이다. 반면 소비자가 받은 서비스의 계산서를 제시할 때는 여러 개로 나누어서 제시하는 것보다는 한 번에 묶어서 제시하는 것이 소비자의 지각된 손실을 줄여주는 것이 된다. Club Med에서 숙박료, 음식, 교통비 등을 모두 미리 지불하게 하는 패키지 여행상품을 판매하는 것도 이 같은 원칙을 충실하게 마케팅에 적용한 결과로 볼 수 있다.

그 밖에도 기업에서 소비자에게 제시하는 '권장소매가격(suggested retail price)'은 소비자에게 준거점의 역할을 하게 된다. 예컨대 권장소매가격이 만원이라면 소비자가 이에서 '할인된' 가격(9,000원)에 상품을 구입하는 경우, 그 소비자는 권장소매가격이 제시되지 않은 채로 그 상품을 정가 9,000원에 구입한 경우에 비해 싸게 구입했다는 느낌을 갖게 된다. 이는 권장소매가격 만원이 준거점이 되므로 9,000원에 구입하게 되면 마치 1,000원의 이득이 있었다고 느끼게 되지만, 권장소매가격이 제시되지 않는 경우에는 그런 느낌을 갖지 않을 것이기 때문이다. 그러나 권장소매가격이 소비자의 통념에 비해 터무니없이 높고, 이어서 대폭 할인된 가격에 상품이 판매되는 경우에는 소비자들이 권장소매가격 자체에 대해 신뢰를 하지 않게 되므로, 권장소매가격이 더 이상 준거점으로서의 역할을 할 수 없게 될 뿐만 아니라 그 상품이나 그것을 만든 회사에 대한 불신이 생겨나게 되어, 권장소매가격을 제시하지 않는 것보다도 못한 결과를 얻게 될 수도 있다.

· Thaler의 심적 회계

의사결정과정 단계에서 중요한 과정은 상호 관련 사항들을 결합하거나 분리하여 당면과제에 대한 의사결정을 위한 심적 계정

(mental account)을 설정하는 심리회계 과정인데, 심적 회계(mental accounting)는 의사결정자가 의사결정 결과를 인식하고 평가하는 과정에서 사용하는 인지심리적 방법을 의미한다. Thaler(1985)는 사람들이 손익과 관련된 선택 대안들을 평가하여 선택함에 있어 의사결정문제와 관련하여 마음속으로 계정을 설정하고 각 계정항목에 대해 준거점을 기준으로 결정에 따른 손익을 계산한다고 주장하였다. 이러한 심적 회계는 다음과 같은 특징을 갖는다.

첫째, 심적 회계는 프로스펙트 이론의 가치함수를 토대로 하여 설정된다. 즉 의사결정자는 대안으로부터 기대되는 부(wealth)의 절대값 자체보다는 대안의 결과가 준거점과 비교하여 이득인지 혹은 손실인지에 따라 각 대안을 평가하며 그 과정에서 손실회피성향을 보인다. 심적 회계는 이익영역에서는 판단기준점에 대하여 오목한 형태로서 위험회피성향을 나타내는 반면, 손실영역에서는 볼록한 형태로서 위험선호경향을 나타내는 가치함수의 이익과 손실영역에 따른 비대칭적 형태에 기반하여 설정되는 것이다.

둘째, 의사결정자는 거래가 이루어질 때마다 계정항목을 설정하고 그에 따른 이득과 손실을 계산한다. 이 경우 사람들은 자신의 심적 계정을 손실로 마감하지 않으려고 노력한다.

셋째, 계정항목이 이득인지 손실인지를 평가하는데 있어 의사결정자는 평가기간의 길이를 짧게 잡아야 할 것인지 혹은 길게 잡아야 할 것인지를 결정한다. Kahneman and Tversky(1979)는 동일한 사안이더라도 의사결정과정에서 단기적 또는 특정 사안에 국한하여 심리 계정(minimal account)을 설정하는가 아니면 장기적 또는 포괄적으로 심리 계정(comprehensive account)을 설정하느냐에 따라 의사결정자의 위험선호경향에 차이가 나타날 수 있음을 제시하였다. 프로스펙트 이론에서 제시된 심적 회계에 따르면, 의사결정의 판단기준점이 의사결정의 결과에 따라 시간흐름에 의해 시의적절하게 수정되는 경우보다 의사결정의 결과가 누적되어도 새로운 상황에 대한 적응이 지연되어 초기의 판단기준점이 그대로 유지되는 경우에 손실 상황에서의 위험선호경향이 높아지는 경향을 보인다.

③ 보유효과

프로스펙트 이론과 심적 회계에 의하면, 사람들은 이득보다 손실을 더 크게 느끼는 손실회피성향을 보인다. 이러한 손실회피성향에 기초하여 소비자의 다양한 소비 관련 행동을 설명할 수 있는데, 그 중 하나가 보유효과(endowment effect)이다.

보유효과란 사람들이 어떤 물건을 소유하고 있을 경우가 그것을 소유하고 있지 않는 경우보다 그 물건의 가치를 더 높게 평가하는 것을 말한다.

보유효과를 보여주는 한 연구결과를 살펴본다(Kahneman and Tversky 2000). 실험참가자들은 연구에 참여한 대가로 커피 잔 또는 펜을 제공받았다. 이 두 선물은 대략적으로 가치가 같으며, 참가자들에게 무작위적으로 제공되었다. 따라서 참가자들 가운데 절반은 커피 잔을 받고, 나머지 참가자들은 펜을 받았다. 그런 다음 참가자들에게 자신이 받은 선물을 가지고 서로 간에 거래를 할 수 있는 기회를 주었다. 무작위적으로 선물이 배포되었다는 점에서, 절반의 사람들은 자신이 받은 선물에 만족할 것이고, 절반의 사람들은 거래를 통해 자신이 받은 선물을 교환할 것으로 예상할 수 있다. 그러나 실제로는 거래가 거의 일어나지 않았다. 이러한 연구결과는 보유효과에 의해 설명될 수 있다. 우리는 어떠한 물건을 선물로 받게 되면, 그 순간부터 그것은 내 소유물이 된다. 이에 우리는 선물을 포기하는 것을 손실이라고 생각하게 되어 거래를 회피한다는 것이다. 프로스펙트 이론에서 보듯이 손실의 아픔은 이득의 기쁨보다 크기 때문에 선물로 받은 커피 잔이나 펜은 잠재적 거래 상대방이 지각하는 것보다 자신에게 더 큰 가치가 있다. 펜을 잃는 상실감이 커피 잔을 얻는 기쁨보다 더 크기 때문에 거래를 하지 않는다는 것이다.

또한 보유효과는 완전히 자신이 소유하지 않고 단지 보유하고 있는 상황에서도 동일하게 나타난다고 한다. 예를 들어 누군가가 자신에게 잠시 빌려준 제품이라도 막상 돌려주려고 할 때 상실감을 느끼는 것도 보유효과 때문이라 할 수 있다.

보유효과는 기업의 마케팅 프로그램에서 자주 활용되며, 그 중 하나가 환불보장제도이다. 환불보장제도는 제품을 구매한 고객에게 일정기간 동안 시험기간을 제공하고, 그 기간 동안 그 제품을 사용해보도록 한 후 제품이 마음에 들지 않으면 제품을 반환하고 환불을 해주는 제도이다. 소비자들은 환불보장제도 때문에 별다른 부담 없이 제품을 구입할 수 있지만, 시험기간 동안 제품에 익숙해지면 그 제품을 자산의 일부로 인식하게 된다. 따라서 소비자는 시험기간이 끝난 후 그 제품을 반환하는 것에 대해 손실을 느끼게 된다. 즉, 제품을 반환함으로 인해 느끼는 손실이 환불로 인해 생기는 이득에 비해 더 크게 지각되어 결국 구매를 하게 되는 것이다. 이러한 소비자들의 상실감을 활용하는 또 다른 마케팅 활동 사례로 체험단 활동이 있다. 체험단 활동은 소비자들이 직접 참여하여 제품을 보고, 만지고, 느끼고, 사용해보도록 유도하는 기업의 적극적인 마케팅활동이다. 체험단 활동은 소비자로 하여금 제품을 직접 경험하게 해서 긍정적인 구전을 유도하는 효과뿐 아니라 제품 구매가능성을 높이는 효과도 있다. 왜냐하면 체험하는 순간부터 그 제품은 보유효과를 창출하기 때문에 사람들은 제품 반환 시 상실감을 느끼게 되고, 이때 체험한 제품을 구매하는 참여자에게 할인해 주는 혜택을 준다면 이들이 그 제품을 구매할 확률은 높아지게 된다(안광호·곽순식 2011).

④ 매몰비용효과

매몰비용효과(sunk cost effect)도 손실회피성향에 의해 발생된다. 매몰비용은 과거에 이미 지불되어 되찾을 수 없는 비용을 말하며, 매몰비용효과란 과거에 지불되어 회수가 불가능한 비용인 매몰비용이 미래의 의사결정에 영향을 미치는 현상을 의미한다. 고전 경제학이나 규범적 의사결정이론에서는 의사결정시 합리적인 의사결정자라면 과거의 투자가 아닌 현재 이후에 발생하게 되는 비용(incremental cost)과 이익(incremental benefit)을 비교하여 의사결정을 내려야 한다고 제안한다. 그러나 사람들은 손실을 혐오하는 경향이 있어 손실로 간주되는 매몰비용에 민감하게 반응하게 된다. 즉 사람들은 이미 엎질러진 물인데도 이에 연연하여 비합리적인 의사결정을 내리게 되는 경우가 흔하다는 것이다. 일례로 자신이 30,000원짜리 농구경기 표를 갖고 있다고 생각하자. 그런데 경기를 앞두고 큰 눈이 내렸고 경기장은 집에서 자동차로 한 시간 거리에 있다고 한다면, 자신은 어떤 선택을 할까? 경제학에서는 현재의 의사결정에는 미래에 발생될 비용과 이득만을 고려해야 하며 이미 과거에 발생되어 회수 불가능한 매몰비용은 반영하지 않는 것이 합리적인 행동이다. 이미 지출한 30,000원은 되찾을 수 없는 매몰비용이다. 그리고 자신이 현재 내려야 할 의사결정은 고생하지 않고 따뜻한 집에서 TV로 농구 경기를 시청할 것인지 혹은 눈보라를 뚫고 위험을 감수하면서 경기장에 갈 것인지 가운데 하나를 선택하는 것이다. 이러한 상황에서 안전하고 따뜻한 집에 머무르는 것이 합리적인 결정이지만 사람들은 눈보라를 무릅쓰고 경기장에 가는 것을 선택한다. 왜냐하면 사람들은 손실을 싫어하는 경향이 있는데 집에 머무르는 것은 30,000원의 손실을 초래하기 때문이다.

기존연구들을 통해 매몰비용효과가 나타나는 이유를 살펴보면 크게 네 가지로 제시할 수 있다(Arkes and Blumer 1985).

첫째, 매몰비용효과가 나타나는 것은 의사결정자가 다른 사람에게 자신의 선택이 옳았다는 것을 보여주려 하기 때문이다. 즉 사람들은 누구나 자신이 올바른 판단을 할 능력이 있으며, 자신의 최초 판단이 합리적이었다는 점을 자신과 다른 사람에게 보여주고 싶어 한다. 그런 이유로 의사결정자는 기존결정을 고수하려는 방향으로 자신의 선택을 합리화하려는 욕구가 표출되는 것이다. 과거 의사결정에 책임이 작은 사람보다는 책임이 큰 사람에게서 매몰비용효과가 더 크게 나타난다는 연구결과는 자기합리화 욕구 때문에 매몰비용효과가 나타난다는 설명을 뒷받침해 주고 있다.

둘째, 매몰비용효과가 나타나는 것은 의사결정자가 일관성을 유지해야 한다는 사회적 규범을 따르려 하기 때문이다. 많은 사람들은 오랫동안 교육을 통해 일관성을 유지하는 것이 자신의 이미지나 명성, 체면 등을 지키는 데 중요하다고 배워왔다. 그러므로 의사결정자는 기존결정을 고수함으로써 일관성을 유지하려고 한다는 것이다. 경제적 비용·발생에 대한 책임이 없는 상황에서도 기존 의사결정을 고수하려 한다는 연구결과는 사람들이 일관성을 유지해야 한다는 사회적 규범을 따르려 하기 때문에 매몰비용효과가 나타난다는 설명을 뒷받침해 주고 있다.

셋째, 매몰비용효과가 나타나는 것은 의사결정자의 낭비를 회피하고 싶은 욕구 때문이다. 즉 사람들은 어려서부터 자원을 낭비해서는 안된다는 교육을 받으며 자라왔기 때문에 '싸게 샀지만 자신이 좋아하는 것'과 '비싸게 샀지만 덜 좋아하는 것' 중 하나를 포기해야 하는 상황이 되면 '싸게 샀지만 자신이 좋아하는 것'을 포기하고 '비싸게 샀지만 덜 좋아하는 것'을 선택함으로써 자원낭비를 줄이려 한다는 것이다.

넷째, 매몰비용효과가 나타나는 것은 사람들이 자신의 심적계정을 적자로 마감하지 않으려는 성향 때문이다. 앞서 설명한 세 가지 요인이 자기 합리화, 일관성을 유지해야 한다는 규범을 따르는 것, 낭비 회피 욕구가 의사결정자의 동기를 바탕으로 매몰비용효과를 설명한 것이라면, 적자로 마감하지 않으려는 성향은 사람들의 보편적인 심리를 바탕으로 매몰비용효과를 설명한다는 점에 차이가 있다.

⑤ 프레이밍효과

물 잔에 물이 반이 남아 있을 때 사람들이 이를 어떻게 표현하느냐를 보면 그 사람이 사회현상을 바라보는 마음가짐을 알 수 있다. 긍정적인 사고를 가진 사람의 경우는 아직 물이 반이나 남았다고 이야기하지만 부정적인 사고를 가진 사람의 경우는 물이 반밖에 남지 않았다고 이야기 할 것이다. 이처럼 사람들이 어떤 관점에서 세상을 보느냐에 따라 동일한 현상에 대해 서로 다른 태도와 의견을 갖는다. 이와 유사하게 동일한 상황을 어떻게 표현하느냐 혹은 어떤 틀

속에서 바라보느냐에 따라 사람들이 생각하는 방향과 선택도 달라진다. 가령, 매출실적이 저조한 원인에 대해 종종 마케팅 담당자와 엔지니어는 서로 다른 견해를 가진다. 마케팅 담당자는 고객요구를 잘 반영한 제품을 개발하지 못했기 때문으로 판단하는 반면, 엔지니어는 마케팅부서에서 제품의 장점을 고객들에게 잘 전달하지 못했기 때문이라고 생각한다. 동일한 현상(매출실적의 저조)에 대해 마케팅부서와 엔지니어링부서가 완전히 다른 틀에서 바라보기 때문에 그 원인에 대한 해석과 판단이 서로 상반되는 것이다. 이처럼 특정 사건을 어떤 방식으로 제시하느냐 혹은 어떤 틀에서 바라보느냐에 따라 사람들의 판단과 선택이 달라지는 현상을 프레이밍 효과(framing effect)라고 한다.

소비자들은 같은 내용의 정보라 할지라도 그 정보가 어떻게 프레이밍 되는가에 따라 이를 다르게 지각하며 그에 따라 대안에 대한 평가도 달라진다. 예컨대, 음식점에서 소비자들이 신용카드를 사용하면 구입액의 3%에 해당하는 할증요금을 지불해야 한다고 하자. 이 경우 할증료라는 표현보다는 현금으로 지불하는 고객에게 3% 할인을 해준다고 표현하는 것이 신용카드고객이나 현금고객 모두에게 유리한 느낌을 준다. Kahneman and Tversky(1979)는 이 같은 현상을 그들의 프로스펙트 이론에서 의사결정자의 준거점이 변화함에 따라 일어나는 것으로 보고 있다. 즉, 현금고객은 현금 할인의 경우, 판단의 준거점이 신용카드를 사용하여 지불하는 것이 되므로 현금을 사용하였기 때문에 이득을 보았다고 느끼지만, 신용카드 할증료의 표현에서는 현금으로 지불하는 것이 준거점이 되므로 특별히 이득을 보았다는 느낌은 들지 않게 된다.

⑥ 휴리스틱과 편향

합리적인 선택이란 주어진 정보처리능력을 바탕으로 선택에 따른 결과와 그 결과가 나타날 확률을 고려하여 의사결정을 내리는 것이다. 그러나 우리는 흔히 자신의 습관이나 종교적 신념에 의존하여 의사결정을 내리거나 다수의 사람들이 택하는 것을 따르는 등의 주먹구구식 방법을 사용하여 판단하거나 선택한다. 주먹구구식 방법은 완벽한 평가방식은 아니지만 큰 노력 없이도 비교적 정확한 결과를 가져다준다는 점에서 효율적인 의사결정방법이라고 할 수 있다. 하지만 주먹구구식 방법에 의존한 의사결정은 종종 편향된 판단(biased judgement)과 일관적이지 않은 선택을 초래하기도 한다(안광호·곽준식 2011). 사람들이 대안을 선택하거나 어떤 상황을 판단함에 있어 흔히 사용하는 휴리스틱(heuristics), 즉 주먹구구식 방법에는 가용성 휴리스틱(availability heuristic), 전형성 휴리스틱(representativeness heuristic), 초기값 설정과 조정(anchoring and adjustment), 그리고 감정 휴리스틱(affective heuristic) 등이 있다.

· 가용성 휴리스틱

가용성 휴리스틱이란 사람들이 어떤 사건의 발생가능성을 판단할 때 실제 발생 빈도나 객관적 정보에 근거하기보다 그 사건과 관련된 구체적인 예를 기억으로부터 얼마나 쉽게 떠올릴 수 있는가에 의존하여 판단을 내리는 것을 말한다. 사람들은 구체적 예의 인출용이성에 근거하여 사건의 발생가능성을 판단하기 쉬운데, 어떤 사건의 예가 친숙할수록(familiar), 현저하고 생생할수록(salient and vivid), 그리고 최근의 것일수록(recent) 기억으로부터 인출이 용이하기 때문에 그 사건이 발생할 가능성이 높은 것으로 판단한다. 그러나 인출하기 쉬운 예들이 실제의 사건발생과는 관련성이 낮을 수 있기 때문에 이로 인해 가용성 휴리스틱은 편향된 판단을 유발할 가능성이 있다.

예를 들어, 사람들에게 교통사고와 비행기 사고로 사망할 확률을 판단하도록 하면, 다수의 사람들이 비행기 사고로 인한 사망률이 더 높다고 답한다. 왜냐하면 비행기 사고는 대부분 대형사고이고 언론매체에서 크게 보도되어 더 현저하고 생생하게 지각되기 때문에 그 발생 빈도가 높은 것으로 잘못 생각하는 것이다.

마찬가지로 '영어에서 r로 시작되는 단어와 세 번째 철자가 r인 단어 가운데 어느 쪽이 더 많을까?' 라는 질문에 대해 대부분의 사람들이 r로 시작되는 단어가 더 많다고 대답한다. 그러나 실제로는 그 반대인데, 즉 세 번째 철자가 r인 영어단어가 r로 시작되는 영어단어보다 더 많다. 사람들이 이처럼 잘못된 판단을 하는 것은 사건의 발생 가능성을 판단하는 과정에서 가용성 휴리스틱에 의존하기 때문이다. 일반적으로 사람들은 더 자주 접하는 것을 더 쉽게 떠올리기 때문에 r로 시작되는 단어가 세 번째 철자가 r인 단어보다 더 쉽게 떠오르는 것을 보고 과거에 r로 시작되는 단어들을 더 자주 접했을 것으로 생각한다. 따라서 r로 시작되는 단어가 세 번째 철자가 r인 단어 보다 더 많은 것으로 잘못 판단하는 것이다. 나아가 사람들은 r로 시작되는 단어의 현저성 때문에 그 단어가 더 많을 것으로 잘못 생각할 수 있다. 단어의 첫 글자가 세 번째 글자보다 훨씬 현저해 보이기 때문에 r로 시작되는 단어들을 더 쉽게 떠올리게 되는데, 사람들은 r로 시작되는 단어의 현저성에 근거하여 그 단어가 세 번째 철자가 r인 단어에 비해 더 많을 것으로 잘못 판단하는 것이다.

· 가용성 휴리스틱에 따른 편향

사람들이 가용성 휴리스틱을 자주 활용함에 따라 나타날 수 있는 편향에는 '사후판단편향(hindsight bias)'이 있다. 사후판단편향이란 어떤 사건의 결과를 알고 나서 자신이 마치 그러한 결과가 나타나기 전부터 예측하고 있었던 것처럼 생각하는 것을 말한다. 우리가 어떤 결과를 알고 난 후 흔히 하는 말 중에 "내가 이럴 줄 알았다니까!"라는 표현이 있는데, 이것이 바로 사후판단편향을 담고 있는 예이다. Fischhoff(1975)는 관련 연구에서 실험참가자들에게 19세기 영국과 네팔 간의 구르카전쟁에 대한 정보를 제시한 후 집단 A에게는 전쟁의 결과를 알려주지 않은 상태에서, 그리고 집단 B에게는 영국이 승리했다는 결과를 보여준 다음, 전쟁의 결과를 몰랐다고 가정하도록 한 후 영국 승리, 네팔 승리, 평화협상, 정전 상태 등 4 가지 가능한 결과가 일어날 확률을 예측하라고 하였다. 실험 결과, 영국이 승리했다는 것을 알려준 집단이 전쟁의 결과를 알려주지 않은 집단에 비해 영국이 전쟁에서 승리할 확률을 더 높게 예측한 것으로 나타남으로써 이를 통해 사후판단편향이 일어남을 보여주었다. 또한 Arkes et al.(1981)은 외과의사집단을 둘로 나누어 집단 A에 속한 의사들에게는 증상에 대해서만 알려주고 병명이 무엇인지 예측하라고 하고, 집단 B에 속한 의사들에게는 증상과 병명을 함께 알려준 다음, 병명을 몰랐다고 가정한 상황에서 병명을 예측하라고 했을 때, 병명을 알려준 집단 B의 의사들이 병명을 알려주지 않은 집단 A의 의사들에 비해 그 병명으로 진단을 내렸을 거라고 더 많이 응답함으로써 사후판단편향이 전문가에게도 나타난다는 것을 보여주었다. 사후판단편향은 어떤 결과가 나타나면 사람들이 결과와 관련된 정보들을 빠르게 떠올리며 자신이 알고 있던 것 혹은 알 수 있는 것에 대해 과대평가하면서 마치 자기가 예전부터 이미 그러한 결과를 예견했던 것으로 착각하기 때문에 나타난다.

이러한 사후판단편향은 서양보다는 동양인에게서 더 강하게 나타난다고 한다. 박재영 등(2009)은 북핵 이슈와 버지니아 공대 총기사건에 관한 한국과 미국 신문의 기사를 분석하면서 북핵 이슈와 버지니아 공대 총기사건의 발생이 예측가능 했다는 내용의 기사가 얼마나 되는지를 비교했다. 그 결과 한국 신문의 경우 북핵 사태가 예견가능 했다는 내용의 기사가 84,8%, 버지니아 공대 총기사건이 예견가능 했다는 내용의 기사가 86.4%를 차지해, 북핵 사태 48,2%, 버지니아 공대 총기사건 48,8%인 미국 신문에 비해 그 수가 압도적으로 많은 것으로 나타났다. 이와 같은 결과는 한국 신문의 기사에서 더 높은 사후판단편향이 나타나고 있음을 의미한다.

· 전형성 휴리스틱

전형성 휴리스틱은 어떤 대상이 특정 범주에 속할 확률이나 빈도를 판단할 때 판단대상이 해당 범주를 대표하는 속성을 어느 정도 포함하고 있는지에 의존하여 판단을 내리는 것을 말한다. 전형성 휴리스틱을 사용한 판단은 매우 효율적인 의사결정 방법이기는 하나, 사람들이 전형성 휴리스틱에 기반한 판단을 내릴 때 표면적으로 드러난 속성을 활용하는 경우가 많기 때문에 이에 따른 판단오류가 유발될 가능성도 크다. 어떤 브랜드 A의 가치를 판단할 때 소비자들이 브랜드 A가 해당 제품범주의 주요 특징을 얼마나 전형적으로 갖고 있는가의 정도에 근거하는 것은 소비자행동 맥락에서 전형성 휴리스틱의 대표적인 예이다. 이와 같이 판단대상이 되는 대안을 해당 범주 내의 전형적 속성을 드러내는 예와 비교하여 그 대안의 매력도를 판단하는 것이 전형성 휴리스틱이다. 가령, 새롭게 출시된 저칼로리 냉동식품이 고품질의 제품인지를 추정함에 있어 그 제품을 해당 냉동식품의 전형적 예와 비교하는 것이 이에 해당된다.

· 전형성 휴리스틱에 따른 편향

전형성 휴리스틱에 근거한 의사결정은 편향된 판단 및 선택을 초래할 가능성이 있는데, 이에 대해 구체적으로 살펴보면 다음과 같다.

사람들은 어떤 사건이 발생될 가능성을 판단하는 과정에서 기저율(base rate) 혹은 사전확률을 무시하거나 과소평가하고, 그 사건이 모집단의 전형적인 특성을 얼마나 잘 보여주는지에 의존함으로써 편향된 판단을 내릴 수 있다. 여행목적으로 방문하였는데 한밤중에 길거리에서 검은 색의 옷을 입은 흑인청년이 갑자기 나타나면, 우리는 '상대방이 범죄자가 아닐까?' 하는 생각을 하게 된다. 직감적으로 검정색의 옷을 입은 흑인 청년이 범죄자의 특성을 전형적으로 보여준다고 판단하기 때문이다. 그러나 실제에 있어 그러한 특성을 가진 사람이 범죄자일 확률은 직감적인 판단보다 훨씬 낮을 것이다. Kahneman and Tversky(1973)는 기저율을 무시하고 전형성에 의존함으로써 편향적 판단이 이루어질 가능성을 실험연구를 통해 보여주었다. 그들은 실험참가자들에게 100명의 엔지니어와 변호사 개개인의 성격에 대해 조사하였으며, 조사내용 중 그들의 성격을 묘사한 글 중에서 무작위적으로 뽑은 것이라고 이야기한 후 하나의 글을 보여주었다. 그러나 실험참가자들에게 보여준 글은 사람들이 생각하는 엔지니어의 전형적 성격을 묘사한 것이었다. 실험참가자들은 두 개의 집단으로 분류되었는데, 한 집단에게는 100명 중 엔지니어와 변호사의 비율이 70:30이라고 이야기하고, 다른 집단에게는 30:70이라고 이야기했다. 그런 다음 이 글이 엔지니어를 묘사하는지 혹은 변호사를 묘사하는지를 판단하도록 요구했다. 어떤 사건의 발생가능성을 판단함에 있어 의사결정자는 사전확률을 함께 고려해야 한다. 즉 엔지니어가 70명이 있는 경우와 30명이 있는 경우 판단이 달라져야 하는 것이다. 그러나 실제의 실험결과는 사람들이 전형성에 의존해 판단을 내려 사전확률은 비율판단에 별 영향을 미치지 않는 것으로 나타났다. 즉 사람들은 100명 가운데 엔지니어의 수가 30명일 경우와 70명일 경우에 상관없이 무작위로 뽑은 글의 내용이 엔지니어의 특성을 전형적으로 묘사하는지 여부에 근거하여 판단한 것으로 나타났다.

전형성 휴리스틱에 의존하여 판단을 내릴 때 편향된 결과가 발생될 수 있는 또 다른 이유는 사람들이 어떤 사건의 발생가능성을 판단함에 있어 표본의 크기에 관계없이 추출된 표본이 모집단의 특성을 대표할 것으로 잘못 생각하는 성향 때문이다. 다음의 실험은 사람들의 이러한 편향된 판단을 보여준다.

어떤 마을에 크고 작은 두 개의 병원이 있다. 큰 병원에서는 하루 평균 45명 정도의 아기가, 작은 병원에서는 15명 정도의 아기가 태어난다. 태어난 아기들 중 남아의 비율은 평균 50% 정도이지만, 정확한 비율은 매일 조금씩 다르다. 1년 동안의 기록을 살펴볼 때 남아의 비율이 60% 이상인 날은 큰 병원과 작은 병원 중 어느 쪽이 많겠는가?

확률이론에 근거하면 이 문제의 답은 작은 병원이다. 일반적으로 표본이 클수록 모집단은 평균치에 가까운 표본 평균치를 얻을 가능성이, 그리고 표본의 크기가 작을수록 모집단의 평균치를 벗어날 가능성이 높아진다. 작은 병원은 표본크기가 작기 때문에 표본평균의 분산이 클 가능성이 높으며, 그 결과로 남아의 50%를 벗어나는 값을 얻게 될 확률이 큰 병원보다 더 높다. 그러나 실험결과는 큰 병원을 선택한 사람이 21%, 작은 병원을 선택한 사람이 21%, 그리고 거의 같다고 대답한 사람이 53%로 나타나, 대부분의 사람들이 두 병원이 비슷하다고 대답하였다. 이러한 실험결과가 시사하는 바는 큰 표본이 작은 표본보다 모집단의 특성을 더 잘 나타낸다는 대수의 법칙(law of large numbers)을 고려하지 않고, 크기가 작은 표본도 큰 표본과 동일하게 모집단의 특성을 대표할 것이라는 소수의 법칙(law of small numbers)을 적용하기 때문에 편향된 판단이 발생할 수 있다는 것이다. 소비자들은 실생활에서 특정의 소집단이 갖고 있는 의견에 근거하여 판단을 내리는 경우가 흔히 있다. 즉 소규모 집단으로부터 얻은 정보가 모집단을 대표할 것으로 생각하는 것이다. 예컨대, 한 두 명의 친구가 특정 레스토랑의 음식이 형편없다고 이야기하면, 실제로 대부분의 다른 소비자들이 그렇게 생각하지 않더라도 그 정보를 사실인 것처럼 받아들이는 것이 한 예라 할 수 있다.

· 기준점 설정과 조정 휴리스틱

기준점 설정과 조정 휴리스틱은 사람들이 의사결정문제의 값을 추정하고 판단함에 있어 보통의 경우 기준점 혹은 초기값을 설정한 후(anchoring) 이를 조정하는 과정을 거치지만 그러한 조정과정이 불완전하여 오류나 편향이 나타나는 것을 말한다. 즉 소비자들은 어떤 제품속성(예컨대 자동차의 연료효율성)이 기대한 성능수준을 보일 가능성에 대해 추정하거나, 제품의 질이 좋고 나쁨에 대해 판단을 하는 과정에서 먼저 평가의 기준점(초기값)을 설정한 다음 이의 조정과정을 거치게 된다. 즉 소비자들은 특정의 값을 판단의 초기값으로 삼은 다음 추가적인 정보탐색을 통해 초기값을 조정하게 되는 것이다. 소비자들이 처음에 판단의 기준점으로 설정한 값은 기억 속에 이미 저장되어 있는 제품정보나 감정적 반응일 수도 있고, 그들을 둘러싼 외부마케팅환경에서 획득한 제품정보일 수도 있다. 또한 소비자 가치와 규범적 요소도 초기의 기준점을 설정하는 데 영향을 미치는 요인들이다. 그런데 기준점 설정과 조정 휴리스틱을 사용하는 과정에서 기준점을 잘못 설정하거나 이에 대한 충분한 조정이 이루어지지 않을 경우 사람들은 편향된 판단을 할 수 있다. 가령, 한 커피점 체인이 미국의 시애틀에서 시작된 스타벅스의 브랜드 이미지가 매우 긍정적임을 발견하고, 체인점의 이름을 Seattle 커피로 바꾸었다고 하자. 새로운 점포명을 접한 소비자는 Seattle 커피를 스타벅스와 비슷한 이미지를 가진 점포로 인식하여 그 점포에 대해 직관적으로 긍정적 평가를 내릴 수 있다. 이후 광고나 실제경험을 통해 추가적인 정보를 접한 소비자는 초기에 설정한 평가치를 조정해 나가게 되지만, 자신이 초기에 내린 판단에서 크게 벗어나지 않는 방향으로 조정할 가능성이 높다.

초기값 설정과 이의 조정과정은 제품관련요인과 소비자 특성에 의해 영향을 받을 수 있다. 제품들이 묶음으로 이루어져 있을 경우에는 가장 중요한 품목에 대해 초기 평가치를 설정한 다음 나머지 품목들에 대한 평가를 토대로 초기값을 조정해 나간다. 그리고 제품지식수준이 낮은 소비자들은 신제품을 평가하는 과정에서 최근에 획득된 정보에 더 많은 가중치를 부여한다.

· 기준점 설정과 조정 휴리스틱에 따른 편향

사람들은 초기값 설정과 이의 조정과정에서 편향된 판단을 할 수 있는데, 확인편향(confirmation bias)이 이에 해당된다. 확인편향은 사람들이 마음속에 가지고 있는 가설 혹은 신념을 검증하는 과정에서 자신의 가설이나 신념을 확인시켜주는 정보만 선택적으로 받아들이거나 기억으로부터 인출하는 경향을 의미한다. 사람들은 확인편향에 의해 자신이 갖고 있는 신념이나 가설에 반하는 부정적인 정보를 무시하고 자신의 신념과 일치하는 정보만을 받아들이기 때문에 자신의 판단에 대해 더욱 자신감을 얻을 수 있다. 그러나 확인편향은 자신의 판단에 대해 과도한 확신을 갖게 하기 때문에 편향된 의사결정을 유발할 수 있다. 왜냐하면 지나친 자신감을 가진 소비자는 판단할 주제에 대해 너무 잘 알고 있다고 믿어 더 이상 외적 정보탐색을 할 필요가 없다고 생각하기 때문이다.

· 감정 휴리스틱

"같은 값이면 다홍치마"라는 말이 있다. 여러 가지 중에서 골라야 할 때 이왕이면 좋고 나은 것을 고른다는 의미로 자주 쓰는 속담으로, 이 말에는 이왕이면 좀 더 좋은 것을 갖고 싶다는 사람들의 마음이 담겨 있다. 의사결정을 할 때에도 마찬가지로 이러한 유사한 감정이 큰 영향을 미치는데, 확률판단을 포함한 여러 형태의 판단이나 의사결정을 할 때 이성이 아닌 감정이 휴리스틱으로 작용하여 선택이나 판단에 영향을 미치는 것을 감정 휴리스틱이라고 한다.

· 감정 휴리스틱에 따른 편향

감정 휴리스틱은 통제에 대한 환상과 위험과 이익에 대한 착각 등과 같은 의사결정상의 편향을 유발한다.

경마장에서 경주마들이 골인지점으로 달려올수록 사람들이 가만히 앉아 있질 못하고 일어서서 자신이 돈을 건 경주마의 이름을 목청껏 외친다. 고스톱을 칠 때도 자신이 갖고 있는 패를 내려놓고 뒤집혀져 있는 패를 집어든 후 잠시 숨을 고르고 힘차게 자신이 나오기를 원하는 패의 이름을 외치며 바닥에 패를 내리꽂는다. 로또 번호가 담겨진 공이 기계 안에서 빙글빙글 돌 때 자신이 산 복권의 숫자를 반복해서 외친다. 또 어떤 사람은 자신이 경기를 보면 우리 팀이 진다고 아예 TV를 보지 않는다. 이런 광경은 우리 주변에서 흔히 볼 수 있다. 그러나 제시된 상황에 대해 냉정하게 살펴보면 내가 말의 이름을 부른다고, 원하는 패를 외친다고, 로또 번호를 반복해서 말한다고, 그리고 경기를 본다고 해서 그 결과가 달라지지는 않는다. 이를 모르는 사람은 없지만 사람들은 자신의 외침 한 마디가 자신이 원하는 결과를 가져다줄 거라는 믿음을 갖게 된다. 이처럼 자신이 통제할 수 없는 상황에 대해 자신이 통제할 수 있다고 과대평가하는 것을 '통제에 대한 환상(illusion of control)'이라고 한다. 통제에 대한 환상은 자신이 친근하게 느끼는 대상일수록, 관련정보가 많을수록, 그리고 상황에 대한 몰입도가 높을수록 커진다.

투자에 있어 위험이 높을수록 수익이 높고, 위험이 낮을수록 수익은 낮을 수밖에 없다는 것을 모르는 사람은 없을 것이다. 그러나 감정 휴리스틱에 따라 의사결정을 하게 되면 사람들은 자신이 좋아하고 친숙한 기업에 투자하는 경우에는 위험은 낮고 수익은 높을 거라 판단하지만, 반대로 자신이 별로 좋아하지 않고 친숙하지 않은 기업에 대한 투자는 경우에는 위험은 높고 수익은 낮다고 잘못 판단하는 경우가 생긴다. 이처럼 사람들이 투자결정을 할 때 기대수익률, 투자위험과 수익을 고려하기보다는, 집과 같이 자신에게 친숙하고 편안한 회사에 투자하는 경향을 보이는 것을 '집 편향(home bias)'이라고 한다.

감정의 꼬리표(emotional tagging)에 의존한 판단이나 의사결정은 확률판단을 포함한 다양한 의사결정을 내리는데 있어 이성보다는 사람의 감정이 영향을 미치는 감정 휴리스틱의 한 형태이다.

사람들은 복잡한 의사결정을 신속하게 내려야 하는 상황에 직면하면 이와 유사한 과거의 경험들에 대한 기억을 기반으로 의사결정을 내리거나 아니면 과거 경험에 포함되어 있는 감정의 꼬리표에 의존해 의사결정을 내릴 수 있다. 많은 경우 이러한 형태의 의사결정은 올바른 결과를 낳지만, 경우에 따라 잘못된 판단으로 이어지는 경우도 있다. 가령, 낯선 정보를 낯익은 정보로 착각해 잘못된 결과를 초래하게 되는 것이 그 예이다. 대표적으로 2008년 말 과거에 없었던 서브프라임 모기지 사태에 직면해 금융전문가들은 과거의 경험을 통해 기억에 축적된 정보를 토대로 그릇된 판단을 내림으로써 글로벌 금융위기를 초래하였다.

마찬가지로 감정적 꼬리표에 의존한 판단은 신속한 행동을 취할 수 있도록 하지만 이성적 판단을 흐리게 만들기도 한다. 가령, 글로벌 금융위기로 인한 수요의 급감에 직면해, 비용절감을 위해 감원을 해야 하는 상황에서 의사결정자는 상사나 동료에 대한 애정 때문에 현 상태를 유지하는 결정을 내릴 수 있다.

⑦ 동기부여(목표지향성)

소비자는 의사결정을 내리거나 어떠한 행동을 할 때 자신이 설정한 목표와 부합시키려고 노력한다.

Higgins(1997)는 조절초점이론(regulatory focus theory)을 통해 사람들이 목표를 추구하는데 있어 향상지향적(promotion focus) 방식으로 목표를 추구하거나 혹은 예방지향적(prevention focus) 방식으로 목표를 추구한다는 것을 제안하였다.

조절초점이론에 따르면, 사람들은 자신이 설정한 목표를 이루기 위해 자신의 행동을 조절하게 되는데, 행동조절을 위한 구체적 방법에는 향상초점(promotion focus 혹은 promotion orientation)과 예방초점(prevention focus 혹은 prevention orientation)의 두 가지 유형이 있다. 향상초점은 이상적 자아를 실현하려고 노력하며 성장과 긍정적인 결과를 추구하고 옳은 대안을 놓치는 오류(omission error)를 범하지 않으려고 하는 성향을 의미한다. 즉 향상초점은 이상이나 희망 또는 열망 등과 같은 성장욕구와 관련된 조절기제로, 긍정적 결과의 유무에 매우 민감하게 반응한다. 이에 반해 예방초점은 안전성을 추구하고, 의무와 책무를 이행하려고 노력하며, 부정적 결과가 발생하는 것을 피하며, 잘못된 대안을 거부하고, 잘못된 대안을 선택하는 오류를 피하려는(commission error) 성향을 의미한다. 즉 예방초점은 의무나 책무, 책임감 등과 같은 안전과 관련된 욕구의 충족을 추구하려는 것으로 부정적 결과의 유무에 매우 민감하게 반응한다. 정리하면, 사람들은 두 가지 조절 시스템, 즉 향상초점과 예방초점을 바탕으로 자신이 원하는 목표와 자신을 일치시키거나, 자신이 원하지 않은 목표에서 벗어나려고 노력한다.

Lee and Aaker(2004)는 소비자의 조절초점 성향이 광고메시지에 대한 반응에 어떠한 영향을 미치는지를 알아보기 위해 다음과 같은 실험을 실시하였다. 실험참가자에게 100% 포도주스에 대해 설명한 후 한 집단에게는 "국가연구기관의 조사에 의하면 이 포도주스는 기존 포도주스보다 3배 이상의 비타민 C와 철분을 포함하고 있기 때문에 에너지 보충과 활력 증진에 좋다"는 메시지를 보여주고, 다른 집단에게는 "국가연구기관의 조사에 의하면 이 포도주스는 기존 포도주스보다 3배 이상의 항산화 성분을 포함하고 있기 때문에 암과 심장병 발생 위험을 줄여주는 데 좋다"는 메시지를 보여준 후 제품에 대한 평가를 하도록 하였다. 여기서 에너지 보충과 활력 증진은 이상, 열망 등과 같은 성장욕구에 호소하는 향상초점(promotion focus) 관련 메시지이고, 암과 심장병 위험 감소는 의무, 책무, 책임감 등과 같은 안전욕구에 호소하는 예방초점(prevention focus) 관련 메시지다.

연구 결과, 사람들은 자신의 조절초점 성향과 관련이 있는 제품메시지에 대해 더 긍정적인 반응을 보인 것으로 나타났다. 즉, 촉진지향적인 목표를 가진 소비자는 항산화효과와 심장질환예방효과를 강조하는 포도주스 광고보다 풍부한 비타민C, 활력, 좋은 맛 등을 강조하는 광고를 더 긍정적으로 평가한 반면, 예방지향적인 목표를 추구하는 소비자는 항산화효과와 심장질환예방효과를 강조하는 광고물을 더 긍정적으로 평가했다. 이러한 연구결과가 시사하는 바는 향상지향적 소비자들을 타겟으로 하는 기업들은 자사제품이 제공하는 잠재적 이득을 강조해야 하며, 예방지향적 소비자들을 타겟으로 하는 기업들은 자사제품을 구매함으로 인해 잠재적 손실을 피할 수 있다는 것을 강조해야 한다는 것이다.

한편 Freitas et al.(2002)은 목표추구에서 조절적합성이 미치는 효과에 대해 연구하였다. 그들은 실험에 참가한 사람을 두 집단으로 나누고 컴퓨터를 이용하여 수학문제를 풀게 하였는데, 이때 한 집단에게는 문제를 풀 때 방해가 되는 동영상이 모니터에 나타나도록 조작하였고, 다른 집단에게는 동영상이 나타나지 않도록 한 다음 각각의 조건에서 어떤 성향의 사람들이 과제에 대해 더 흥미를 느끼고 더 높은 성과를 나타내는지 알아보았다.

연구 결과, 수학문제를 풀어야 하는 목표를 추구하는 데 있어 방해물이 없는 조건에서는 향상초점을 가진 사람들이 예방초점을 가진 사람보다 과제에 더 흥미를 느끼고 성과도 높은 것으로 나타났다. 그러나 방해물 유혹이 있는 조건에서는 예방초점을 가진 사람이 향상초점을 가진 사람보다 과제에 더 흥미를 느끼고 성과도 더 높게 나타났다. 이러한 결과가 나타난 것은 다양한 유혹들을 뿌리치면서 목표를 달성하려는 행위가 예방초점 성향이 강한 사람들에게 더 적합한 방법이기 때문이다.

한편 Wang and Lee(2006)는 관여도에 따라 조절적합성 효과가 어떻게 달라지는지를 알아보기 위해 두 가지 치약을 대상으로 실험을 실시하였다. 연구자들은 저관여 상황의 소비자는 일부 제품정보에만 선택적 주의를 기울일 가능성이 높으며, 그 결과로 조절적합성이 제품평가에 미치는 효과가 고관여 상황에 비해 더 강하게 나타날 것으로 보았다. 즉, 고관여 상태에 비해 저관여 상태의 소비자들이 자신의 조절초점에 부합되는 정보에 더 많은 주의를 기울이고, 그 정보에 의해 설득을 당할 가능성이 더 높은 반면 정보를 처리하려는 강한 동기가 유발된 고관여 상황의 소비자들은 자신의 조절초점성향에 상관없이 메시지에 포함된 모든 제품정보를 보다 체계적으로 살펴볼 것이라고 주장했다. 연구자들은 피험자들에게 한 제조업체가 새로운 치약 브랜드에 대한 광고캠페인을 개발하는 과정에 있다고 말한 다음, 고관여 조건에 할당된 피험자들에게는 이 치약이 대학생만을 타겟으로 하며 곧 지역시장에 출시될 예정이며, 출시에 앞서 치약에 대한 소중한 피드백을 얻기 위해 소수의 선택된 소비자집단을 대상으로 조사가 실시된다고 이야기했다. 한편 저관여 조건에 할당된 피험자들에게는 아직 치약이 개발단계에 있으며 제조업체는 사전적인 피드백을 얻기 위해 대단위 소비자표본을 대상으로 서베이를 실시하고 있다고 말했다. 치약 A는 예방초점 관련 제품주장(충치 예방, 치은염 예방, 플라그 억제)보다는 향상초점 관련 제품주장(상쾌한 입 냄새, 치아 미백, 치아 에나멜 강화)을 더 강조하였고, 치약 B는 향상초점 관련 제품주장보다는 예방초점 제품주장을 더 강조하였다.

실험 결과, 저관여 상황에서는 조절적합성 효과가 나타났지만, 고관여 상황에서는 조절적합성 효과가 나타나지 않았다. 즉, 저관여 상황에서는 향상초점 성향의 피험자들은 강한 예방관련 주장을 한 치약 B에 비해 강한 향상관련 주장을 한 치약 A를 더 호의적으로 평가했다. 마찬가지로 예방초점 성향의 피험자들은 향상초점 성향의 피험자들에 비해 치약 B를 치약 A보다 더 호의적으로 평가했다. 이에 반해 고관여 상황의 피험자들은 자신의 조절초점 성향에 상관없이 치약 B 보다는 치약 A를 더 호의적으로 평가했다. 이러한 실험결과는 인지적 자원을 사용하도록 동기부여가 되어 있지 않은 저관여 상황에서만 조절적합성 효과가 소비자의 판단 및 선택에 영향을 미친다는 것을 보여준다. 그리고 제품정보를 처리하도록 동기부여가 이루어진 고관여 상황에서는 조절적합성 여부가 소비자의 제품에 대한 평가와 선택에 별 영향을 주지 않는다는 것이다.

조절초점관련 연구는 다음과 같은 시사점을 줄 수 있다. 향상초점이 강한 사람은 도전적이며 새로운 일을 하는 것을 좋아하기 때문에 다양한 경험을 쌓을 수 있고 창의적인 업무를 잘 수행하는 장점이 있다. 그러나 쉽게 싫증을 잘 내고 여기저기 관심을 갖다보니 자신의 성과관리에 소홀한 경향이 있다. 반면 예방초점이 강한 사람들은 새로운 일을 시도하기보다는 기존의 일을 좀 더 정확하고 완벽하게 처리하려는 성향이 강하기 때문에 개인의 성과관리에 뛰어나다. 그러나 위험이 있고 도전적인 일을 시작하는 데 주저하는 경향이 있다.

유사성매력가설(similarity-attraction hypothesis)에 따르면 사람들은 자신과 유사한 태도를 가진 사람들을 더 선호한다고 하는데, 이는 자신과 유사한 사람이 자신을 좋아할 것이라는 기대와 자신의 신념과 태도를 강화시켜줄 것이라는 믿음 때문이다. 그러므로 향상초점 성향을 가진 사람은 예방초점 성향을 가진 사람보다 향상초점 성향을 가진 사람에게 더 매력을 느끼고, 예방초점 성향을 가진 사람은 향상초점 성향을 가진 사람보다 예방초점 성향을 가진 사람에게 더 매력을 느낄 가능성이 높다. 가령, 적극적이고 활달하며 야외 지향적인 목표소비자에게는 유명 운동선수를 광고모델로 사용하는 것이 더 효과적인 반면, 차분하고 신중하며 실수를 잘 저지르지 않으려 하는 성향의 목표소비자에 대해서는 전문직종의 유명인이나 신중하고 자상한 역할의 연기를 하는 배우를 광고모델로 사용하는 것이 더 효과적일 수 있다. 또한 독립심이 강한 사람에게는 향상초점 메시지가 더 설득적이며, 상호의존적 성향이 강한 사람에게는 예방초점 메시지가 더 설득적이라고 할 수 있다.

한편 손실회피성향의 강도는 소비자가 어떤 유형의 조절초점을 추구하느냐에 따라 다르게 나타날 수 있는데, 예방초점이 강한 소비자들은 부정적 결과의 발생에 민감하게 반응하기 때문에 긍정적 결과를 추구하는 향상초점을 지닌 소비자들에 비해 손실회피성향이 더 강하게 나타난다. 따라서 예방초점을 지닌 소비자들은 기존대안과 비교된 다른 대안들의 단점을 장점보다 훨씬 크게 지각하기 때문에 기존대안을 그대로 유지할 가능성이 높다.

4) 구매(Purchase)

가치(value)는 소비자 구매결정의 강력한 원동력이다. 가치는 사람들이 제품이나 서비스를 통해 획득하는 이익이나 혜택을 의미하며, 가격을 고려한 만족도 수준에 해당한다. 따라서 소비자는 브랜드를 평가한 후 자신에게 최고의 가치를 부여해줄 수 있는 제품과 서비스 구매를 원한다. 특히 포괄적 의사결정의 경우, 구매가 즉시 이루어지지 않을 수도 있다. 예를 들어 자동차의 구매과정은 특정 브랜드에 대한 구매결정 뿐 아니라 구매 시기 결정, 구매 장소 결정, 그리고 대금 지불 조건 등이 포함된다. 자동차 구매를 고려하는 소비자의 경우, 문제인식-정보탐색-대안평가의 과정을 거쳐 최종적으로 K5를 구매하기로 결정했다고 하자. 이후 몇몇 대리점을 방문하여 가격을 비교하고 그 중 가격협상을 통해 가장 최상의 조건을 제시한 대리점을 구매 장소로 선택한다. 또한 구매 시기를 결정하고, 대금 지불 조건에 따른 자금 조달 계획을 강구한다. 이러한 구매패턴은 소비자의 관여수준과 구매습관에 따라 다양한 양상을 보인다.

(1) 네 가지 소비자 구매행동 유형

소비자의 구매행동은 관여수준에 따른 의사결정과 구매습관에 따라 크게 복합적 의사결정, 브랜드 충성도, 관성적 구매, 제한적 의사결정으로 나눌 수 있다(<표 II-4> 참고).

	고관여	저관여
의사 결정	복합적 의사결정	제한적 의사결정
구매 습관	브랜드 충성도	관성적 구매

자료원: 김상현 등(2011), 마케팅, 이프레스

먼저, 복합적 의사결정과정(complex decision making)은 앞서의 포괄적 의사결정 유형에 해당하며, 행동하기 전에 생각하는 고관여 소비자의 구매행동이다. 즉 제품에 대한 관여수준이 수준이 높으며 소비자가 대안상표를 세밀하게 비교·평가하는 과정이 요구된다. 한편 고관여 소비자가 특정 브랜드에 대한 과거의 만족스러운 경험으로 인해 차후의 구매에서는 신중하게 생각하지 않고도 동일한 브랜드를 반복해서 구매하게 되는데, 이러한 행위를 브랜드 충성도(brand loyalty)라고 한다.

저관여 구매의 경우 정보처리를 거의 하지 않고 일상적 의사결정을 하며, 구매 후 브랜드를 평가한다. 몇 번 사용해 본 브랜드에 최소한의 만족을 얻었다면 소비자들은 제품이나 서비스를 반복적으로 재구매할 것이다. 이렇게 복잡한 의사결정을 피하기 위해 동일한 브랜드를 지속적으로 사용하는 것을 관성적 구매(inertia)라고 한다. 관성적 구매의 경우, 실제로 호의적이지 않을 때에도 구매의사결정을 위한 수고를 피하기 위해 습관적으로 동일한 브랜드를 반복구매하는 것으로, 이를 가식적 충성도(spurious loyalty)라고도 한다.

한편, 저관여 제품에 대해서 신제품의 도입, 기존 브랜드의 변화, 다양성 추구 등으로 인해 소비자들이 제한적 의사결정(limited decision making)을 하는 경우가 있다. 이런 경우에 저관여 소비자들은 약간의 정보탐색을 통해 구매결정을 하게 된다. 예를 들어 저자극성 일반 샴푸를 구매해왔던 소비자가 주변으로부터 탈모예방성분이 추가된 기능성 샴푸를 추천받고 접하게 된다면, 탈모예방성분이 강화되었지만 더 비싼 새로운 샴푸로 바꾸어야 할지를 고민하고 구매를 결정할 것이다. 제한적 의사결정 중 중요한 형태는 다양성 추구(variety seeking)이다. 다양성 추구는 소비자들은 사용해왔던 저관여 제품에 싫증을 느껴 여러 다양한 브랜드를 경험해 보길 원하기 때문에 다른 브랜드로의 전환(brand switch)을 의미한다. 즉 기존 브랜드에 불만족하기 때문에 다른 브랜드로 변경하는 것이 아니라, 단지 새로운 것을 경험하고 시용(trial)하기 위해서 전환하는 것이다.

한편, 소비자들이 제품에 대한 관여도가 낮을 경우 구매를 계획할 동기가 충분치 않기 때문에 점포 내에서 구매결정을 할 때가 있다. 소비자의 이러한 비계획적 구매(unplanned purchase)는 점포 밖에서 대안을 탐색하는 데 드는 시간과 노력의 대가를 지불할 필요 없이 거의 관성적으로 구매에 해당하거나, 소비자들이 다양성과 새로움을 추구하기 위해 충동적으로 구매함으로써 일어난다. 소비자의 충동구매(impulse buying)는 제품에 대한 호기심과 호의적 감정이 발생되는 순간 즉각적으로 구매가 이루어지며, 일상에서 발생하는 빈도가 상당히 높다.

5) 구매후 행동(Post-purchase Behavior)

소비자 구매의사결정의 마지막 단계는 구매후 행동이다. 소비자 구매의사결정과정은 구매행위를 함으로써 끝나는 것이 아니라, 구매한 제품이나 서비스를 사용하고 소비하면서 느끼는 심리적·행동적 반응을 포함한다. 구매후 행동은 잠재고객 보다는 실제고객들에게서 일어나기 때문에 마케터들이 특히 관심을 기울이는 의사결정단계이다. 왜냐하면 실제로 만족한 고객이 재구매하고, 충성도를 갖게 되고, 긍정적인 구전을 퍼트리기 때문에 기업 입장에서 구매후 행동이 매우 중요하다. 구매후 행동은 만족과 불만족, 인지부조화, 고객충성도의 세 가지 결과를 이끌어 낸다.

(1) 고객만족과 불만족

제품을 구매할 때, 소비자들은 그들의 목표나 욕구가 해결되기를 원한다. 따라서 구매로부터 어떤 성과를 기대하게 되는데, 이러한 기대들이 얼마나 잘 충족되었는가는 소비자들의 구매에 대한 만족과 불만족을 결정한다. 소비자 만족과 불만족 연구에서 가장 핵심적인 개념이 다음의 기대-성과 불일치 모형이다.

· 기대-성과 불일치 모형 : 기대-성과 불일치 모형(expectancy-performance disconfirmation model)은 사전에 기대했던 성과와 실제로 지각한 성과를 비교하여 만족 혹은 불만족이 발생한다는 것이다. 즉 기대(expectation)는 제품이나 서비스의 구매 전에 소비자가 예상하는 제품성과의 수준을 말하며, 지각된 성과(perceived performance)는 소비자가 제품의 사용 후에 판단하는 주관적인 제품성과를 의미한다. 소비자가 구매 전 갖고 있던 사전 기대와 구매 후 지각된 성과를 비교했을 때, 기대와 성과를 같은 수준으로 지각하면 단순한 일치(simple confirmation)이고, 기대했던 것이 실제 성과 보다 크다고 지각할 때는 부정적 불일치(negative disconfirmation)가 발생된다. 사용

결과가 소비자의 기대를 충족시키지 못했을 때 불만족이 발생하게 되는데, 이러한 기대 불일치는 부정적 브랜드 태도를 유발하고 소비자가 동일한 브랜드를 재구매할 가능성을 낮춘다. 반면, 기대했던 것 보다 실제 성과가 클 때는 긍정적 불일치(positive disconfirmation)가 일어나고, 이렇게 소비자의 기대가 충족되거나 이를 능가할 때 만족이 발생한다(<그림 II-4> 참고). 만족은 동일한 브랜드를 재구매할 가능성을 높임으로써 브랜드에 대한 긍정적인 태도를 강화시킨다.

예를 들어, 평소에 노트북을 사용하던 소비자가 일반 노트북의 성능에 대해 다소 낮은 기대를 가지고 LG그램 노트북을 구매하였는데, 사용해 보니 무게가 가벼우면서도 여느 노트북에 뒤지지 않는 우수한 성능을 갖고 있다는 사실을 알게 되었다면 소비자의 만족도는 높아진다. 한편, 생각했던 것보다 LG그램의 성능이 형편없었다면 소비자의 기대를 충족시키지 못했기 때문에 매우 불만족하게 된다.

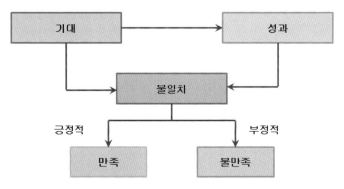

자료원: 이학식 등(2015), 소비자행동(6판), 집현재

<그림 II-4> 기대-성과 불일치 모형

(2) 구매후 부조화

구매후 평가에 있어 중요한 것은 소비자 자신의 결정이 완벽했다고 지속적으로 믿도록 하는 것이다. 소비자가 구매의사결정과정을 거쳐 구매결정을 하더라도 구매후 자신의 선택이 과연 옳았는가에 대한 심리적 불편함을 가지며 이로 인해 내적 긴장을 느끼는데, 이를 인지부조화(cognitive dissonance)라 한다. 이러한 구매후 부조화는 구매 결정을 취소할 수 없을 때, 관여도가 높을 때, 장점을 가진 여러 대안이 존재할 때 발생할 가능성이 높으며, 특히 선택한 제품에 대한 부정적인 정보를 접했을 때 야기될 수 있다. 이때 소비자들은 자신의 선택을 정당화시킴으로써 인지적 부조화를 해소하려고 노력한다. 소비자들은 구매에 대한 긍정적인 생각들을 강화하는 새로운 정보를 찾고 자신의 결정을 반박하는 정보를 무시하거나, 결함이 발견된 부분도 수용할 만한 정도의 선택이라고 생각하며, 자신의 선택이 옳았다는 것을 다른 사람들에게 확신시킴으로써 스스로에게 확신을 주는 방법 등을 활용한다.

한편, 기업 입장에서도 소비자가 자사의 제품을 구매한 후 부조화를 느끼면 이를 감소시켜주어 구매에 확신을 가질 수 있도록 도움을 주는 것이 중요하다. 이를 위해 자사제품의 우월성을 강조하는 광고 커뮤니케이션 전략을 사용하고, 품질 보증서를 제공하는 것은 구매후 부조화를 감소시킬 수 있다. 예를 들어, 고객 서비스 매니저가 소비자에게 현명한 결정을 한 것에 대한 축하카드를 재품 포장에 동봉할 수도 있다. 또한 구매후 전화나 SNS 등은 그들의 구매자가 심리적인 안정감을 느끼는 데 도움을 준다.

(3) 고객충성도와 불평행동

구매의사결정과정의 구매 후 단계에서, 마케터는 그들의 고객과 충성 관계를 견고하게 유지하기 위해 노력한다. 즉, 고객들이 자사의 제품이나 서비스에 만족하는 것 뿐 아니라, 지속적으로 동일 제품에 대한 재구매가 일어나기를 바라는 것이다. 고객충성도(customer loyalty)란 특정 상품이나 서비스에 대해 지속적으로 구매·이용하려는 의지 또는 몰입의 정도라고 할 수 있다. 충성고객들은 오직 선호하는 몇몇 브랜드만을 구매하고, 선호하는 몇 군데의 상점들만 쇼핑하며 그들의 고려대상에 어떤 다른 브랜드도 포함시키지 않는다. 따라서 그러한 고객들은 기업에게 유·무형의 성과를 제공하기 때문에 매우 가치있는 존재이며, 마케터들은 충성고객을 유지하기 위해 특별한 고객관계관리(customer relationship management) 프로그램을 운용한다.

이러한 고객충성도의 강화를 통해 기업이 직접적으로 얻을 수 있는 혜택은 다양하다. 일단 로열티를 갖는 고객들은 제품이나 서비스의 가격 민감도(price sensitivity)가 낮아짐으로 가격프리미엄을 적용할 수 있으며, 이는 기업의 단기적 재무 이익과 직접적으로 연결될 수 있음을 의미한다. 그리고 지속적으로 장기간 재구매할 가능성이 높아지기 때문에 기업에게 안정적인 수익을 가져다 줄 수 있을 것이다. 또한 충성고객들은 만족한 제품이나 서비스에 대해 긍정적인 구전을 전파함으로써 기업은 손쉽게 신규 고객을 창출할 수 있는 기회를 갖게 된다. 소비자들의 구전은 오프라인 상에서는 가족, 동료, 친구 등 주변 사람들에게 영향을 미치지만, 온라인 상에서는 일면식도 없는 네티즌들 사이에서 중요한 정보의 역할을 하며 급속하게 확산

된다. 따라서 기업에서는 전략적으로 구전을 관리할 필요가 있으며, 이를 마케팅에 적절히 활용하는 것이 중요하다. 한편, 최근 자발적 매체라고 일컫는 소셜네트워크서비스(Social Network Service: SNS) 참여자들의 영향력이 급부상하고 있는데 이들은 Youtube나 Facebook 등을 통해 제품이나 서비스의 사용경험을 나누면서 불특정 다수 소비자들의 구매에 영향을 미치고 있다.

한편, 구매 후 만족하지 못한 소비자들은 부정적 재구매의도를 보일 뿐 아니라 다양한 형태의 불평행동을 보일 수 있다. 불평행동의 유형은 크게 무행동, 사적 행동, 공적 행동으로 분류된다.

- 무행동 : 공개적으로 불평행동을 보이지 않고 지나쳐 버리는 경우
- 사적 행동 : 가족, 친지, 친구 등 주변사람들에게 부정적인 구전을 하거나 해당 제품이나 점포에 대한 구매(이용)중지 또는 거절하는 경우
- 공적 행동 : 제조업자나 판매업자에게 교환, 환불, 손해배상을 요구하거나, 정부기관이나 소비자 관련 단체에 고발하거나, 법적 조치를 취하는 경우

제3절 소비자 의사결정과정에 영향을 미치는 요인들

소비자 의사결정과정은 여러 가지 요인들에 의해 영향을 받는다. 소비자 의사결정에 영향을 미치는 영향요인은 크게 개인적 요인, 환경적 요인, 상황적 요인으로 나누어 볼 수 있다. 첫 번째 개인적 영

향요인은 동기, 태도, 지각, 학습 그리고 라이프스타일처럼 소비자들의 내부적인 요인들이다. 두 번째는 환경적 요인으로서 가족, 준거집단 그리고 문화와 같이 개인을 둘러싼 환경들을 말한다. 세 번째는 구매상황, 소비상황, 커뮤니케이션 상황 등의 상황적 요인을 말하며 이러한 요인들은 소비자 의사결정에 많은 영향을 미치게 된다.

1. 개인적 요인

마케터들이 소비자의 구매의사결정에 영향을 미칠 수 있는 반면, 다양한 개인적 요인들은 소비자들이 마케터의 메시지를 받아들이는 방법에 영향을 미친다. 동기, 태도, 학습 그리고 라이프스타일 등이 이에 해당하며, 이러한 개인적인 요인들이 어떻게 소비자 의사결정 과정에 영향을 미칠 수 있는지 간략히 소개한다.

1) 동기(Motivation)

마케팅은 고객의 필요(need)와 욕구(want)를 충족시키는 것과 관련된 모든 활동으로 정의할 수 있다. 즉 갈증과 같은 필요(need) 또는 스포츠 음료와 같은 욕구(want)가 충족되지 않은 사람들에게 동기를 부여하거나 충동을 유발시키면서 그들이 원하는 만족을 얻도록 하는 것이다. 그러나 사람들의 욕구나 필요는 그 자체만으로 행동을 유발할 정도로 강력하지 않다. 이때 욕구나 필요를 달성하는 방향으로 소비자의 행동을 유도하는 동인(driver)이 바로 동기(motivation)이다. 소비자의 현재 상황과 바람직한 목표 간의 차이가 크면 클수록 욕구를 만족시키기 위한 행동을 유발하는 동인은 더욱 강해진다.

사람들은 몇 가지 유형의 동기를 가지는데, 이를 설명하는 패러다임으로 가장 잘 알려진 것 중의 하나가 Maslow에 의해 개발된 욕구단계설(Maslow's Hierarchy of Needs)이다. 인간은 다섯 가지 유형의 욕구를 갖고 있는데, 낮은 수준의 욕구가 만족되고 나면 더 높은 수준의 욕구가 활성화되도록 동기화된다. 즉, 인간의 욕구는 계층적인 특성을 갖고 있으며 가장 기본적인 욕구부터 순서대로 충족시키려고 한다. 따라서 성취되지 못한 욕구는 행동을 유도한다. Maslow는 가장 낮은 수준에서 높은 수준에 이르는 욕구의 5단계를 다음과 같이 정의했다.

- 생리적 욕구는 식품, 음료수, 휴식, 그리고 주거지 등과 같이 사람이 살아가는데 필수적인 제품 및 서비스와 관련되어 있다. 모든 사람들은 이러한 기본적인 욕구를 충족시키는 것에 관심을 가지고 있다.
- 안전의 욕구에는 보호, 안전과 생리적 웰빙 등이 속한다. 시장에서 소비자들을 그들의 안전을 위해 계획되어진 제품과 서비스, 예컨대 자동차 에어백, 화재 경보기, 비타민, 유기농 야채와 같은 건강식을 쉽게 접할 수 있다.
- 사랑의 욕구는 애정, 우정 등 다른 사람과의 상호작용과 관련되어 있다. 메이크업 제품은 소비자를 더 매력적으로 보이도록 도움을 주고, 구취제거제는 입냄새를 제거시켜주며, 감사 카드는 타인에 대한 고마운 마음을 표현하도록 돕는다.
- 존경의 욕구는 명성, 성공, 자존심 등 사람들의 내적인 희망을 만족시키는 것과 관련된다. 요가, 명상, 헬스클럽, 그리고 많은 책들은 사람들이 삶에 대해 행복하고 만족스러운 관점을 유지

하거나 성장시키기 위한 그들의 희망에 호소한다.

· 자아실현 욕구는 자아성취감으로써 사람들이 자신의 삶과 살아 가는 방법에 만족할 때 느끼는 것이다. 예를 들면, 고급 자동차 를 어떤 유명인이 홍보하기 때문에 또는 그 자동차를 타면 다른 사람들이 더 높게 평가하기 때문에 타고 다니는 것이 아니라 자 신에게 적합하다고 생각하기 때문에 타고 다니는 것이다.

Maslow의 욕구 5단계에 추가하여 소비자의 욕구는 보다 근본적 으로 실용적 또는 쾌락적인 것으로 분류될 수 있다. 소비자의 자동 차 구매는 서비스 비용, 연비, 수리, 성능과 같은 실용적인 속성에 대한 정보를 바탕으로 포괄적인 의사결정을 한다고 가정하지만, 이 러한 의사결정이 모든 경우에 해당되는 것은 아니다. 소비자들은 종 종 좀 더 본질적인 욕구와 환상, 감정적 요소들에 기초해 의사결정 을 한다. 실용적 욕구(utilitarian needs)는 내구성 있는 자동차, 속도 빠른 컴퓨터 혹은 따뜻한 옷과 같이 실질적 편익을 성취하고자 하는 욕구이다. 이러한 욕구는 제품의 성능을 정의하는 기능적인 제품의 속성인 내구성이나 속도, 보온성으로 확인될 수 있다. 그러므로 실 용적 구매는 정보에 초점을 맞추고 구매과정에 중심을 둔다. 한편 쾌락적 욕구(hedonic needs)는 제품으로부터 기쁨, 즐거움을 성취하 고자 하는 욕구이다. 이는 제품을 소비함으로써 느끼는 감정이나 환 상과 연관되는 경향이 있다. 소비자들은 쾌락적 욕구를 만족시키기 위한 브랜드를 평가하는 데 있어 실용적인 기준보다 감정적인 기준 을 사용한다. 동일한 가죽으로 제작된 핸드백이지만, 몇 배 이상 비 싼 샤넬 핸드백을 구입하는 것은 기능적 편익에 기초해서는 설명되 지 않지만, 쾌락적 편익에 근거해서는 정당화 될 수 있다.

2) 태도(Attitude)

태도는 어떤 대상/행동에 대해 일관되게 호의적 또는 비호의적으로 반응하게 하는 학습된 성향으로 정의할 수 있다(Fishbein and Ajzen 1975).(A learned predisposition to respond consistently in a favorable/unfavorable manner with respect to object and/or act importance.) 태도는 어떤 대상에 대한 전반적인 평가이므로 소비자의 의사결정과 행동에 많은 영향을 미치는 요인이다.

(1) 태도의 구성요소

태도는 인지적, 감정적, 행동적 세 가지의 구성요소로 이루어지며 각각에 대한 개념은 다음과 같다. 첫째, 인지적 요소(cognitive component)는 어떤 대상에 대해 소비자가 가지는 주관적인 신념을 말하며, 소비자가 지각하는 대상에 대한 속성을 나타낸다. 예를 들어, '운동 후 마시는 이온음료 중에서 파워에이드는 흡수가 빠른 음료라 피로가 빨리 회복되는 느낌을 주는 것 같다.'라고 한다면 이는 인지적 표현이다. 둘째, 감정적 요소(affective component)는 대상에 대한 소비자의 전반적인 평가를 나타낸다. 태도의 감정적 요소는 대상에 대한 호의적 또는 비호의적인 소비자의 경향을 요약하며, 행동의도의 기본적인 결정 요소이다. '나는 파워에이드가 맘에 든다.'는 대상을 전반적으로 좋아한다는 감정적인 표현에 해당된다. 세 번째 구성요소인 행동적 차원(conative component)은 어떤 목적물을 향해 행동하는 소비자의 성향이며, 구매의도 관점에서 측정된다. '나는 이온음료 중에서 파워에이드를 구매할 의향이 있다.'는 행동의도적인 태도의 표현이다.

마케터들은 태도의 구성요소 중 인지적, 감정적 요소보다는 소비자의 행동적 차원에 소구하려고 노력할 것이다. 소비자의 브랜드 신념과 평가를 호의적으로 변화시켜 구매의도를 갖도록 하려면 상대적으로 많은 노력과 시간이 필요하기 때문이다. 예컨대, 기업에서 경제적인 자원을 충분히 지원할 수 있다면, 소비자의 구매행동을 직접적으로 이끌기 위해 가격 할인이나 사은품 증정 등의 프로모션을 통해 덜 호의적인 브랜드를 구매하도록 촉진할 수 있다.

(2) 태도의 기능

어떤 대상에 대한 태도는 사람에 따라 다를 수 있고, 동일하게 호의적인 태도를 갖고 있더라도 그 동기와 목적은 다를 수 있다. Katz(1960)는 태도를 다음의 네 가지로 분류하였다. 첫째, 태도의 실용적 기능(utilitarian function)으로 소비자가 대상으로 부터 바람직한 편익을 성취하도록 이끈다. 실용적 기능을 토대로 태도를 형성한 소비자는 자신이 원하는 편익을 제공하는 브랜드에 대해 보다 호의적인 평가를 내린다. 예를 들어, 런닝화를 구매할 때 가볍고 발목을 보호해주는 속성을 가장 중요한 기준으로 생각하는 소비자는 이를 충족시키는 런닝화를 선택할 것이다. 둘째, 자기 표현적 기능(value-expressive function)으로 특히 고관여 제품의 경우, 대상에 대한 태도는 소비자의 자아 이미지나 가치관과 개성, 중요하게 생각하는 자아 가치를 표현하는 기능을 가진다. 소비자의 가치 표현에 도움을 주는 브랜드는 브랜드 이미지(brand image), 브랜드 개성(brand personality)이 자아이미지와 부합되고 일치할 때 선택된다. 예컨대, Benz는 소비자가 자신의 사회적인 성공과 부를 표현하고 싶을 때 구매할 가능성이 높아진다. 개량한복을 즐겨 입는 소비자는 자신이 전통적이면서 한국적인 가치관을 가졌음을 은연중에 나타내는 것으로 볼 수 있다. 셋째, 자기 방어적 기능(ego-defensive function)으로 태도는 두려움과 위협으로부터 자신을 보호하는 기능을 갖는다. 자신을 적극적으로 표현하는 자아 표현적 기능과는 상반되는 개념이다. 즉 소비자는 자신의 약점이나 단점이 드러나는 것을 두려워하기 때문에 그러한 약점을 감출 수 있는 브랜드를 선택하여 자기를 방어하기도 한다. 예를 들어, 실제로 소극적이고 내성적인 남성이 동료들과 회식할 때는 일부러 강한 보드카를 주문하는 경우이다. 넷째, 지식 기능(knowledge function)으로 태도는 소비자들이 매일 접하게 되는 복잡한 정보들을 이해하고 조직화하는 데 도움을 준다. 이러한 지식 기능은 메시지를 분류하면서 불확실성과 혼란을 줄여주기도 한다. 예를 들어, 갤럭시 노트 10.1에 대한 긍정적인 태도는 갤럭시 노트 10.1이 예전에는 볼 수 없었던 펜으로 문서작성이 가능한 외에 화면을 절반으로 나누어 쓸 수 있다는 제품이라는 제품에 대한 자세한 지식을 알고 있을 때에 형성되는 것이다.

3) 지각(Perception)

지각은 사건, 사물, 관계를 오감을 통해 받아들여서 이를 조직화하고 해석하여 자기의 경험으로부터 의미를 추출해가는 심리적 과정이다. 따라서 동일한 제품에 대한 평가도 소비자마다 다를 수 있고, 같은 광고자극을 접하면서도 광고에 대한 호감도나 태도에 차이가 있을 수 있다. 이는 소비자들이 선택적 노출, 선택적 왜곡, 선택적 보유의 세 가지 메카니즘을 포함한 선택적 지각을 하기 때문이다. 선택적 지각이란 소비자들이 자신들의 평가기준에 가장 부합하는 정보만을 받아들이는 것을 말한다.

  • 선택적 노출(selective exposure): 우리는 일상생활을 통해 수많은 자극에 노출되지만 우리가 관심을 가지고 주의를 기울이는 것은 극히 일부분이다. 사람들은 자극에 대해 선택적으로 주의를 기울이기 때문에 제품을 구매할 의사가 없는 소비자들에게는 그 정보가 인식되지 않을 수 있고, 중요하지 않고 흥미롭지 않은 어떤 자극에 대한 노출을 회피할 가능성이 있다.
  • 선택적 왜곡(selective distortion): 소비자들은 노출을 통해 받아들인 정보를 기존에 자신이 가지고 있는 신념에 맞추어 자기에게 유리하도록 해석하려는 경향이 있다.
  • 선택적 보유(selective retention): 소비자들은 자신들이 보고 들은 정보의 내용을 대부분 잊어버린다. 자신에게 꼭 필요하며, 자신의 태도와 신념에 도움이 되는 정보만을 기억하려고 노력하며 이러한 현상 때문에 기업에서는 반복해서 지속적으로 광고를 하게 된다.

4) 학습(Learning)

학습은 과거경험의 결과로부터 일어나는 어떤 대상에 대한 신념, 태도, 지각 등 사고과정의 변화 및 행동(의도)의 변화를 말한다. 소비자들이 제품을 구매하고 소비하는 경험이 축적되면서 좋아하는 브랜드와 싫어하는 브랜드가 결정되며, 특정 브랜드의 특성을 학습한다. 그 후 과거의 경험에 기초하여 미래 행동을 조절하게 된다.

소비자 학습의 과정을 이해하는 데는 인지적 접근(cognitive

approach)과 행동적 접근(behavioral approach)의 두 가지 방법이 있다. 인지적 학습은 인지적 사고를 통한 문제해결과정에서 이루어지는 학습을 말하며, 행동적 학습은 자극과 반응의 연결에 의해 일어나는 학습을 의미한다.

(1) 인지적 학습(Cognitive Learning)

인지적 학습은 자극과 반응 간의 관계를 수립하는 것보다 학습을 문제해결의 과정으로 간주한다. 소비자의 인지적 학습은 자극을 지각하고, 자극을 욕구와 연관시키며, 대안브랜드를 평가한다. 또한 제품이 기대를 충족시키는가를 평가하는 과정을 포함한다. 즉 학습은 문제 해결에 중점을 두기 때문에 복합적 의사결정과 동일하다고 할 수 있다.

인지적 학습이론은 원숭이에 대한 Kohler의 실험에서 제시되었다. 한 실험에서 Kohler는 여러 개의 상자가 들어있는 방에 바나나를 매달고 침팬지를 가두어 놓았다. 침팬지는 바나나를 따기 위해 여러 번 시도하였으나 실패했고 이후 상자에 올라가서 바나나를 획득함으로써 문제를 해결했다. 인지적 학습이론은 소비자의 학습에 관련된 사고과정을 강조하면서, 학습에 대한 인지적 접근은 목표 인식, 목표를 성취하기 위한 의도적 행동, 해결방법을 찾으려는 통찰, 목표 성취의 과정을 거친다고 제시한다(<그림 II-5> 참고).

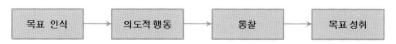

자료원: 김상현 등(2011), 마케팅, 이프레스

<그림 II-5> 인지적 학습이론

(2) 행동적 학습(Behavioral Learning)

행동적 학습은 자극에 대한 노출의 결과로 반응이 일어나는 과정에서 학습이 이루어지는 것으로 본다. 행동적 학습에는 고전적 조건화와 수단적 조건화 이론이 있다.

① 고전적 조건화(Classical Conditioning) : 고전적 조건화에서 반응을 이끌어내는 무조건자극(unconditioned stimulus: US)은 무조건반응(unconditioned response: UR)을 야기한다. 또한 무조건 반응과 관련이 없는 어떤 자극을 조건자극(conditioned stimulus: CS)이라 하며 조건자극에 의해 유발되는 반응을 조건반응(conditioned response: CR)이라고 한다. 여기서 조건자극을 무조건 자극과 결부(contiguity)시켜 일정기간 동안 반복하여 노출시키면, 무조건자극과 조건자극이 짝을 이룸으로써 연상이 형성된다. 그 결과 조건자극은 무조건 자극에 의해 야기되던 무조건 반응과 유사한 조건반응을 유발한다는 이론이 고전적 조건화이다. 고전적 조건화 이론은 Pavlov의 실험에 잘 나타나있다. Pavlov는 개가 음식(무조건 자극)을 보고 침을 흘리는 (무조건 반응) 것을 보고, 음식을 줄 때 마다 종소리(조건자극)를 들려주는 실험을 반복하였다. 여러 번 시도한 후 개는 종과 음식의 관계를 학습했고, 나중에는 음식이 없음에도 종소리만 듣고도 개가 침을 흘리게 되는 것(조건반응)을 발견했다. 여기서 중요한 개념은 반복과 결부이다. 조건 반응을 수립하기 위해서 조건 자극은 무조건 자극과 결부되고, 자주 반복되어야 한다. <그림 II-6>에서 조건 자극과 무조건 자극 사이의 연상은 학습된 연상이며, 조건 자극과 조건 반응 사이의 연상도 역시 학습된 결과이다.

고전적 조건화는 긍정적 자극을 통해 제품을 연상시키기 위한 마케팅에 적용할 수 있다. 예를 들어, 행복한 모습의 가족이나 즐거운 음악의 무조건 자극을 아이스크림 브랜드와 함께 반복 노출시켜 일정한 시간이 지나면 소비자는 조건학습된 아이스크림 브랜드만 보아도 행복하고 즐거운 감정이 유발된다. 또한 성적 매력을 자아내는 모델을 등장시켜 향수 브랜드와 함께 반복적으로 보여줌으로써 그 향수 브랜드가 매우 성적인 매력의 느낌이 들도록 조건화하는 것이다.

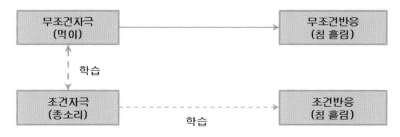

자료원: 김주호 등(2012), 소비자행동, 이프레스

<그림 II-6> 고전적 조건화

② 고전적 조건화에 영향을 미치는 요인들

고전적 조건화에 의한 학습효과에 영향을 미치는 요인들에는 무조건자극의 강도, 자극의 반복횟수, 자극이 주어지는 순서, 소비자 관여도, 무조건자극의 친숙도 등이 있다.

・무조건자극의 강도

Pavlov의 실험에서 개에게 주는 먹이의 맛이나 냄새가 만족스러울수록, 그리고 TV광고의 내용이 즐거울수록 고전적 조건화에 의한 학습효과가 크다.

· 반복횟수

고전적 조건화에 의한 학습이 이루어지기 위해서는 무조건자극과 조건자극이 결부되어 반복적으로 학습자에게 제시되어야 한다.

· 자극이 주어지는 순서

무조건 자극과 조건자극을 제시하는 순서는 세 가지로 구분할 수 있다. 전방조건화(forward conditioning)는 먼저 조건자극이 제시된 다음 무조건자극이 제시되는 것으로 광고에서 제품을 먼저 제시하고 분위기를 연출하는 장면이나 모델을 다음에 제시하는 것이 이에 해당된다. 후방조건화(backward conditioning)는 무조건자극이 먼저 제시된 다음 조건자극이 제시되는 것으로 분위기 연출이나 모델이 보여지고 난 다음 제품이 제시되는 것을 말한다. 그리고 동시조건화(simultaneous conditioning)는 두 가지 자극이 동시에 제시되는 것이다. 학습효과를 높이는 데 있어 전방조건화가 가장 효과적이며, 후방조건화가 가장 비효과적인 것으로 알려져 있다.

그러므로 TV광고에서 제품과 분위기를 연출하는 장면을 결부시켜 제시할 때 제품을 먼저 제시하는 것이 바람직하다고 할 수 있다. 그러나 프린트 광고에서는 동시조건화만이 가능하다.

· 소비자 관여도

광고제품에 대한 소비자의 관여도가 높으면 주의를 기울이고 제품에 관련된 생각을 깊게 하므로 고전적 조건화에 의한 학습효과가 낮을 것이다. 그러므로 분위기 연출에 중점을 두는 광고는 청량음료와 같은 저관여 제품에 비하여 PC나 자동차 같은 고관여 제품의 경우 덜 효과적일 것이다.

・자극에의 친숙도

소비자가 제시된 무조건자극에 친숙할수록 학습효과가 낮다. 그러므로 잘 알려진 음악보다는 잘 알려지지 않은 음악을 사용하는 것이 적절하며, 가능하다면 그 광고를 위해 새로이 음악을 제작하여 사용하는 것이 바람직하다. 물론 잘 알려진 음악이 듣기에 매우 좋은 것이면 무조건자극의 강도가 강하다는 점에서 별로 좋지 않은 새로운 음악보다 더 효과적일 수 있다. 또한 소비자가 조건자극에 친숙할수록 학습효과는 낮아지므로 고전적 조건화에 의한 학습효과는 기존에 알려진 제품광고보다 신제품 광고에서 보다 더 높게 나타날 것이다.

③ 고전적 조건화의 소멸과 일반화

・소멸

소멸(extinction)은 일단 조건화가 일어나더라도 조건자극과 무조건 자극이 결부되어 제시되는 것이 중단되면 시간이 흐름에 따라 조건화에 의한 학습효과가 서서히 감소하는 것을 말한다. 그러므로 광고에 의한 조건화가 발생하더라도 광고를 완전히 중단하게 되면 그 효과는 점차적으로 사라질 것이다. 카스맥주, 코카콜라 등의 브랜드가 높은 소비자 인지도를 가지고 있음에도 불구하고 지속적으로 광고를 하는 이유가 바로 조건화에 의한 학습효과를 유지하기 위함이라고 할 수 있다.

・일반화

일반화(generalization)는 이전에 조건화된 조건자극과 유사한 새로운 조건자극에도 조건화된 반응이 일어나는 것을 말한다. 이를 소비자행동 측면에서 보면, 소비자가 좋은 음악과 결부된 어떤 제품광고에 반복적으로 노출되어 그 광고제품에 대해 호의적인 태도를 형성하게 되면, 그것과 유사한 경쟁사 제품에도 태도가 어느 정도 호의적으로 변하게 된다는 것이다. 이러한 연유에서 선도기업의 마케터는 자사제품이 경쟁제품과 차별적으로 보이게 함으로써 자극 일반화를 감소시켜야 할 것이다. 이와는 반대로 후발기업은 선도기업의 제품과 유사하게 함으로써 선도기업의 광고를 통해 간접적인 이득을 기대할 수 있을 것이다.

④ 수단적 조건화(Instrumental Conditioning) : 수단적 조건화에서는 이전의 자극-반응 관계는 거의 필요치 않으며 개인은 최상의 만족을 제공하는 반응을 결정한다. 즉 어떤 자극에 대한 반응결과에 어떤 보상이나 처벌이 주어지느냐에 따라 자극에 대한 반응이 달라지도록 하는 능동적이고 의식적인 학습을 말한다. 보상은 행동 가능성을 증가시킬 것이며, 처벌은 행동의 반복 가능성을 감소시킬 것이다. 수단적 조건화의 주요 지지자인 Skinner의 실험에서, 실험자는 어떤 상자에 지렛대를 설치하고 쥐를 넣어두었다. 그리고 실험자는 지렛대를 자극하면 결과가 세 가지 중 한 가지로 나타날 수 있도록 설정을 하였다. 첫 번째 상황은 쥐가 지렛대 발판에 발을 올려놓으면 먹이가 나오도록 설정하였고, 다른 방법으로는 약한 전기가 흐르게 한 다음 발판을 누르면 전기가 흐르지 않도록 하고, 마지막 실험에서는 발판을 자극하면 전기가 흐르도록 설치를 해두었다. 이 실험에서 쥐는 발판을 누르면 음식이 제공되는 것, 전기충격이 가해지는 것과 전기충격이 멈추는 것을 빠르게 학습하게 된다. 첫 번째 경우 쥐가 발판을 누르면 먹이가 제공되므로, 이에 만족감을 얻고 지렛대

발판을 누르는 행위를 반복적으로 하게 되는데, 이를 긍정적 강화 (positive reinforcement)라고 한다. 두 번째 경우는 발판을 누르면 전기가 중단되어 안정된 상태가 되므로 쥐는 의도적으로 발판을 계속 자극한다. 이처럼 부정적 자극이 중지되는 것을 부정적 강화 (negative reinforcement)라고 한다. 마지막 경우 발판을 누르면 전기 충격이 가해지므로 이후로는 발판을 건드리지 않는다. 이처럼 자극에 대한 반응이 부정적 결과를 초래하는 것을 처벌(punishment)이라고 한다(<그림 II-7> 참고). 제품이나 서비스의 구매 후의 강화나 회피는 추후 구매행동에 직접적으로 영향을 미친다. 예를 들어, 배스킨 라빈스 아이스크림이 31가지 이상의 다양한 맛이라는 긍정적 보상을 제공하여 만족했다면 긍정적 강화가 일어나 재구매할 가능성이 증가한다. 또한 입냄새 제거를 위해 리스테린 구강 청결제를 사용하였는데, 구취가 해소된 것 같았다면 부정적 강화가 발생하여 추후에 다시 구입할 수 있을 것이다. 한편 금연광고에서 흡연을 폐암이라는 처벌이 주어짐을 연관시킴으로써 흡연행동을 회피하도록 학습시킬 수 있다.

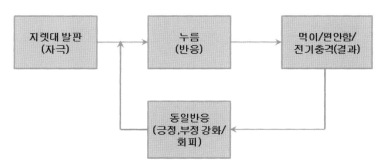

자료원: 김주호 등(2012), 소비자행동, 이프레스

<그림 II-7> 수단적 조건화

이와 같이 수단적 조건화는 자극에 대한 반응의 결과가 어떠한가에 따라 동일한 반응으로 강화되거나 혹은 동일한 반응이 회피된다는 데 그 핵심이 있다. 수단적 조건화도 자극과 반응 간의 연계에 토대를 둔다는 점에서는 고전적 조건화와 동일하다. 그러나 두 가지 조건화에는 다음과 같은 차이점이 있다.

첫째, 고전적 조건화의 경우는 자극-반응 연결 관계에 기초를 두고 자연스럽게 학습되는 데 반해, 수단적 조건화의 경우는 기존의 확립된 자극-반응 연결성이 필요하지 않으며 대신에 학습자가 보상을 가져올 수 있는 적절한 반응을 발견함으로써 학습이 이루어진다. 이러한 이유로 수단적 조건화는 고전적 조건화에 비해 보다 의식적이고 목적지향적인 학습자를 전제로 한다. 둘째, 고전적 조건화는 학습자의 행위에 대한 의존도가 낮으나, 수단적 조건화는 학습자의 능동적 반응이 학습자의 상황이나 환경을 변화시킨다는 점에서 행위에 대한 의존도가 높다. 이처럼 학습자의 반응이 발생된 결과를 야기하는 수단의 역할을 하므로, 이와 같은 방법에 의한 학습을 수단적 조건화라고 부르는 것이다. 셋째, 고전적 조건화에서의 학습은 반응 이전에 제시된 자극에 의해 이루어지는 데 반해, 수단적 조건화에서의 학습은 주어진 자극에 대한 반응의 결과에 의해 이루어진다.

・강화가 소비자의 구매에 미치는 영향

소비자가 제품을 구매한 후 강화가 어느 정도 일어나는가는 이후의 구매행동에 상당한 영향을 미친다. 예를 들어, 소비자가 특정 음식을 구입하여 먹은 후 그 맛에 만족을 하면 긍정적 강화가 일어나므로 차기에도 그 음식을 구입할 가능성이 높아진다. 소비자가 두통을 느끼다가 어떤 진통제를 구입하여 복용하고 나서 두통이 해소되면 부정적 강화가 일어나서 차기에도 그 두통약을 구입할 가능성이 높아진다. 또한 소비자가 일식집에서 생선회를 먹고 식중독에 걸려 크게 고생하였다면 처벌효과가 발생하여 다음부터는 그 일식집에 가지 않으려고 할 것이다.

일반적으로 소비자는 어떤 제품군의 초기구매에 있어서는 의사결정과정을 거치게 되지만, 특정 상표를 계속해서 사용하면서 사용할 때마다 만족을 얻게 되면 그 만족이 강화 요인으로 작용하게 된다. 이 경우 소비자는 정보탐색이나 정보처리과정을 거치지 않고 습관적인 구매를 하게 될 확률이 점점 높아진다.

마케터는 소비자가 이 같은 습관을 형성할 수 있도록 하기 위하여 제품경험상의 만족 뿐만 아니라 여러 가지 판매촉진수단을 강화의 도구로 활용하기도 한다. 예컨대 항공사에서 사용하는 누적 비행거리에 따른 무료항공권 제공 등의 판촉수단은 항공여행을 자주 하는 사람들이 그 항공사를 지속적으로 이용하는 습관을 형성할 수 있게 하는 시도라고 할 수 있다.

· 강화 스케줄

강화 스케줄은 크게 연속강화와 부분강화로 구분되어진다. 자극에 대한 반응이 있을 때마다 강화를 시키는 것을 연속강화(continuous reinforcement)라고 하며, 반응이 가끔씩 강화되는 것을 부분강화(partial reinforcement)라고 한다. 연속강화에 의한 학습은 부분강화에 의한 학습에 비해 매우 신속히 나타나며, 부분강화에 의한 학습은 연속강화에 의한 학습에 비해 상당히 지속적으로 나타난다.

부분강화는 체계적(예: 세 번째 반응마다 강화시킴)일 수도 있고 무작위적일 수도 있다. 부분강화 역시 전체강화만큼 효과적이며 비용 효율적이라는 장점이 있다. 소비자가 자사제품을 구매하도록 유도하기 위한 강화 스케줄은 기업이 처한 상황에 따라 다를 수 있으므로 기업마다 경우에 맞는 적절한 방법을 발견하여 적용해야 한다.

· 소멸과 망각

소멸(extinction)은 자극과 기대되는 보상 간의 연결이 제거되는 것으로, 소비자가 소비하던 제품에 더 이상 만족하지 않으면 소멸이 일어난다. 소멸의 결과는 동일한 상표를 재구매할 가능성을 크게 떨어뜨리는 것이다.

망각(forgetting)은 자극이 오랫동안 반복되지 않으면 발생하는데, 소비자가 어떤 제품을 오랫동안 사용하지 않거나 혹은 광고가 중단되면 그 제품을 망각하게 된다. 그러나 광고에 가끔씩 노출되더라도 경쟁상표가 집중적으로 광고되는 경우에도 소비자의 기억 속에서 혼란을 일으킴으로써 자극과 보상 간의 관계가 약화되어 망각을 가져올 수 있다. 이러한 망각은 지속적인 광고를 통해 방지할 수 있다.

제품의 재구매가능성을 떨어뜨리는 데 있어서는 망각보다 소멸의 영향력이 더욱 크다. 즉 망각의 경우는 재구매율이 서서히 감소하나 소멸의 경우는 급격히 감소하기 때문이다. 기업은 소멸을 방지하기 위하여 자사제품이 우수한 품질을 갖추도록 해야 할 것이며 품질수준 또한 일정하게 유지해야 할 것이다.

· Shaping

Shaping은 어떤 반응을 가져올 가능성이 높은 자극을 제공함으로써 궁극적으로 다른 반응을 유도하는 것이다. 기업의 여러 가지 마케팅 행위를 Shaping으로 설명할 수 있다. 즉, 수퍼마켓은 특정 품목의 파격적인 할인을 제공하여 소비자를 매장 안으로 끌어들일 수 있다. 일단 매장 안으로 들어온 소비자는 그 매장 안에 들어오지 않은 소비자에 비해 여러 가지 다른 제품들을 구입할 가능성이 높아진다. 대형 백화점에서 어린이를 위한 행사, 특별 해외 품목전, 전시회 등을 실시하여 고객을 유치하고자 하는 것도 이와 유사한 측면에서 생각할 수 있다.

5) 개성(Personality)

개성은 특정한 환경에서 일관성있게 반응하게 하는 개인의 심리적 특성으로 정의할 수 있다. 개성은 개인이 기본적인 지향성과 일정한 행동성향을 나타내므로 라이프스타일보다는 견고하다. 개성의 개념에 관한 정의는 다양하지만 공통적인 특성을 가지고 있다.

첫째, 개인들이 어떤 공통적 특성을 가지고 있는가 보다는 개인간의 차이를 설명해 줄 수 있는 심리적 특성에 초점을 두고 있다.
둘째, 비교적 오랜 기간에 걸쳐 지속적으로 유지되는 특성을 갖는다.
셋째, 특별한 경험이나 상황에 따라 변화될 수 있다.

이처럼 개성은 환경에 대응하여 비교적 일관성있게 반응하는 내적 성향으로서, 개인의 행동에 영향을 미치는 주요한 동인이 된다. 개성은 개인의 행동을 통해 표출되므로 개인의 행동을 통해 개성을 추론할 수 있다.

개성에 관한 이론은 오랫동안 연구되어 왔는데, 크게 정신분석이론(Psychoanalytic Theory), 사회심리이론(Socio-psychological Theory), 특성이론(Trait Theory)으로 구분할 수 있다.

(1) 정신분석이론

정신분석이론은 Freud에 의해 개발되고 완성된 이론이다. Freud는 인간의 성격은 id(원초아), ego(자아), superego(초자아)로 구성되며, 이의 역할에 의해 형성되어지는 것으로 보고 있다. 정신분석이론의 초점은 개성을 구성하는 이 세가지 요소들의 상호작용이 무의식적인 동기를 유발하며, 이 무의식적 동기가 행동으로 구체화된다는 데에 있다. 또한 Freud는 인간의 성격은 태아단계에서 형성되어지고 생후 다섯 살 이전의 유년시절에 완성되어진다고 주장하였다.

Freud의 개성이론은 인간의 내면세계, 특히 무의식의 세계가 인간행동에 영향을 끼칠 수 있다는 관점을 제공하였으며, 특히 성적 본능이 다양한 인간생활에 영향을 미칠 수 있다는 데서 그 의미를 찾을 수 있다. 정신분석이론은 마케팅 분야에서 많이 이루어진 동기연구에 상당한 영향을 미쳤다.

(2) 사회심리이론

무의식적 동기에 의해 성격이 형성되는 것으로 보는 Freud의 정신분석이론은 성격 형성을 설명하는 데 기여한 점은 있으나, 지나치게 개인의 생물적 본능에 의존하는 결정론적 입장을 고수하여 환경의 영향을 무시했다는 비판을 받았다. 사회심리이론은 개인이 자신의 욕구를 충족시키기 위하여 사회적 상황에서 어떻게 행동하는가를 설명하는 데에 초점을 두고 있다. 즉 사회심리이론은 생물적 본능보다 사회적 변수가 개성을 형성하는 데에 있어 중요한 변수가 되며, 무의식적 동기보다 의식적 동기가 더욱 중요하다고 보고 있다.

관련된 연구자 중 Horney(1945)에 의하면 사람의 개성은 타인과의 관계를 어떻게 설정하느냐에 따라 달라진다고 보았으며, 개인의 행동은 세 가지 성향에 의해 특징지어 진다고 하였다. 즉 다른 사람과 동조하며 우호적인 순응형(compliance), 다른 사람에게 맞서거나 영향력을 행사하려는 공격형(aggressiveness), 다른 사람과 독립적이며 자유롭기를 원하는 고립형(detachment)의 개성으로 구분하였다.

(3) 특성이론

개성은 외부 환경에 대해 일관성있게 반응하고자 하는 선유경향(predisposition)인데, 특성이론은 타인과 구별되는 이러한 선유경향이 특성들(traits)의 집합으로 이루어져 있다고 주장한다.

특성이론은 다음의 세 가지를 가정하고 있다. 첫째, 특성이론에서 의미하는 특성들은 누구에게나 공통으로 이는데 단지 그 정도에 있어서 차이가 있다. 둘째, 이 특성들은 쉽게 변화하지 않는 안정적인 성향을 보이며 행동에 일관성있게 영향을 미친다. 셋째, 특성들은 가시적이지는 않으나 행동결과를 측정하여 추론할 수 있다. 이러한 측정 가능성으로 인해 과학적이고 실증적인 연구가 가능하게 되었다.

특성이론은 인간의 개성이 몇 가지 특성으로 이루어져 있다는 다중특성(multi trait) 관점을 가지고 있으며, 이와 관련하여 마케팅에서 가장 보편적으로 이용하는 모형은 5요인 모형(5-factor model)이다. 이 모형은 유전과 학습에 의해 형성된 다섯 가지 인간의 기본적 특성으로 이루어져 있는데. 외향성, 정서적 안정성, 우호성, 경험에 대한 개방성, 그리고 성실성이 이에 해당한다.

- 우호성(agreeableness):

  타인에게 친절한, 협조적, 이타적, 동정심을 갖는 성향.
- 성실성(conscientiousness):

  목표 달성을 위해 성실하게 노력하는 성향. 책임감 있는, 근면한 성향.
- 외향성(extraversion):

  타인과의 사교, 자극과 활력을 추구하는 성향. 감각추구적, 모험적 성향.
- 신경성(neuroticism):

  긴장, 분노, 우울함, 불안감 같은 부정적 정서를 쉽게 느끼는 성향.
- 경험에 대한 개방성(openness to experience):

  창의적, 상상력이 풍부한 호기심 많은 성향. 예술, 모험 특이한 생각, 다양한 경험에 높은 가치를 부여하는 성향.

사람이 각자의 개성이 있듯이 브랜드 역시 각기 독특한 특성과 이미지를 가지고 있는데 이것을 브랜드 개성(brand personality)이라고 한다. 브랜드 개성은 브랜드와 연관되어 인간적 특성으로, 브랜드 개성은 주요 사용자의 이미지, 해당 기업의 이미지, 해당 브랜드 광고모델의 이미지 등으로부터 형성될 수 있다. 유명한 예로 Marlboro 담배하면 강인한 남성적 이미지를 떠올리게 되는 것은 카우보이 광고모델의 영향이 가장 클 것이다. Aaker(1997)는 브랜드 개성의 차원을 규명하기 위해 유명 브랜드를 대상으로 하여 114개의 개성 특성변수로 평가하도록 한 결과, 다섯 가지 요인(진실함, 흥미로움, 유능함, 세련됨, 강인함)이 추출되었다.

브랜드 자산을 구성하는 주요 차원으로 브랜드 연상(brand association)이 있다. 소비자가 브랜드와 관련하여 보다 호의적인 연상을 떠올릴수록 브랜드 자산은 더욱 커지게 된다. 그러므로 호의적인 브랜드 연상을 형성하는 데 중요한 역할을 하는 브랜드 개성은 마케팅에 있어 중요한 개념이다.

(4) 개성 관련 변수

① 자아개념(Self-concept)

자아개념은 사회적으로 결정된 준거체계 내에서 자신에 관한 개인의 사고와 느낌의 총체라고 정의될 수 있다. 사람들은 자신이 어떠한 신체적 특성과 성격, 가치관, 습관, 기호 등을 가졌다는 식으로 자신에 대한 견해나 이미지를 가지고 있다. 자아이미지라고도 불리우는 자아개념은 사람들의 소비에 상당한 영향을 미친다. 소비자행동 분야에서 자아개념에 관심을 갖는 이유는 소비자들이 자신의 이미지에 맞도록 즉 자아이미지와 일관성을 유지하기 위해 소비 활동을 하기 때문이다. 즉 소비자가 구매한 브랜드는 자아개념의 표출이며, 인지적 조화를 이루고 인지적 부조화를 불식시키기 위한 행동의 결과물로 볼 수 있다. 그러므로 마케터는 자사 브랜드를 목표 고객의 자아개념에 일치하는 식으로 포지셔닝한다.

소비자의 자아개념은 자신의 제품이나 브랜드 선택에 영향을 미치지만, 한편으로 소비자가 선택하는 제품이나 브랜드는 소비자의 자아개념에도 영향을 미친다. 이는 소비자가 자신의 실제적 자아개념을 표출할 수 있는 제품이나 브랜드를 선택하기도 하지만, 자신의 이상적 자아개념을 달성하기 위해 제품이나 브랜드를 선택하기도 한다는 뜻이다.

자아개념의 하나로 자아해석(self-construal)이 있다. 자아해석은 개인이 남들과 관련되는 정도에 대한 자신의 생각과 느낌을 말한다. 즉 개인이 스스로를 개별적인 실체로 보는지 또는 다른 사람과 관련지어 보는지에 관한 것이다. 자아해석에 따라 소비자의 자아개념을 독립적 자아개념과 상호의존적 자아개념으로 나눌 수 있다. 독립적 자아개념을 가진 사람들은 자신을 다른 사람과 다르며, 자신만의 목표나 성취를 중시한다. 반면에 상호의존적 자아개념을 가진 사람들은 자신을 소속 집단의 한 부분으로 간주하고 다른 사람들과 관련지어 생각하며, 가족, 소속단체, 사회적 관계를 중요시한다.

이 두 가지의 자아개념은 배타적인 성격을 가지지만 실제로는 상대적 개념으로 이해해야 한다. 관련 연구에 의하면 미국과 유럽인들은 아시아인들에 비해 독립적 자아개념이, 아시아인들은 상대적으로 상호의존적 자아개념이 강한 것으로 나타났다. 이러한 관점에서 자아개념은 광고를 포함한 메시지의 커뮤니케이션 효과에 영향을 미칠 수 있다.

이 외에도 자아해석에 따른 소비자의 자아개념을 개인적 자아개념, 관계적 자아개념, 집단적 자아개념으로 분류하여 이들 간의 소비자행동의 차이를 규명하기도 한다.

② 인지욕구(Need for Cognition)

인지욕구는 개인이 논리적이고 분석적인 사고를 하고자 하는 경향을 말한다. 즉 생각하기를 좋아하는 경향이라 할 수 있다. 인지욕구가 높은 소비자는 메시지 주장에 주의를 기울이며 광고 메시지와 같은 중심단서로부터 영향을 많이 받는다. 이들은 정보처리를 함에 있어 심사숙고하는 방식의 체계적(syetematic) 처리방식을 통해 태도를 형성하는 경향이 있다. 반면에 인지욕구가 낮은 소비자는 모델의 매력성과 같은 주변단서로부터 영향을 많이 받는다. 이들은 정보처리시 휴리스틱(heuristic) 처리방식을 통해 태도를 형성하는 편이다.

인지욕구의 이해를 통해 마케팅전략에 유용하게 활용할 수 있다. 인지욕구가 높은 소비자에게는 광고에 많은 정보를 담는 것이 효과적일 수 있으나, 낮은 소비자에게는 짧은 메시지를 반복하거나 모델이나 음악과 같은 주변단서를 활용하는 것이 더욱 효과적이다.

③ 자기감시성(Self-monitoring)

개인의 행동은 자신의 판단과 가치 등에 의해 영향을 받을 뿐 아니라 시회적 상황에 의해서도 영향을 받는다. 자기감시성은 개인이 주변의 상황에 영향을 받는 정도를 말한다. 자기감시성이 높을수록 친구, 가족, 준거집단 등 사회적 영향을 많이 받으며, 자기감시성이 낮을수록 본인의 판단에 의해 결정한다. 자기감시성이 높은 소비자는 이미지광고에 보다 호의적인 반면, 낮은 소비자는 제품품질에 초점을 맞춘 광고에 보다 호의적인 태도를 보인다.

이러한 자기감시성은 개인적 차이를 나타낼 뿐 아니라 문화적 차이를 나타내는 변수이기도 하다. 예를 들어 한국과 같이 집단주의가 우세한 문화에서는 자기감시성이 높으며, 미국과 같이 개인주의가 우세한 문화에서는 자기감시성이 낮다.

자기감시성을 합리적 행동이론에 적용시킬 수 있다. 합리적 행동이론에 의하면 행동의도는 행동에 대한 태도(AB)와 주관적 규범(SN)에 의해 영향을 받는다. 그러므로 소비자의 행동은 자기감시성이 낮을수록 자신의 태도에 따라 결정되며, 반대로 자기감시성이 높을수록 주관적 규범에 의해 결정될 것이다. 자기감시성의 정도에 따라 광고소구방법의 효과는 달라질 수 있다.

④ 상태-행동 지향성(State-Action Orientation; SAO)

상태-행동 지향성은 개인이 현 상태를 그대로 유지하고자 하는 성향이 강한지, 혹은 행동을 취함으로써 변화를 하고자 하는 성향이 강한지에 관한 개성변수이다. 행동지향성이 강할수록 의사결정을 신속히 하며 행동수행에 적극적이다. 합리적 행동이론과 관련하여, 소비자가 상태지향적일수록 주관적 규범이 행동의도에 크게 영향을 미치는 반면, 행동지향적일수록 태도가 행동의도에 크게 영향력을 미친다고 하였다.

⑤ 소비자 혁신성(Consumer Innovativeness)

소비자 혁신성은 신제품을 다른 사람보다 먼저 채택하거나 수용하는 경향을 말한다. 혁신성이 강한 소비자는 혁신성이 약한 소비자에 비해 미래의 불확실성을 비교적 잘 수용하는 성향이 있기 때문에 새로움에 대한 욕구나 신제품의 채택이 빠른 편이다.

혁신성이 높은 소비자는 독선주의적 성향이 낮고, 독특함을 추구하려는 욕구가 강한 경향이 있다. 독선주의는 개인의 기존 신념에 반하는 것에 대해 저항하려는 성향을 말한다. 독선주의적 성향이 강한 소비자는 혁신성이 높은 제품을 거부하는 경향이 강하다. 또한 이들은 신제품 광고의 경우 객관적인 제품 속성이나 편익보다는 권위 있는 모델에 의해 영향을 받아 그 제품에 대한 태도를 형성하는 경향이 있다. 한편, 독특함에 대한 욕구는 한 개인이 타인과 다르게 보이기를 원하는 성향을 말한다. 이러한 욕구가 강한 소비자는 평범하지 않은 외모와 독특한 소유물을 이용하여 다른 사람들로부터 자신을 유별나게 보이도록 한다. 이들 중에는 거부당하지 않는 범위에서 대부분의 타인들과 독특하게 보이고자 하는 사람들과 타인들의 수용 여부에 전혀 개의치 않는 사람들이 있다.

6) 라이프스타일(Lifestyle)

라이프스타일은 사람들이 세상을 살아가는 방식이며 개인마다 갖는 독특한 생활양식을 말한다. 라이프스타일은 개인이 살아가면서 사회적 상호작용을 통해 형성된 개인 고유의 내재적 특성의 집합이다. 그러므로 개인의 라이프스타일은 개인의 인구통계적 특성, 개성, 학습, 가치, 경험, 사회계층 등 다양한 요인에 의해 결정되는 총체적인 모습이다.

라이프스타일 변수는 개인의 활동(activities), 관심(interest), 의견(opinion) 즉 AIO에 의해서 정의된다. 활동은 사람들이 시간을 소비하는 방법으로서 사람들이 무엇을 하며 그들의 시간을 보내는지를 나타낸 것이다. 즉 소비자들이 어떤 일에 종사하는지, 취미가 무엇인지, 휴가는 어떤 곳을 선호하는지, 쇼핑은 평소에도 즐기는지 등 다양한 소비자의 활동을 포함한다. 관심은 소비자들이 그들의 환경에서 특별히 주의 깊게 생각하는 것을 나타낸다. 예컨대 자신의 일에 대해 얼마나 성취감을 느끼는지, 가족이나 친구 등 인간관계를 소중하게 여기는지, 맛집을 탐색하고 찾아다니는지 등 다양하게 측정할 수 있다. 의견은 소비자들 주위의 세상과 그들 스스로의 문제에 대한 견해를 나타낸다. 즉 부동산 등의 재테크가 얼마나 중요하다고 생각하는지, 자녀 교육은 어떻게 하는지, 자기 자신의 미래에 대해 계획을 가지고 있는지 등과 관련된 것 등을 말한다. 싸이코그래픽스(psychographic)는 이상의 AIO로 이루어진 라이프스타일의 조작적 측정도구를 말한다. 이러한 라이프스타일은 소비자의 욕구에 영향을 미치며, 나아가 태도와 소비행동에 영향을 미친다. 또한 소비자들에게 구매하는 제품 또는 서비스가 자신의 라이프스타일에 적합한지 아닌지는 중요한 문제이다.

한편 라이프스타일은 의사결정의 결과로서 변하기도 하며, 개인의 특성이나 환경의 변화에 따라 라이프스타일이 달라지기도 한다. 그러므로 마케팅 관리자는 라이프스타일의 변화를 이해하고 이에 대응하는 전략을 강구하지 않으면 안 된다.

2. 환경적 요인들

소비자의 의사결정과정은 내부적인 개인적 요인들에 의해 영향을 받을 뿐 아니라 외부적인 준거집단, 가족 그리고 문화를 구성하는 사회적 환경 등에 의해서도 영향을 받는다.

1) 준거집단(Reference Group)

사람들은 사회적 존재로서 다른 사람들과 더불어 살아간다. 이에 따라 사람들은 자신의 의사결정과정에서 다른 사람들이나 집단으로부터 영향을 받는데, 이처럼 개인의 생각이나 행동에 직접 또는 간접적으로 영향을 미치는 집단을 준거집단이라 한다. 준거집단은 자신의 신념, 느낌, 그리고 행동을 형성하는데 있어 비교의 기준이 되거나 준거점으로 작용하는 집단을 말한다. 또한 준거집단은 소비자들의 욕구와 구매행동에 직접적으로 영향을 미치는 행위의 역할과 표준을 제공한다.

준거집단은 구성원들에게 그 집단의 규범과 가치에 순응하도록 영향을 미친다. 이러한 집단 영향력은 그 집단의 사회적 힘(social power)에서 비롯된다. 여기서 사회적 힘이란 한 사람이 다른 사람에게 미칠 수 있는 잠재적 영향력을 의미한다. 사회적 힘의 원천은 다음의 다섯 가지 유형으로 구분할 수 있다.

① 강제적 힘(coercive power)
② 보상적 힘(reward power)
③ 전문적 힘(expert power)
④ 합법적 힘(legitimated power)
⑤ 준거적 힘(referent power)

강제적 힘은 공포나 물리적인 위협에 의존하는 힘이다. 집단 내 구성원들이 강제적 힘에 순응하게 되는 것은 만일 추종하지 않을 경우 초래될지도 모르는 부정적 결과(집단으로부터 추방 등)에 대한 두려움 때문이다.

보상적 힘은 상대방에게 가치 있는 것을 제공할 수 있는 능력으로부터 나오는 힘으로, 사람들이 집단 구성원들의 권유에 따르는 이유는 그렇게 함으로써 긍정적인 결과를 얻을 수 있기 때문이다.

전문적 힘은 한 사람이 가지고 있는 전문적 기술이나 지식에서 오는 영향력을 말한다. 예를 들어, 집단 구성원들 중 한 사람이 컴퓨터 전문가이거나 오디오 전문가인 경우 그의 전문성 때문에 집단 구성원들의 컴퓨터 또는 스테레오 제품구매에 힘을 행사할 수 있다.

합법적 힘은 집단 내에서 영향력 있는 지위나 역할을 담당하게 된 결과로서 얻게 되는 공식적인 권한에 근거한 힘이다. 예를 들어, 산악회 회장은 자신의 지위를 이용하여 등산용품의 구매에 영향을 미칠 수 있다.

준거적 힘은 특정 개인에 대한 존경, 개인의 태도나 행동을 본받고 싶어하는 열망에서 비롯되는 힘이다. 예를 들어, 마케터는 청소년들을 표적시장으로 하는 제품광고에서 유명 연예인이나 스포츠인을 등장시켜 청소년 소비자들이 이들의 구매행동이나 라이프스타일을 모방하고 싶은 욕구를 이용한다.

이와 같은 다섯 가지 유형의 사회적 힘의 원천은 개인이 다른 사람 혹은 집단의 의견에 순응하는 이유를 잘 설명해 주고 있다.

(1) 준거집단의 유형

소비자는 가족, 친구, 동료 또는 소비자가 모방하고 싶어하는 유명인을 포함해 다양한 준거집단을 가질 수 있다. 이러한 준거집단들은 특성과 목적에 따라 <그림 II-8>과 같이 유형화할 수 있다.

먼저 집단 구성원으로 속할 수 있느냐에 따라 회원집단 (membership group)과 비회원집단(nonmembership group)으로 분류한다. 또한 준거집단에 대해 어떤 태도를 형성하는가에 따라 그룹이 나뉘는데, 준거집단에 긍정적 태도를 형성하는 경우는 긍정적 회원집단과 앞으로 개인이 속하고자 열망하는 집단인 열망집단(anticipatory group)으로 구분할 수 있다. 준거집단에 대해 부정적 태도를 갖는 경우 자신이 속한 그룹의 가치관을 거부할 수도 있다. 이러한 유형의 집단은 회피집단(dissociative group)으로서 집단과 관련되고 싶지 않으며 회원자격을 피하고자 하는 집단의 유형을 말한다. 소비자들의 의사결정과 행동에 영향을 미치는 그룹은 긍정적인 준거집단이므로 광고주들은 어떤 한 집단에 속하고자 하는 욕망에 소구하며, 마케터들은 긍정적 회원집단과 열망집단에 집중하는 전략을 수립한다.

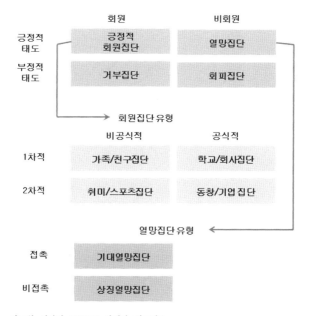

자료원: 김상현 등(2011), 마케팅, 이프레스

<그림 II-8> 준거집단의 유형

한편 긍정적 회원집단은 1차적 또는 2차적, 공식적 또는 비공식적으로 분류된다. 접촉 빈도가 높은 집단은 1차 집단이며, 정기적인 접촉을 갖지만 빈도가 높지 않은 집단은 2차 집단으로 분류된다. 1차적 비공식집단은 가족이나 친구와 같이 집단구성원과의 빈번한 접촉과 친근함 때문에 가장 중요한 집단이며, 1차적 공식집단은 직장동료나 학교집단과 같이 정규적으로 자주 접촉하지만 보다 공식적인 관계를 말한다. 2차적 비공식집단은 공식적인 관계는 아니지만 가끔 접촉하는 집단으로 취미교실, 스포츠동호회 등이 해당된다. 2차적 공식집단은 자주 접촉하지도 않지만 공식적으로 교류하는 동창회, 사교클럽 등을 말한다.

열망집단은 접촉 가능성에 따라 두 가지 유형인 기대열망집단과 상징열망집단으로 분류된다. 기대열망집단은 개인이 장래에 소속이 가능할 것으로 희망하는 집단으로 직접적으로 접촉이 가능한데, 기업 임원이나 골프클럽 등이 해당된다. 상징열망집단은 그룹의 신념과 태도를 수용하지만 소속될 가능성이 희박한 집단을 말하며 유명연예인, 국가대표선수, 아이돌그룹 등이 이에 속한다.

(2) 준거집단의 영향

개인의 의사결정과 행동은 다양한 구성원에 의해 영향을 받는다. 준거집단이 소비자 선택에 미치는 영향의 유형에는 정보제공적 영향(informational influence), 비교기준적 영향(comparative influence), 규범적 영향(normative influence) 등이 있다.

· 정보제공적 영향 : 소비자가 어떤 집단을 신뢰할 수 있는 정보

의 원천으로 생각하거나 그 정보가 제품 선택에 도움을 준다고 믿는 경우에 집단으로부터 정보를 수용한다. 또한 제공된 정보에 대한 신뢰는 소비자들이 준거집단의 전문성을 지각할 때 결정된다. 예를 들어 유명한 셰프가 식재료의 장점을 홍보한다면 그 식재료의 품질에 더욱 확신을 갖게 된다. 어떤 소비자들은 광고와 같은 상업적 원천보다는 친구, 동료 등과 같은 개인적 원천을 더 신뢰하기 때문에 이들로부터의 조언을 수용할 가능성이 높다. 준거집단의 정보 제공적 영향이 개인에게 중요한 경우는 제품의 구입 시, 사회적·금전적 또는 성능 위험을 인식할 때 또는 개인이 제품에 대해 갖고 있는 정보나 지식이 제한적인 경우 등이며, 이때 소비자는 지각된 위험과 불안감을 회피할 수단으로 전문가의 의견을 받아들인다.

・비교기준적 영향 : 소비자들은 자신이 태도와 행동을 자기가 중요하게 생각하는 집단 구성원들의 태도와 행동과 비교함으로써 자신이 동의하는 집단과는 자신을 연관시키고, 반대하는 집단으로부터 자신을 분리시켜 자신의 태도와 행동을 지지하고자 한다. 즉 비교기준적 영향은 자신을 집단의 다른 구성원들과 비교하여 자신에 대한 평가를 할 때 집단이 자기를 지지하는가를 판단하는 과정에서 이루어진다. 예를 들어, 새로운 조직에 소속될 때 그 집단에 소속된 다른 구성원과 자신의 태도, 행동 등을 비교한다. 그러면서 자연스럽게 자신과 유사한 사회적, 경제적 특성을 가진 사람들에게 호감을 느끼게 된다. 비교기준적 영향은 영향을 받는 사람이 영향력을 발휘하는 사람과 유사한 특성을 가지고 있어야 함을 시사하고 있다. 그 결과 소비자들은 광고에서 일반인을 접했을 때 유사성에서 비롯된 호감을 느끼게 되고, 판매원과의 상호작용에서도 태도나 취향 등의 유사

성을 지각했을 때 판매원으로부터 많은 영향을 받게 된다.

· 규범적 영향 : 규범적 영향은 어떤 집단이 그 규범과 기대에 일치하도록 구성원에 대해 발휘하는 영향력을 말한다. 이 영향력의 원천은 보상이나 강압이며, 집단에 대한 개인의 행동은 동조와 순응이다. 규범적 영향은 개인이 조직이 선호하는 것에 순응하고자 할 때 또는 조직 구성원들의 기대를 만족시키고자 할 때 집단의 규범과 행동에 동조해야 하므로 이 과정에서 발생된다. 즉 자신이 속한 집단의 구성원들이 구매하는 제품이나 서비스 브랜드를 애용함으로써 일체감이나 동질감을 느끼려고 노력하는 경우가 이에 해당된다.

· 어떤 상황에서 준거집단이 제품 또는 브랜드 결정에 더 많은 영향을 미치는가?
앞에서 설명한 바와 같이 준거집단은 여러 형태로 소비자의 구매결정에 영향을 미치나, 모든 제품과 브랜드의 구매에 비슷한 수준으로 영향을 미치는 것은 아니다. 준거집단의 영향은 개인과 구매상황 및 구매할 제품 또는 브랜드의 특성에 따라 달라진다.

준거집단이 제품과 브랜드결정에 미치는 영향력의 정도는 다음의 두 가지 기준에 따라 달라진다.

첫째, 제품을 소유한 소비자의 수이다. 다수의 소비자에 의해 구매되는 필수품에 비해 소수의 소비자에 의해 구매되는 사치품이 다른 사람들에게 더 두드러져 보이므로 후자의 경우에 준거집단이 제품이나 브랜드 선택에 미치는 영향력이 상대적으로 더 클 수 있다.

둘째, 제품이 개인적으로 소비되는 것인지 혹은 공공장소에서 소비되는 것인지이다. 다른 사람들에 공개되어 있는 공공장소에서 소비되는 제품이 개인적으로 소비되는 제품에 비해 더 두드러져 보이므로 준거집단이 제품이나 브랜드 선택에 미치는 영향력이 더 크다고 할 수 있다.

2) 가족(Family)

가족이란 혈연, 결혼 또는 입양 등이 중심이 되어 형성된 개인들의 집합을 의미한다. 가족은 사회의 구성원으로 살아가는 데 필요한 가치관과 규범을 학습하는 사회화의 중요한 단위로서, 가족 전체나 구성원들 간의 구매의사결정에 매우 큰 영향을 미치고 있다.

구매의사결정의 대부분은 가족 전체 또는 일부가 소비하거나 사용하는 제품과 서비스에 대해서 이루어진다. 따라서 기업은 가족들이 어떤 방식으로 구매결정을 내리는지를 고려해야 하며, 다양한 가족 구성원들이 이러한 의사결정과정의 단계에 따라 어떻게 참여하는지를 이해해야 한다.

소비자행동에서 가족의 중요성은 두 가지 측면에서 이해할 수 있다. 첫째, 가족은 그 자체가 독립된 하나의 소비단위로서 의사결정을 위한 행동의 주체이다. 대부분의 고관여 제품과 관련된 의사결정을 할 때 가족구성원 전체 혹은 한 사람 이상이 개입되는 경우가 많다. 예컨대 가족 여행은 어떤 곳에 어떤 여행사의 패키지로 가야 할지, 자동차는 세단을 사야할지 SUV를 구입해야 할지, 생일축하 파티는 패밀리 레스토랑에서 할지 한식 뷔페를 이용할지 등의 의사결정시 가족들의 의견이 중요한 정보로 작용한다. 둘째, 개별 구성원이 자신이 소비할 제품이나 서비스를 구매할 때에도 다른 가족 구성원의 영향을 많이 받으며, 심지어는 가족의 의견에 절대적으로 의존하는 경우도 있다. 결혼한 장년 이상의 가장은 자신이 입을 캐주얼에 대해서도 브랜드, 디자인, 색상 등을 배우자가 고르는 경우를 흔히 접하게 된다.

마케터들은 가족 공동의 제품과 서비스를 구매할 때 남편, 부인, 자녀들의 역할과 상대적 영향력에 많은 관심을 가져야 한다. 일반적으로 가정용 소모품, 의류, 음식의 경우에는 부인이 단독으로 구매의사결정을 하고, 스포츠 용품이나 하드웨어와 같은 품목에서는 남편의 영향력이 더 지배적이다. 또한 휴가나 가구 등에 대해서는 공동의사결정을 보이는 경향이 많다. 그러나 최근에는 아내의 경제력이 향상되고 가족 역할에 대한 사고방식도 많이 변화하여 매장 방문을 통한 쇼핑을 부부가 함께 하는 경우가 많아졌으며, 자동차와 TV, 금융계획 등 의사결정에서 남편 지배적이었던 품목들이 부부 공동의사결정 품목으로 이동되었다. 반면 온라인 쇼핑의 경우 각자가 자율적으로 구매하는 경우도 많아져, 유통 형태나 제품 유형에 따른 가족공동의사결정의 패턴 변화를 면밀히 확인할 필요가 있다.

또한 가족구성원들은 의사결정에서 각자 다양한 역할을 수행한다. 가족구성원에 의해 이루어질 수 있는 역할은 다음과 같으며, 한 구성원이 한 가지 혹은 몇 가지 역할을 수행할 수 있다.

- 정보수집자(information gatherer) : 여러 원천으로부터 정보를 획득하고 평가함에 있어서 전문지식을 가지고 있으며 정보의 여러 원천을 가장 잘 아는 구성원이다.
- 영향력 행사자(influencer) : 브랜드대안 평가에 많은 영향을 미치는 사람이다. 즉, 그는 브랜드의 비교·평가를 위한 평가기준을 제안할 수 있다.

- 의사결정자(decision maker) : 구매할 대안을 결정하는 사람이다.
- 구매담당자(purchasing agent) : 제품 구매를 담당하는 사람이다. 구매담당자는 점포 결정에 대한 재량권을 가질 수도 있고 가지지 않을 수도 있다.
- 소비자(consumer) : 제품의 사용자 혹은 소비자는 가족 전체일 수도 있고 개별구성원일 수도 있다.

3) 사회계층(Social Class)

사회계층은 한 사회의 내에서 비교적 동일한 지위의 사람으로 구성된 집단으로 정의할 수 있으며, 사회적으로 구별되는 사회적 위계구조를 의미한다. 사회계층은 직업, 소득, 교육수준 등이 유사한 사람들의 집단을 나타내므로 동일한 사회계층의 구성원들은 직접적인 접촉이 없더라도 유사한 행동을 보이는 경향이 있다. 사회계층은 다음과 같은 특징을 갖는다.

첫째, 사회계층은 사회적 지위를 나타내며 수직적이고 계층적 구조로 이루어져 있다. 둘째, 사회계층은 여러 구성요소들로 형성되는 다차원적 성격을 가진다. 여기에는 직업, 소득, 교육수준, 주거지역, 주거형태 등이 포함된다. 셋째, 사회계층은 사회적 조건과 시대적 발전에 따라 지속적으로 변화한다. 즉 사회적 이동가능성이 있어 본인의 의지에 따라 계층 이동이 가능하다. 넷째, 사회계층은 구성원에게 태도나 행동을 위한 준거체계를 제공한다. 이로 인해 사회계층 내에서의 보상이나 구속력을 가진다.

4) 문화와 문화적 가치(Culture and Cultural Value)

(1) 문화

우리는 태어나면서부터 특정한 문화 속에서 생활한다. 자신의 의사와 관계없이 특정 언어를 사용하며, 그 사회의 규범과 관습, 그리고 가치관과 종교 등을 받아들이고 있다. 그래서 다른 나라를 여행하거나 해외에서 비즈니스를 하는 경우에 언어가 달라서 의사소통을 하는데 어려움이 있고, 관습과 가치관 등에서 많은 차이를 느낀다.

문화는 공기와도 같다. 우리가 평소 생활할 때는 공기의 존재를 의식하지 못하지만, 공기가 없거나 부족한 곳에서는 그것이 우리의 삶에 얼마나 소중한 것이었는지를 깨닫게 된다. 즉 우리가 태어나고 자라온 문화 속에서는 어떠한 불편함도 없지만 다른 문화권에 가면 엄청난 불편을 느끼게 되거나 살기조차 힘든 경우도 있다. 이렇듯 문화는 보이지는 않지만 우리의 삶 전반에 영향을 미치며 보이지 않는 손(invisible hand)의 역할을 한다.

소비자행동에 광범위하게 영향을 미치는 문화는 한 사회의 성격으로 볼 수 있으며, 이러한 문화는 사회구성원들에 의해 생산되고 소비되는 의복, 음식, 예술 등과 같은 유형적 재화와 서비스 뿐만 아니라 가치관, 윤리 등과 같은 추상적 개념도 포함한다.

문화가 소비자행동에 미치는 영향은 매우 강력하고 광범위하지만, 사람들은 일상생활에서 문화로 인한 영향을 크게 느끼지 못한다. 우리는 우리가 입는 의복이나 음식 등에 관해 당연시하게 여기기 때문에 외국을 여행하면서 다른 환경에 처할 때까지 문화가 우리의 소비생활에 미치는 강한 영향력을 이해하지 못한다.

각 사회를 지배하는 문화는 사회구성원들이 공유하는 핵심가치들이 결합되어 나타난다. 즉, 한 문화와 다른 문화 간의 차이는 이러한 가치체계의 차이에서 비롯된다. 여기서 가치체계란 한 문화를 반영하는 주요가치들의 상대적 중요도를 나열한 것이라고 할 수 있다. 예를 들어, 자유, 젊음, 성취, 물질주의 등은 미국 문화를 구성하는 핵심가치들이다. 따라서 한 나라의 문화와 그 문화의 상징적 의미를 명확히 이해하면, 그 시장 내에서 마케팅활동을 수행하는 기업의 경쟁적 지위를 강화할 수 있을 것이다. 불행하게도 많은 기업들이 문화에 대한 근시안적 태도를 가짐으로써 해외시장에 효과적으로 침투하지 못하고, 그 시장에서 실패하는 사례를 흔히 목격하게 된다. 기업이 해외시장에서 성공을 거두기 위해서는 진출한 해외시장의 독특한 문화를 이해하고 습득해야 하며, 나아가 이에 완벽히 적응해야 할 것이다.

① 문화의 정의

문화는 사람들이 여러 세대를 거치는 동안 남겨놓은 사회적 유산이며, 한 사회 특유의 라이프스타일이다. 즉 문화는 그 사회가 직면하였던 환경에 적응하며 살아가는 방식을 반영한다. Taylor는 문화를 "개인이 사회구성원으로서 획득하는 지식, 신념, 기술, 도덕 법, 관습 및 그 밖의 능력과 습관 등이 포함된 복합적인 전체"로 정의하였다." 한편 Linton은 문화란 "학습된 행동과 행동결과의 집합체로, 사회구성원들에 의해 공유되고 전달되는 것"으로 정의하였다.

문화는 사회적으로 학습되고 사회구성원들에 의해 공유되는 모든 것을 의미하며, 나아가 그 사회의 인성이라고도 할 수 있다.

② 문화의 성격

문화의 성격을 하나의 정의로 규정하는 것은 쉽지 않다. 문화에 대해 보다 명확히 이해하기 위해서는 문화가 가진 성격이나 특징을 검토할 필요가 있다. 문화의 여러 가지 성격들이 거론되고 있지만 대표적인 문화의 특성은 다음과 같다(이학식 등 2015).

· 문화는 욕구충족의 기준이 되며 그 사회 내 규범을 제공한다.
문화는 사회구성원들의 욕구를 충족시키기 위한 기준이 된다. 즉, 문화는 사회구성원의 생리적, 개인적, 사회적 욕구해결의 방향과 지침을 제공한다. 문화에는 그 사회 내 이상적인 행동기준이나 표준이 포함되어 있으며 사회구성원들은 어떤 상황 하에서 올바르고 적절한 생각이나 느낌 그리고 행동이 무엇인지에 대해 공감하고 공유한다.
사회구성원에 의해 공유된 이상적 행동패턴이나 느낌을 규범 (norms)이라고 한다. 실제행동이 사회의 규범으로부터 이탈되면 이탈된 개인에게는 어떤 형태의 압력이 가해져서 개인은 자신의 행동을 사회의 기대에 순응하게 된다.

· 문화는 학습된다.
어릴 때부터 우리는 사회적 환경으로부터 문화를 구성하는 신념이나 가치관, 관습 등을 학습하기 시작한다. 인류학자들은 문학학습의 유형을 성인이나 연장자가 어린 가족구성원들에게 어떻게 행동해야 하는지를 가르치는 공식적 학습(formal learning)과 어린이가 가족 구성원이나 친구 또는 TV 주인공 등 타인들의 행동을 모방함으로써 이루어지는 비공식적 학습(informal learning), 그리고 교육환경에서 어린이들에게 무엇을, 어떻게, 왜 해야 하는지를 가르치는 기술적 학습(technical learning)의 세 가지 형태로 구분하고 있다. '남자들은 소꿉장난을 하지 않는 법'이라는 어머니의 이야기를 어떤 남자아이가 받아들이면, 이 아이는 어머니의 가치관을 공식적으로 학습하는 것이다. 이 아이가 아버지나 형을 모방하여 말쑥하게 옷을 차려입는다면, 이 아이는 의복습관을 비공식적으로 학습한 것이 된다. 이 어린이가 학교에서 컴퓨터 교육을 받는다면, 이것은 기술적 학습이 된다. 많은 광고가 소비자들이 모방할 행동모델을 제공함으로써 비공식적 문화학습을 시도하기도 한다.

한편 인류학자들은 문화학습을 자기문화의 학습과 다문화 학습으로 구별한다. 자기문화에 대한 학습을 문화화(文化化; enculturation)라 하고, 외국문화나 새로운 문화에 대한 학습을 문화이식(文化移植: acculturation)이라고 한다. 자기문화에 대한 학습은 지배적인 문화적 가치를 시간의 경과에 따라 사회구성원들 자신의 개인적 가지로 내부화시키는 과정으로 볼 수 있다. 사람들의 세계관이나 그들이 지니는 가치, 그리고 그들의 행동은 문화적 배경에 따라 달라지기 때문에 글로벌 마케팅을 수행할 때 목표해외시장의 문화적 특성을 이해하고 이를 받아들여야 한다.

· 문화는 공유된다.

어떤 신념이나 가치 또는 관습이 문화적 특성으로 간주되기 위해서는 이들이 대다수의 사회구성원에 의해서 공유되어야 한다. 한 문화 내에서 사용되는 언어는 사회구성원들 간에 가치나 경험, 관습의 공유를 가능하게 하는 중요한 문화 구성요소이다. 또한 여러 가지 형태의 사회적 기관들 역시 문화의 구성요소들을 전파하고 문화의 공유를 가능하게 한다. 문화의 공유역할을 담당하는 기관들 중 가장 기본적이고 중요한 기관이 가족이다. 가족은 문화화에서 주된 역할을 담당한다. 즉, 가족은 구성원들에게 기본적인 문화적 신념, 가치, 관습 등을 제공할 뿐 아니라 돈의 의미, 가격과 품질의 관계, 제품기호와 선호의 형성, 여러 가지 촉진메시지에 대응하는 적절한 방법 등의 소비자 관련 가치와 기술 등을 학습시킨다. 학교나 교회 등도 문화전파의 기능 중 상당한 부분을 수행한다. 이는 가정에서의 학습에 더하여 교육기관이나 종교기관에서 제공되는 경제개념이나 윤리개념을 통해서 소비자학습이 강화된다는 것이다.

대중매체 역시 문화전파에 있어 중요한 역할을 담당하고 있는 사회적 기관이다. 현대인들은 대중매체에서 제공되는 광고에 광범위하게 노출되어 있다. 광고는 제품이나 서비스의 수요에 영향을 미칠 뿐 아니라 기존 문화적 가치를 강화하거나 새로운 가치나 습관의 전파를 촉진하는 역할을 한다. 따라서 광고 종사자들은 광고가 사회변화의 중요한 촉매제라는 점에서 광고의 사회적 책임을 인식해야 할 것이다.

· 문화는 지속적이며 동태적이다.

문화는 다양한 관습들로 구성되며, 사회구성원들은 이러한 관습을 통하여 기본적인 생리적 욕구에 더하여 지위나 사회적 인정 등의 학습된 욕구를 충족시킨다. 따라서 사회구성원들이 원하는 욕구가 구성원들에 의하여 공유된 관습을 통해 충족된다면 그들은 이러한 관습들을 가능하면 유지하려고 한다. 문화의 이러한 특성으로 인하여 문화의 구성요소들은 세대를 따라 이어지며, 우리가 다른 문화에 노출되었을 때에도 그 영향이 지속된다.

한편 변화에 대한 저항에도 불구하고 문화는 점진적으로 그리고 지속적으로 변화한다. 즉, 문화는 시대상황에 맞는 욕구 충족적 역할을 수행하기 위해서 지속적으로 진화한다는 것이다. 다만, 어떤 사회는 변화속도가 느려 상당히 정태적인 반면에, 매우 빠른 속도로 변화가 일어나는 동태적인 사회도 있다. 따라서 마케터는 시장성 있는 신제품을 개발하기 위해서 사회문화적 환경의 변화를 주의 깊게 살펴보고 끊임없이 주시해야 한다.

· 문화는 다양한 기능을 수행한다.

문화는 사회구성원들의 결속을 강화하고 유지하는 데 중요한 기능을 수행한다. 사회구성원이 자신이 속한 사회의 문화에 순응하고 따르면 그 사회로부터 보상을 받으나 사회규범을 따르지 않거나 일탈행동을 하게 되면 법률적으로나 사회적인 제재를 받게 된다. 즉 문화는 보상과 제재를 통해 특정 사회를 결집시키고 유지하는 기능을 수행한다.

③ 문화의 주요 구성요소

· 물질적 요소

우리 주위에 남아 있는 다양한 역사적 유물과 유적지 등은 문화의 중요한 구성요소 중 하나이다. 이집트를 가면 피라미드와 스핑크스를 통해 이집트 문화를 느낄 수 있으며, 중국에 가면 만리장성과 자금성을 통해 중국 문화를 체감할 수 있다. 반면에 근대 과학기술의 발전과 더불어 인간이 만든 자동차와 전자제품, 그리고 교량과 건축물 등도 그 당시의 문화를 확인해 주는 요소이다. 이러한 물질적 요소는 문화를 구성하는 중요한 요소가 된다.

· 언어

세계의 모든 민족은 고유한 언어를 가지고 서로 의사소통하며 그것이 민족의식을 강화하고 문화를 계승 발전시키는 촉매제 구실을 하고 있다.

우리나라는 우리만의 고유한 언어가 있고 독창적인 글자인 한글이 있다. 중국이라는 거대한 국가를 옆에 두고 있으면서 반만년의 역사 동안 우리의 문화를 유지해 온 것은 우리의 언어와 글자가 있었기 때문에 가능한 것이라고 할 수 있다. 이러한 언어는 고정되어 있지 않고 시대의 변화에 따라 소멸되기도 하고 새로운 언어가 탄생하기도 한다. 또한 동일한 문화권 내에서도 언어 사용에 차이를 보이는데 최근 젊은 사람들이 인터넷이나 휴대전화를 통해 사용되는 축약어 등이 그 예이다.

· 가치

가치란 한 개인이나 사회가 지향하는 바람직한 삶의 방향이다. 추구하는 가치에 따라 개인의 삶과 사회의 구조 및 기능이 달라지므로 한 사회의 문화를 이해하기 위해서는 그 문화 내 가치를 이해하는 것이 선행되어야 한다.

한 사회 내 구성원들은 서로 유사한 가치를 갖는다. 이러한 연유에서 글로벌 수준에서 서로 다른 문화 간 차이를 비교할 때 사회구성원들이 추구하는 가치를 비교하는 경우가 많다. 예를 들어 개인주의와 집단주의라는 가치는 크게 동양과 서양을 구분하는 기준으로 사용되기도 하며, 같은 동양권 문화라 하더라도 한국과 중국, 일본은 개인주의와 집단주의 면에서 서로 차이를 보인다.

· 관습

관습은 특별한 상황에서 문화적으로 수용가능한 일상적인 행동 패턴이다. 미국인들은 전통적으로 아침 식사 음료로 오렌지 주스를 마신다. 이에 반해 대부분의 나라에서는 아침 식사에 오렌지 주스를 마시는 경우가 드물다. 이러한 점에서 관련 제조업자들은 오렌지 주스를 "단지 아침을 위한 음료가 아니다"라고 강조하는 광고를 기획하기도 하였다.

· 의례

의례란 정해진 순서에 따라 진행되며 정기적으로 반복되어 발생하는 상징적 행동들의 집합을 의미한다. 각 문화권은 고유의 의례를 전승하고 발전시키며, 이에 속한 사회구성원들은 일상생활에서 의례의 영향을 받는다. 우리는 의례 하면 흔히 동물을 제물로 바치는 제천행사를 떠올리지만, 실제로 현대의 많은 소비활동이 의례적 행동을 수반한다. 의례와 관련된 제품의 구입, 소비자들의 몸치장 의례, 선물증정 의례 등은 의례적 소비활동의 대표적인 예라고 할 수 있다. 많은 기업들이 의례적 소비활동에 사용되는 품목들을 개발하여 판매하는데, 생일양초, 결혼축하 케이크, 의례용 샴페인, 은퇴기념 시계, 트로피와 훈장, 축하카드 등은 모두 의례를 수행하는데 있어 사용되는 다양한 제품의 예이다.

소비자들은 종종 의례를 수행함에 있어 앞에서 나열한 제품들을 사용하는 순서를 나타내는 각본을 활용하기도 한다. 예를 들어 졸업 프로그램, 축하연 매뉴얼, 에티켓 북 등을 활용하여 의례적 행동을 수행한다.

선물증정 의례(gift-giving rituals)는 의례의 대표적 형태 가운데 하나이다. 사람들은 의미 있는 날이나 행사에서 적절한 선물을 증정하며 이에 적합한 의례를 수행한다. 선물증정의례는 소비자가 상대방에게 가치가 있을 것으로 생각되는 물건을 구입하고 가격표를 뗀 다음, 이를 정성스레 포장하여 상대방에게 전달하는 일련의 과정을 포함한다. 소비자는 구조적 요인(예: 생일이나 크리스마스를 맞이하여 선물을 준비하는 경우와 같이 특정 문화에 의해 규정된 경우) 혹은 상황적 요인(예: 직장동료에게 개인적인 이유로 선물하는 경우)으로 인해 특정의 상대방에게 선물을 주기로 결정할 수 있다.

최근 모바일 시대에 들어서 소비자들의 선물교환행위에 변화가 일어나고 있는데, 그 중 하나가 기프티콘 서비스의 이용이다. 기프티콘 서비스는 소액의 선물을 주고받을 수 있는 모바일 전자상거래형 서비스로, 모바일을 통해 해당 기업의 웹페이지에서 선물을 고른 후 결제를 하면 선물을 받은 상대방이 자신과 가장 가까운 매장에서 선물을 받을 수 있도록 바코드가 전송된다. 기프티콘 서비스는 '선물주기' 뿐 아니라 '답례하기'와 '선물조르기' 등의 기능을 제공해 소비자들이 선물을 증정하는 과정에서 재미를 느낄 수 있도록 하며, 전시회나 속옷 선물 등 다양한 선물을 갖추고 있어 고르는 즐거움도 제공하고 있다.

· 법률

법률은 사회구성원들이 질서를 어기거나 일탈된 행동을 하였을 경우에 제재를 가하는 강제적 규범이다. 이러한 법률은 사회를 유지하고 통합하는 공권력의 배경이 되고 근거가 된다. 통상적으로 문서화된 성문법의 형태를 띠고 있으나 구체적 조문이 없이도 법률적 강제력을 발휘하는 불문법도 있다.

우리나라와 같이 역사적 전통이 오래되고 단일한 민족으로 구성된 사회는 관습과 도덕, 그리고 규범 등으로 사회를 어느 정도 통제할 수 있다. 그러나 미국과 같이 다양한 민족과 인종, 그리고 종교로 구성된 사회에서는 강제규범인 법률을 통하지 않고서는 사회를 통제할 방법이 없다. 이러한 점에서 미국과 같은 사회에서는 법률이 가장 강력한 강제력을 행사한다.

· 심미적 요소

같은 기능을 갖춘 제품이라 하더라도 나라에 따라 선호하는 스타일과 색상이 다르다. 이는 아름다움의 기준이 문화에 따라 다르기 때문이다. 세계가 하나의 지구촌으로 가까워지면서 미의 기준도 과거보다 보편화되고 수렴되는 경향이 있지만, 여전히 각 나라의 독특한 미적 기준이 존재한다. 글로벌 마케팅을 수행하는 과정에서 문화에 따른 미의 기준을 이해하는 것은 제품의 포장과 디자인, 그리고 광고전략 등을 효과적으로 수행할 수 있게 한다는 점에서 중요하다.

④ 문화의 측정

문화를 구성하는 요소는 매우 다양하여 이를 측정하는 방법도 다양하다. 인간의 동기와 개성을 연구하기 위해 투사법이 이용될 수 있고, 사회학자와 사회심리학자들이 주로 사용하는 태도측정 기법들도 문화연구에 자주 사용되는 방법이다. 문화와 문화적 추세를 분석하는 데 있어 주로 내용분석, 현장조사, 가치 측정방법 등이 사용된다.

· 내용분석

내용분석(content analysis)은 구두로 표현되거나, 글로 쓰여진 또는 그림의 형식을 통해 표현된 커뮤니케이션의 내용을 분석하여 그 속에 담겨진 문화적 특성을 파악하는 방법이다. 즉 시대별로 광고 카피의 표현 내용과 방법이 어떻게 변화되는지를 알기 위해서는 시대별 광고내용과 표현방법을 분석하면 된다. 또는 각 신문이 추구하는 이념과 가치관을 비교하고자 할 때는 지난 10년 동안 각 신문의 사설을 분석하여 주로 사용된 단어나 개념 등을 비교함으로써 파악이 가능하다.

내용분석은 특정 사회에서 문화적 변화가 어떻게 이루어지고 있는지를 분석하는 비교적 객관적인 방법이라고 할 수 있다.

· 소비자 현장조사

특정 사회를 연구하고자 할 때 문화인류학자들은 스스로 특정 문화에 직접 참여하기도 한다. 즉 연구자들은 특정 사회의 소수의 사람을 선정하고 그들의 행동을 면밀하게 관찰하여 그들의 가치나 신념, 관습 등을 발견해 낼 수 있다.

현장 관찰(consumer fieldwork)은 연구자가 행동이 벌어지고 있는 구체적 현장에서 대상을 관찰하는 방식이다. 이는 자연스러운 환경에서 연구 대상들은 자신들이 관찰되고 있다는 것을 모르는 상태에서 이루어지기 때문에 행동을 보다 세밀하게 관찰할 수 있다. 마케팅 분야에서 현장 관찰은 점포 내 소비자들의 쇼핑행동을 연구할 때 자주 이용된다.

제3자 입장에서 행동을 관찰하기보다는 연구자들이 참여관찰자(participant observer)가 되어 문화 현장에 직접 들어가서 그 사회구성원이 되는 경우도 있다. 예를 들어, 아프리카 특정 부족의 문화를 연구하기 위해 직접 그곳에서 그들과 함께 오랜 기간 생활하면서 그들의 문화를 심층적으로 연구하는 것이다. 이는 소비자행동 연구에도 폭넓게 활용되고 있다.

현장조사나 참여관찰법은 조사자 개인의 감정을 통제하고 전문가적 입장에서 객관적으로 관찰하고 현상을 이해할 수 있는 훈련된 연구자가 필요하다. 이는 소비자에게 다수의 질문을 통해 자료를 수집하는 서베이와 같은 기술적 조사방법을 통해서는 파악할 수 없는 심층적인 자료를 획득할 수 있다는 이점이 있다.

(2) 문화적 가치

① 개인적 가치와 문화적 가치

가치란 개인 또는 사회가 궁극적으로 달성하고자 추구하는 것 혹은 근본적으로 중요시하는 것을 말한다. Rokeach(1968)는 개인의 가치를 "어떤 구체적인 행동양식이나 최종존재상태를 다른 행동양식이나 최종존재상태보다 개인적으로나 사회적으로 보다 선호하는 지속적인 신념"으로 정의하였다. Rokeach는 개인적 가치를 최종 가치(terminal value)와 도구적 가치(instrumental value)로 구분하였는데, 최종 가치는 개인이 인생에서 도달하려고 노력하는 최종존재상태(end-states of existence)를 나타내며, 도구적 가치는 최종 가치에 도달하기 위해 개인이 선호하는 행동양식을 의미한다.

개인이 설정한 가치는 행동의 방향과 강도를 결정한다. 즉, 사람은 가치의 달성을 가능케 하는 방향으로 행동하도록 동기화되는 반면에, 이를 방해할 것으로 지각되는 행동을 회피하도록 동기부여된다. 이러한 개인의 가치 중 사회구성원들이 공동적으로 보유하고 있는 가치를 문화적 가치(cultural value)라고 하며, 이는 사회구성원들에 의해 광범위하게 수용되고 있는 핵심적 가치이다.

이하에서는 Rokeach(1968)가 제시한 수단적 가치와 최종가치가 제품의 구매 및 소비에 의해 구체적으로 실현되는 과정을 설명한다. 제품은 그 제품의 물리적 속성의 측면에서 보면 여러 속성들의 덩어리로 이루어져 있다고 할 수 있다. 예를 들어, 운동화는 착화감, 색상, 디자인, 가격 등 여러 가지 속성들의 집합이라고 할 수 있다. 그러나 소비자가 어떤 제품을 구입하는 이유는 제품의 물리적 속성들 그 자체보다 그러한 속성들에 의해서 실현되는 제품편익 때문이다. 그러므로 제품을 소비자 중심의 사고에서 보면 편익들의 덩어리(a bundle of benefits)라고 할 수 있다. 예를 들어, 소비자가 치약을 구매할 때, 소비자는 그 화학물질과 패키지를 구매한다기보다 충치예방, 구취제거, 치아미백 등의 편익의 묶음을 구매한다고 보는 것이다. 소비자가 제품으로부터 추구하는 것으로 편익보다 더욱 추상적인 것이 가치이다. <그림 II-9>는 속성-편익-가치 순으로 보다 추상적임을 보여준다.

자료원: 이학식 등(2015), 소비자행동, 집현재

<그림 II-9> 속성, 편익, 가치의 관계

소비자는 제품속성과 해당 속성들이 가져다 줄 편익과 가치들을 연결시켜 계층적 구조로 조직화한다. 다시 말해, 소비자는 제품속성으로부터 이 속성들이 지니는 편익을 추론하고, 이 편익과 가치를 연결시키는 인지작용을 통해 제품에 대한 의미를 부여하고 가치를 달성한다. 이와 같이 제품속성, 편익, 가치를 연결시키는 소비자의 인지작용을 나타내는 모델을 수단-목표 연쇄(means-end chains)라고 한다.

수단-목표 연쇄에 의하면, 소비자는 제품속성이라는 수단으로부터 편익추구라는 목표를 달성하고 이 편익은 다시 가치라는 목표를 달성하는 수단이 된다. 가장 기본적인 수단-목표 연쇄는 <그림 II-10>과 같다.

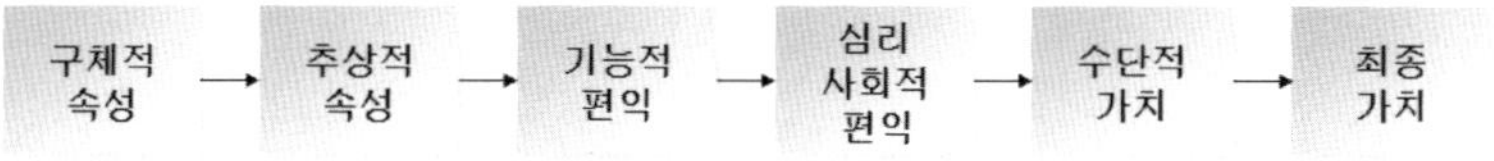

구체적 속성 → 추상적 속성 → 기능적 편익 → 심리 사회적 편익 → 수단적 가치 → 최종 가치

자료원: 이학식 등(2015), 소비자행동, 집현재

<그림 II-10> 소비자 수단-목표 연쇄

② 기본적 가치의 측정

한 사회의 지배적인 가치는 전통적으로 사회구성원의 행동에 대한 관찰로부터 추론되어 왔지만, 최근에는 설문조사를 통하여 직접 측정하는 방법들이 사용되고 있다. 가치와 소비자행동 간의 관계에 관한 연구는 아직 초보적 단계에 머물러 있으나, 표준화된 가치측정 도구가 개발됨에 따라 가치와 소비자행동과의 관계를 규명하는 연구가 많이 이루어지고 있다. 다음에서는 대표적인 가치측정방법과 이들을 적용한 연구결과들을 검토한다.

가치는 어떤 사회의 문화적 특성을 설명하는 데 있어서 매우 중요한 개념이다. Rokeach(1973)는 개인적 가치를 다른 행동양식이나 존재 대상보다 개인적 또는 사회적으로 보다 선호하는 지속적인 신념으로 간주하고 있다.

개인적 가치 중 사회구성원들이 공동으로 보유하고 있는 가치를 문화적 가치(cultural value) 또는 사회적 가치(social value)라고 하며, 이는 다수의 사회구성원들이 수용하고 있는 핵심적 가치라고 할 수 있다.

가치는 매우 추상적이며 포괄적인 개념이므로 객관적으로 측정하기란 쉽지 않다. 이하에서는 대표적인 가치측정 방법으로 이용되고 있는 RVS, VALS, LOV, 그리고 Yankelovich Monitor 등에 대해 살펴본다.

· Rokeach의 RVS

소비자행동 연구에서 많이 사용되고 있는 가치측정도구의 하나는 Rokeach가 개발한 Rokeach Value Survey(RVS)이다. RVS는 자기보고식 가치측정방법으로, 모두 36개의 가치항목을 두 부분으로 나누어 상호보완적인 개인적 가치 유형을 측정한다.

<표 II-5>에서 볼 수 있듯이 RVS의 첫 번째 부분은 개인적 목표 등 최종존재상태의 상대적 중요성을 측정하도록 설계된 18개의 최종 가치 항목으로 구성되어 있으며, RVS의 두 번째 부분은 최종존재상태로의 도달을 위해 개인이 이용할 수 있는 기본적인 접근방법을 측정하는 18개의 수단적 가치 항목으로 구성되어 있다. 즉, RVS의 절반은 목표들을 다루고, 나머지 절반은 수단을 다룬다.

<표 II-5> Rokeach의 최종가치와 수단적 가치

최종가치	수단적 가치
편안한 생활(풍요로운 생활)	야심있는(열심히 일하는, aspiring)
신나는 생활(자극적이고 능동적인 생활)	관대한(마음이 개방적인)
세계평화(전쟁과 분쟁으로부터의 해방)	유능한(능력있는, 효과적인)
평등(형제애, 모든 사람의 동등한 기회)	쾌활한(마음이 가벼운, 즐거운)
자유(독립, 자유로운 선택)	깨끗한(단정한, 말끔한)
행복(만족)	용기있는(신념에 따르는)
국가안보(외적으로부터의 보호)	용서하는(타인들의 잘못을 용서하는)
즐거움(즐길 수 있는 인생)	남을 돕는(타인을 위해 일하는)
구제(구원받는 영생)	정직한(신실한, 진실한)
사회적 인정(존경, 칭송)	상상력이 풍부한(과감한, 창조적인)
진실한 우정(친밀한 교제)	독립적인(자기의존적, 자기충족적)
현명(인생에 대한 성숙된 이해)	지적인(이해력있는, 사려깊은)
아름다운 세계(자연미와 예술)	논리적인(일관성있는, 이성적인)
가족안전(사랑하는 사람을 돌봄)	사랑하는(애정이 깊은, 상냥한)
성숙한 사랑(성적/정신적 친교)	복종적인(의무감있는, 존경하는)
자존(자부심)	공손한(예의바른, 매너가 좋은)
성취감(지속적 공헌)	책임있는(의존할 만한, 신뢰할 수 있는)
내적 조화(내적 갈등에서의 해방)	자기통제적인(자제적인, 자율적인)

자료원: 유동근 등(2017), 소비자 행동, 법문사

RVS를 소비자연구에 처음 적용한 한 연구에 따르면, RVS의 가치
항목들과 자동차 속성(예: 스타일, 연비, 내구성, 매연배출량, 품질보
증 등)에 대한 소비자의 평가의 관계를 분석한 결과, 특정 가치항목
이 자동차의 특정 속성에 관련되는 것을 발견하였다. 예를 들면, 자
동차의 '스타일' 속성은 '편안한 생활'이나 '신나는 생활' 또는 '즐거
움' 등의 최종가치와 관련되며, '매연배출량' 속성은 '세계평화'라는
최종가치와 '남을 돕는', '사랑하는' 등의 수단적 가치와 관련되는 것
으로 나타났다.

개인적 가치가 소비자행동에 미치는 영향을 연구하기 위해 가구
를 구매한 소비자들에게 RVS를 적용한 연구에 따르면, 조사 결과
개인적 가치가 점포선택행동에 지대한 영향을 미치는 것을 발견하
였다. 예를 들어, '복종적'이라는 수단적 가치를 중요시하고 '마음이
넓은'이라는 수단적 가치를 중요시하지 않는 소비자들은 가격민감도

가 높았으며, 이들은 대체적으로 고급가구점보다는 할인가구점에서 가구를 구매하는 행동을 보였다.

· VALS Program

조사전문기관인 스탠포드 연구소(Stanford Research Institute; SRI)는 미국소비자들의 문화적 가치가 어떻게 변화하고 있는지를 정기적으로 추적하기 위해 VALS(the Value and Life-style) 프로그램을 개발하였다. VALS 프로그램은 소비자의 가치관과 라이프스타일에 따라 시장을 세분화하고, 각 세분시장의 변화를 추적·조사하는 프로그램이다. VALS 프로그램은 VAIS 1과 VALS 2로 나누어진다. VALS 1은 소비자집단을 문화적 가치에 따라 3개의 세분시장으로 나눈다.

- 외부지향적(outer-directed) 소비자집단

외부지향적 소비자집단은 제품구매시 타인들의 생각을 의식한다. 즉, 이들은 기존의 규범에 순응하려는 동기가 강한 소비자들이라고 할 수 있다. 외부지향적 소비자집단은 미국사회의 전통적 가치에 순응하려고 하며, 전체 소비자 중 67%를 차지하는 가장 큰 규모의 소비자집단이다.

- 내부지향적(inner-directed) 소비자집단

내부지향적 소비자집단은 전체 소비자 중 22%를 차지하며, 기존의 문화적 규범보다는 자신의 내적 욕구를 충족시키기 위해 노력한다. 내부지향적 소비자들은 자기를 표현하기 위해 제품을 구매하는 성향이 매우 강하다.

- 욕구지향적(need-driven) 소비자집단

욕구지향적 소비자집단은 가처분소득이 적어 인간의 기본적 욕구의 충족이 주요한 구매동기인 소비자들을 말한다. 욕구지향적 소비자집단은 전체 소비자들 중 11%를 차지한다.

VALS 1은 몇가지 문제점을 가진다. 먼저 분류된 각 세분시장이 너무 광범위하고 일반적이라는 점이다. 가령, 전체 소비자들 3명 중 2명이 외부지향적 소비자집단에 속함으로써, VALS 1은 표적세분시장 선정 등 마케팅전략에 유용한 정보를 제공하지 못하고 있다. 또한 VALS 1은 베이비붐 세대를 중심으로 소비자집단을 분류함으로써 젊은 세대 또는 나이가 많은 소비자들을 고려하지 않고 있다.

스탠포드연구소(SRI)는 1988년 VALS 1의 단점을 개선하기 위해 VALS 2를 개발하였다. VALS 2는 전체 집단을 소비자의 자원보유정도와 세계관이라는 두 차원을 기준으로 8개 집단으로 분류하였다.

- 충족자(fulfilleds)   - 신뢰자(believers)
- 실현자(actualizers)   - 성취자(achievers)
- 노력가(strivers)   - 분투가(strugglers)
- 경험자(experiencers) - 자급자(makers)

종축은 소비자의 자원보유정도(소득, 교육수준, 자신감 등)를 나타낸다. 이에 따르면 실현자는 가장 많은 자원을 보유하고 있으며, 분투가는 가장 적은 자원을 보유하고 있다. 횡축은 소비자가 세상을 보는 세 가지 다른 관점, 즉 원칙지향성(principle-oriented), 지위지향성(status-oriented), 행동지향성(action-oriented)을 나타낸다.

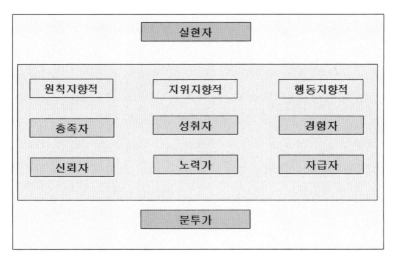

자료원: 김주호 등(2012), 소비자행동, 이프레스

<그림 II-11> VALS 2에 의거한 8개의 세분시장

원칙지향적 소비자는 세상이 어떠해야 된다는 자신의 견해에 따라 행동하는 경향이 있고, 지위지향적 소비자는 타인의 의견에 따라 행동하며, 행동지향적 소비자는 여가활동이나 다양성을 적극 추구하는 경향이 있다.

동일한 세계관을 가진 소비자집단은 자원의 많고 적음에 따라 다시 두 집단으로 분류된다. 즉, 원칙지향적 소비자집단은 충족자와 신뢰자로, 지위지향적 소비자집단은 성취자와 노력가로, 그리고 행동지향적 소비자집단은 경험자와 자급자로 다시 분류된다. 자원이 가장 많은 실현자와 가장 적은 분투가는 별도의 소비자집단으로 분류된다.

<표 II-6>은 VALS 2에서의 8개 세분시장의 소비자특성을 보여준다. 이러한 소비자집단의 분류는 Maslow의 계층적 욕구(hierarchy of needs) 이론에 이론적 근거를 두고 있다. 즉, 소비자들은 의식주에 대한 기본

적 욕구가 충족되면, 두 가지 방향으로 자신의 가치를 개발할 수 있다.

<표 II-6> VALS 2의 8개 세분시장에 대한 정의

VALS 2의 8개 세분시장에 대한 정의	
실현자(actualizers)	소득이 가장 많고 자아존중성향이 강하다. 여러 분야에 대해 관심을 가지며 변화에 능동적이다. 자신의 삶을 보다 멋있게 하는 제품들을 구매한다.
충족자(fulfilleds)	원칙지향적 소비자집단 중 더 많이 가진 소비자들이다. 성숙되고, 책임감이 강하며, 교육수준이 높은 전문직 종사자이다. 가정을 중시하지만 새로운 아이디어와 사회적 변화에 능동적이다. 교육과 여행, 그리고 건강을 중요하게 생각한다.
신뢰자(believers)	원칙지향적 소비자집단 중 상대적으로 자원을 적게 소유한 소비자들이다. 성취자 집단보다 전통지향적(보수적)이며 가족, 교회, 지역사회, 국가에 대한 관심이 높다. 규칙을 존중하고 권위 있는 인물을 신뢰한다.
성취자(achievers)	지위지향적 소비자 집단 내에서 자원을 더 많이 소유한 부유한 소비자들을 말한다. 일을 중요하게 생각하며 직업과 가족으로부터 자신의 만족을 추구한다. 동료들에게 자신의 성공을 보여주기 위한 수단으로 제품을 구매하는 성향이 있다.
노력가(strivers)	지위지향적 소비자집단 내에서 상대적으로 자원을 더 적게 소유한 소비자이다. 추구하는 가치는 성취추구자와 비슷하지만 보다 격리된 생활을 영위하기를 원한다. 성취추구자를 모방하려는 성향이 있으므로 제품구매시 스타일이 중요하다.
경험자(experiencers)	행동지향적 소비자집단 내에서 보다 부유한 소비자들이다. 가장 젊은 세분시장이기 때문에 많은 에너지를 운동이나 사회활동에 쏟는다. 소비성향이 높으며 신제품을 구매하는 성향이 있다. 부와 권력을 추구한다.
자급자(makers)	행동지향적 소비자집단 내에서 상대적으로 자원을 적게 가진 소비자로서, 실용적이다. 가족, 일, 여가선용을 중요하게 생각하며 보다 넓은 세계에 대해 별 관심이 없다.
분투가(strugglers)	가장 소득이 적으며 나이가 많은 소비자집단이다. 자원을 매우 적게 소유하고 있어 어떠한 세계관을 가질 여유가 없다. 주관심사는 안전이며 상표애호도가 높다.

자료원: 이학식 등(2015), 소비자행동, 집현재

첫째, 다른 사람들의 생각을 많이 의식함으로써 사회적 가치를 중요하게 여기거나, 둘째, 개인적 성취를 중요하게 생각한다. VALS 2의 실현자는 Maslow의 욕구단계에서 가장 높은 수준의 욕구(자아실현)를 달성한 소비자집단이라고 할 수 있다.

마케터는 이와 같은 소비자들의 문화적 가치를 확인하여 이를 마케팅전략에 반영할 수 있다. 미국의 많은 기업들이 VALS 1이나 VALS 2를 시장세분화, 촉진전략, 그리고 매체전략수립에 활용하고 있다. 예를 들어, Timex는 Healthcheck라는 브랜드명의 가정용 건강진단기구세트(체중계, 혈압측정기 등)의 표적세분시장 선정과 마케팅믹스전략 수립에 VALS 자료를 활용하였다. Timex사는 건강유지 및 가정용 건강진단제품에 대한 태도가 인구통계적 특성보다는 소비자의 가치와 더 밀접한 관련이 있을 것으로 판단하고, VALS 내 8 개 세분시장들을 건강관련제품의 사용 정도에 따라 순위를 매겼다.

그 결과, Healthcheck의 표적세분시장으로 성취자집단과 충족자 집단이 확인되었다. 성취자집단은 지위지향적이고 충족자집단은 원칙지향적이라는 차이가 있지만, 두 세분시장은 다른 세분시장들보다 건강에 대한 관심과 교육수준이 높았다. VALS 자료를 이용하여 두 개의 표적 세분시장을 발견한 Timex사는 이들의 특성을 반영한 마케팅전략을 수립하였다. 촉진전략의 일환으로 최고의 기술을 가진 제품임을 광고주제로 선정하였으며, 자연스러운 의상을 입은 모델들이 자전거를 타거나 테니스를 치는 등의 야외활동을 하는 것을 광고 장면으로 보여 주었다. 매체선정 전략으로 성취자와 충족자 소비자 집단은 TV를 별로 보지 않으므로 인쇄매체를 주로 활용하였으며, TV를 보는 경우 주로 뉴스프로그램을 시청하므로 초저녁과 늦은 밤의 뉴스시간에 도입기 TV광고를 실시하였다. 이와 같이 표적세분시장의 특성을 반영한 마케팅전략을 수행한 결과, Healthcheck는 도입 후 4개월 만에 가정용 건강진단제품시장에서 선도브랜드가 되었다.

· LOV

Kahle et al.(1986)에 의해 제안된 LOV(list of value) 척도는 개인의 지배적 가치를 평가하고자 하기 위해 개발되었다. 이들은 개인의 가치를 파악할 수 있는 아홉 가지 척도를 제시하고 있으며, 이에 대한 내용은 다음과 같다.

- 자기충실도(self-fulfillment)
- 흥분감(excitement)

- 성취감(sense of accomplishment
- 자존감(self-respect)
- 소속감(sense of belonging)
- 존경을 받고자 하는 마음(being well respected)
- 안전(security)
- 재미와 기쁨(fun & enjoyment)
- 타인과 따뜻한 관계(warm relationship with others)

이들 아홉 가지 가치들은 세 가지 차원으로 다시 구분된다. 처음의 네 항목은 내적 성격을 갖는 개인적 가치이며, 다음의 세 항목은 외부 세계에 대한 개인의 가치이며, 마지막 두 항목은 대인관계 지향성을 나타내는 가치이다. 내적 가치를 강조하는 소비자들은 그들 삶을 통제하려는 경향이 강해서, 영양을 두루 갖춘 식품을 선호하고 주로 자연식품을 구매하여 식품첨가제를 회피하는 행동을 보인다.

이에 반해 외적 성향을 갖춘 소비자들은 사회에 동조하려는 욕구를 가짐으로써 자연식품을 회피하는 경향을 보인다. LOV를 RVS와 비교하였을 때, LOV가 RVS 대비 측정항목이 적어 활용하기가 용이하고 소비자행동을 보다 잘 예측한다고 알려져 있다(Kahle et al. 1986).

· Yankelovich Monitor Service

Yankelovich 모니터 서비스는 사회적 가치의 변화와 추세를 지속적으로 확인하고 추적하기 위해 도입된 것으로, Yankelovich Monitor (http://www.yankelovich.com)는 문화적 가치의 트렌드를 조사하는 상업적 서비스로 1970년대에 처음 시행된 이래로 해마다 관련 결과를 발표하고 있다. 이 모니터는 현재 50가지 이상의 사회적 변화와 추세를 추적하고, 이 추세들의 크기와 방향, 그리고 시사점 등에 있어서 상세한 정보를 지속적으로 제공하고 있다.

3. 상황적 요인

구매와 소비는 소비자 의사결정의 목표이므로, 소비자들이 구매하는 상황과 소비하는 상황은 구매결정에 많은 영향을 미친다. 상황적 영향(situational influences)은 특정 시기와 장소의 상황에서 발생하는 일시적인 조건이나 기분을 말한다. 예컨대, 크리스마스 선물을 사거나 면접 때 입을 의상을 준비하는 것, 헬스를 하기 위해 운동화를 구매하는 경우가 이에 속한다. 아래에서는 구매상황, 소비상황, 커뮤니케이션 상황의 세 가지 유형을 소개한다.

1) 구매상황

소비자들은 기본적인 개인적 특성이나 환경적 요인 때문에 어떤 제품 또는 서비스를 구매하는 경향이 있다. 그러나 이러한 요인들은 어떠한 특정 구매상황(purchase situation)에서 변할 수 있다. 즉 구매상황(purchase situation)은 소비자 구매의사결정과정 중 특히 구매행동과 직접적으로 관련이 있으며 구매상황에서 어떤 자극을 받느냐에 따라 소비자의 구매 전 계획이 완전히 바뀔 수도 있다. 점포 내 구매상황, 구매 목적, 예상치 못한 구매상황 등의 요인은 구매상황에 기초한 마케팅 전략을 수립하는 데 특히 중요하다. 먼저, 점포 내 구매상황은 비계획된 구매의 경우 절대적으로 중요하며, 특히 상점 분위기, 판매원, 혼잡성, 상품 내 시연, 프로모션 등은 제품이나 서비스의 선택에 많은 영향을 미친다. 이러한 점포 내 자극의 중요성은 판매촉진에 대한 지출이 광고 지출보다 빠르게 증가하고 있다는 사실만 보아도 알 수 있다.

다음으로는 구매목적 또한 구매결정에 영향을 미치는 구매상황이다. 예컨대, 소비자들이 선물용으로 제품을 구매하느냐 개인적 용도로 구매하느냐하는 것이다. 소비자들은 선물용 구매를 개인용 구매보다 더 관여하게 되어 제품의 브랜드를 평가하는 것에서도 차별적 기준을 사용한다. 또한 더 많은 위험을 지각할 가능성이 있으므로, 유명브랜드를 구입하거나 잘 알려진 매장에서 쇼핑할 확률이 높다. 마지막으로, 예상치 못한 구매상황은 불시에 손님이 방문할 경우, 재고가 없는 제품, 제품의 결함이 발생한 경우 등이며, 손님이 방문할 경우 필요한 품목을 신속하게 구매하기 위해 고가를 지불할 수도 있을 것이다. 또한 재고가 소진된 제품이 소비자에게 중요하다면 다른 매장을 찾거나 다른 방법을 강구해야 할 것이다.

2) 소비상황

소비상황(consumption situation)은 소비자들이 브랜드를 사용하는 상황으로, 각각의 소비상황은 브랜드 선택에 영향을 미친다. 평소에 운동을 즐겨 중저가의 간편한 트레이닝복을 선호하던 소비자도 여자 친구나 동호인과 조깅을 할 때는 유명브랜드의 운동복을 착용할 것이다. 또한 집에서 사용하는 PC나 노트북과 학교나 커피숍에서 사용하는 휴대용 노트북의 크기와 디자인은 확연히 다를 것이다.

3) 커뮤니케이션 상황

커뮤니케이션 상황(communication situation)은 소비자들이 정보에 노출되는 상황이다. 커뮤니케이션 상황은 대인접촉 즉, 친구와 가족, 판매원으로부터 정보를 접하는 경우와 비인적 접촉인 광고, 점포 내 전시 등과의 접촉이 될 수 있다.

커뮤니케이션 상황은 소비자들이 정보를 인지, 이해하며 유지하는 데 영향을 미친다. 즉, 운전할 때 라디오를 듣는지, 미용실에서 잡지를 읽는지, 혼자서 또는 여러 사람과 TV광고를 보는지, 온라인 광고를 보는지 등의 커뮤니케이션에 노출되는 상황은 광고효과에 영향을 줄 가능성이 있다. 또한 커뮤니케이션의 맥락(context)도 광고에 대한 주의, 인지에 영향을 미치는데, 광고가 노출되는 TV프로그램이 행복한 주제를 다룬다면 슬픈 프로그램에 비해 프로그램 광고에 대한 회상이 높다는 연구결과가 있다. 한편 커뮤니케이션을 수용할 때의 소비자 기분상태도 광고메시지를 이해하고 기억하는데 영향을 미칠 가능성이 있다.

제 3 장

비교문화와 글로벌 마케팅

제1절 비교문화 연구

1. 비교문화의 의의

자국에서 성공한 마케팅전략이라도 상이한 문화적 배경을 가진 국가에서의 성공을 예단하는 것은 매우 섣부른 행동이다. 글로벌 시장 진입에 대한 의사결정을 위시하여 글로벌 전역 및 특정 해외시장에서의 마케팅전략 즉 글로벌 마케팅전략을 수립할 때 그 시장의 사회적·문화적 환경 특성을 이해하는 것이 필수적이다. 특히 글로벌 시장에서의 활동 영역이 확대되고 비중이 커질수록 비교문화에 대한 이해가 더욱 필요하다.

문화적 차이와 동질성을 인식하고 이를 마케팅전략에 어떻게 반영할지를 다루는 접근방법을 비교문화 분석(cross-cultural analysis) 또는 교차문화 분석이라 한다(김주호 등 2012). 비교문화에 대한 올바른 이해와 적용을 하지 못하면 현지상황에 적절한 마케팅전략을 구사하기 어렵다. 즉 자국과 다른 문화적 배경을 갖고 있는 지역의 소비자에게 마케팅하고자 할 때 그들의 문화적 특성과 소비자 행동을 충분히 이해함으로써 마케팅 전략수립의 근거로 삼아야 하는데, 실제로 자국 내에서 성공적인 마케팅 전략들이 현지국에서는 전혀 효과를 보지 못하는 경우가 허다하다. 예를 들어, 미국 최대의 할인점 체인인 WalMart가 글로벌 시장 중 유독 한국과 독일에서 실패한 가장 큰 이유로 전문가들은 '현지적응에 실패'했기 때문이란 진단을 공통적으로 내리고 있다. 즉 창고형 할인점으로 불리는 월마트의 할인점 기본 공식에 너무 집착한 나머지 '한국형 할인점'에 익숙한 한국의 소비자 취향을 제대로 헤아리지 못했기 때문이다. 그리고 이태리의 유명 정장 브랜드인 BOGGI Milano는 정작 2013년 한국에서의 런칭시 실제 브랜드명 자체가 한국어로 성적 용어를 연상시키는 '발음 거부감'으로 인해 이름을 달리 표기하는 현지화를 진행할 수밖에 없었으며, 이러한 브랜드의 한정성으로 인해 여전히 한국 시장에서 고전하고 있다.

한편 동양권 특히 한국, 중국, 일본 등지에서는 죽이 건강식이라는 인식은 물론 자주 즐기는 음식으로 인식이 되어 있는 반면, 서양인들은 대체적으로 죽 자체에 대해 토사물과 같이 꺼림직하게 보거나 "뭔가를 먹은 것 같지 않다" 라고 하는 인식에 아예 시식 자체를 시도하지 않는 경향이 있다. 대신 죽보다는 스프가 서구권에 광범위하게 통용되는 편으로, 그 중 퐁듀의 경우 스프류이지만 거기에 고기나 빵을 찍어 먹는 것으로 진화한 것이다.

이와 같이 국가나 집단 간 문화 차이와 이에 따른 소비자행동에 미치는 영향을 연구해야 하는 이유는 크게 두 가지로 나눌 수 있다 (김세범 등 2015).

비교문화 연구는 첫째, 자국 내에서 문화가 소비자행동에 어떻게 영향을 미치는지를 보다 잘 이해할 수 있도록 도와주며, 둘째, 마케터에게 상대국 문화 또는 상이한 하위문화 아래에서 마케팅 활동을 수행할 때 야기될 수 있는 잠재적 문제와 유의사항을 제시해 준다. 결국 비교문화적 소비자 분석은 여러 나라의 소비자들의 유사성과 상이성의 정도를 확인하는 것이라 할 수 있다. 이러한 분석을 통하여 마케터는 사회적·문화적 환경 특성을 이해하여 특정한 나라에 보다 효과적인 마케팅 전략을 수립할 수 있다.

해외시장에서 마케팅 활동을 처음으로 수행할 때 마케터는 소위 문화적 충격(cultural shock)에 직면한다. 문화적 충격이란 자신의 것과 매우 상이한 가치, 규범, 집단의식, 관습, 여러 가지 자극에 대한 반응에 당면하여 느끼게 되는 일종의 심리적 혼돈을 의미하며, 이는 해외시장에서의 마케팅 실패와 직접적으로 관련된다. 따라서 마케터는 효과적인 마케팅 활동을 위해 현지문화(host culture)와 그것이 소비자행동에 미치는 영향을 충분히 이해해야 한다. 만약 현지문화에 대한 이해가 부족할 경우 마케터는 자기준거기준(self-reference criteria)에 의거하여 자국 문화(home culture)의 연장선 상에서 전략을 수립하고 실행할 것이다.

이와 같이 자신의 문화적 가치를 기준으로 우선시하는 하는 일은 글로벌 마케팅에서 매우 치명적인 문제를 야기시킬 수 있어, 문화적 근시안(cultural myopia)으로부터 탈피하는 일이 무엇보다 중요하다. 이를 위해 우선, 현지국의 문화적 가치와 규범은 해외시장에서의 마케팅 수행 방법에 핵심적인 영향력을 형성하므로, 자국에서의 성공적인 마케팅전략이 반드시 현지국에서도 효과적이지 않음을 초기부터 명심해야 한다. 다음으로 표준화된 글로벌 마케팅전략이 현지국의 가치와 규범, 관습 등의 차이를 신중하게 고려하지 않은 것이라면 효과를 거둘 수 없음에 유의하여야 한다.

다음은 비교문화 연구에 대한 소개로서 마케팅 전략에 영향을 미치는 기본적인 비교문화 요인에 대해 살펴보고, 비교문화에 대한 분석적 평가방법으로 이용되고 있는 문화분류의 분석 틀(모형)에 대해 자세히 다룬다.

2. 비교문화의 내용

글로벌 마케팅의 실행에 있어 유의해야 할 것은 국가 간의 관습이나 가치관이 달라서 마케팅전략을 수정할 필요가 있는 한편, 글로벌화로 인해 점차 국가 간 문화적 가치들의 공통점 역시 증가한다는 것이다. 이처럼 비교문화적 차이는 국가별 '현지화 전략'(이하 '적응화 전략'의 표현과 혼용하여 사용)을 요구하는 한편, 범세계적 공통성의 증가는 '표준화 전략'을 가능하게 한다.

마케팅 전략에 영향을 미치는 기본적인 비교문화 요인으로 소비자의 관습과 가치, 언어와 비언어적 커뮤니케이션, 그리고 종교와 미적 감각 등을 들 수 있다(김세범 등 2015).

1) 관습과 가치

글로벌 시장을 구성하는 각국의 소비자들은 그들만의 전통과 역사적 배경으로 인해 서로 다른 관습과 가치관을 가지고 있다. 인근의 국가라 하더라도 전통적으로 성취와 물질주의를 중요한 가치로 여기는 국가가 있는 반면, 명예와 존경을 전통적인 가치로 우선시하는 국가가 있다. 또한 서구를 중심으로 개인주의가 행동양식의 기초가 되는 국가가 있는 반면, 집단주의적인 가치를 덕목으로 삼는 국가도 있다.

이러한 문화적 가치 차이는 소비자의 구매행동에도 영향을 미치는데, 이와 관련하여 미국과 유럽 및 영연방 국가들의 소비자 태도를 비교 분석한 연구 결과가 있다. 문화적 가치 차이에 따른 집안청소, 자녀, 방향용 화장품에 대한 이들 나라의 소비자 태도를 비교한 결과, 이탈리아 여성은 다른 나라 여성들 보다 집안 청소를 더 중요한 것으로 평가하였으며, 미국 여성들은 집안 청소에 대해 가장 낮게 평가하였다. 이러한 차이는 미국의 가정용품 제조업자가 유럽에 자국에서의 전략을 그대로 적용할 수 없음을 의미한다. 이탈리아에서는 제품의 기능상의 혜택 만을 소구하는 것이 적절하지 않을 수 있다. 이탈리아 여성은 그들의 역할에 보다 더 전통적인 의미를 부여하고 집안 청소에 대한 내면적인 즐거움을 찾기도 한다. 그러므로 이탈리아에서의 청소에 대한 광고는 실용적인 광고 캠페인보다는 보다 상징적인 소구 전략이 필요할 것이다. 예를 들어 청소기를 통한 시간 절약과 같은 실용적 혜택을 강조하는 것보다, 집안 청소가 가족의 건강과 행복에 주는 의미를 전달하는 캠페인이 더 효과적일 수 있다.

자녀에 대한 태도도 나라에 따라 다르다. 앞서의 연구에서 나타난 바로는, 유럽 여성들이나 미국의 여성들이 영연방 국가의 여성들보다 자녀를 자신의 인생에서 더욱 중요하게 평가하고 있다. 이러한 차이는 장난감, 아동복, 캔디와 같은 어린 자녀들이 좋아하는 제품의 광고를 실시하는데 있어 여러 시사점을 제공한다. 예를 들어 유럽이나 미국에서의 아동복 광고는 부모의 사랑과 관심을 소구하는 것이 더 효과적일 수 있는 반면, 영연방에서의 광고에서는 가격이나 내구성 같은 실용적인 혜택의 소구가 더 효과적일 수 있다. 한국의 부모 역시 자녀에 대한 태도가 헌신적이라는 점에서, 아동용 상품은 불황의 그늘 속에서도 좀처럼 그 괘를 같이 하지 않는다.

국가 간의 문화적 가치의 차이에 따라 제품욕구, 제품선호 그리고 제품의 사용량에도 차이가 난다. 이러한 차이의 하나가 방취용 화장품에 대한 태도이다. 미국과 캐나다의 소비자들은 프랑스나 호주의 소비자에 비해 방취용 화장품을 사회적으로 더욱 필요한 필수품적 성격으로 간주하고 있다. 따라서 향수를 사회적 동질성의 매개체로 활용하는 커뮤니케이션 전략은 적어도 프랑스와 호주의 소비자들에게 그다지 좋은 방법이 아닐 것이다.

또한 글로벌 마케터는 문화적인 이유에 근거한 제품 신호도의 차이를 이해하여야 한다. 이에 대한 유명한 사례로서 Campbell의 해외 시장 실패 경험을 들 수 있다. 미국의 Campbell은 농축된 수프를 영국에 판매하고자 할 때 영국 사람들이 별도의 가공 없이 먹는 수프를 더 선호하며 농축된 수프에 대한 이해가 부족하다는 것을 심각하게 고려하지 못하였다. 영국 소비자들의 눈에는 Campbell사의 통조림이 크기에서부터 작게 보였다. 농축된 음식에 대한 불편한 시각을 가진 영국인에게 이에 대한 충분한 인지와 설득 없이, 그리고 입맛에 맞게 다양한 맛을 첨가하지도 않은 채로 출시해 낭패를 본 이후에야 이러한 차이를 인식하고 제품 수정을 하여 시장에 내놓기까지 오랫동안 고전을 면치 못하였다.

문화적 가치의 차이는 또한 제품의 사용에도 영향을 미친다. 재봉틀 기업 Singer는 그들의 전통적인 주요 촉진 방법으로 여성들을 모아 시범 강습을 하는 방법을 사용하였는데, 회교 국가에서는 이러한 방법을 수정할 수밖에 없었다. 그 이유는 회교국의 여성들이 강습을 받기 위해 집을 떠날 수가 없었기 때문이다. 시행착오 끝에 Singer사는 남자들을 수업에 참가시켜 교육내용이 부인들에게 필요한 것이라는 것을 인식시킨 후, 남편들이 부인들의 강습 참가를 허용하게끔 하였다.

2) 언어와 비언어적 커뮤니케이션

언어란 사람들이 그들의 생각이나 느낌 또는 필요를 나타내는 도구이다. 개인이 그들의 문화를 당연한 것으로 여기듯이 그들의 언어도 당연한 것으로 여긴다. 또한 언어는 한 세대에서 다음 세대로 문화를 전달해 주는 메카니즘의 역할을 한다. 특정한 국가나 문화권의 언어를 이해한다는 것은 그 사람들이 왜 그렇게 생각하고 행동하는지를 파악하는 데에 중요한 역할을 한다. 문화란 학습되는 것이며 언어는 학습되는 내용에 영향을 미친다. 문화적 관습이나 신념은 언어에 의해 서로 커뮤니케이션 된다. 그리고 특정 국가나 문화권의 보편적인 비언어적 커뮤니케이션(예: 제스처, 바디 랭귀지)도 중요한 커뮤니케이션 수단으로 사용되는 경우가 많으며, 언어를 통한 커뮤니케이션을 보완해 주거나 의도치 못한 오해나 충돌을 피하게 해 준다.

(1) 언어

언어는 오랜 시간에 걸쳐 특정 국가나 지역에서 사용되어 왔으며 세대에 걸쳐 전승된 것이므로, 각 언어 속에는 고유의 문화적 특성이 그대로 담겨 있다(서민교 등 2016). 따라서 다른 문화를 이해하기 위해서는 언어에 대한 이해가 선행되어야 한다. 언어에 대한 이해는 그 문화의 올바른 문맥(context) 안에서 현상을 제대로 파악할 수 있도록 도와주는 역할을 한다(이철 2016). 그러므로 글로벌 마케터에게는 현지의 언어를 이해하고 사용하는 것이 마케팅전략의 수행에 필수적이다.

한국과 같이 동질의 민족적 배경을 가지고 있어 언어도 하나인 경우, 그 국가의 문화적 특징도 비교적 동질적으로 나타나는 경우가 많다. 하지만 다양한 민족 구성을 가지고 있어 한 국가에서도 여러 언어를 사용하는 경우, 그 국가의 문화 또한 다중적 특성을 가진다. 즉 다양한 언어를 사용하는 한 국가의 소비자들을 사용 언어에 따라 세분화하는 것은 문화적이나 사회적인 세분화를 하는 것과 매우 유사한 결과를 보이고 있다. 예를 들어 말레이시아의 공식 언어는 말레이어이지만 각 민족 그룹(예: 말레이어계 60%, 중국계 30%, 인디언계 10%) 내에서 의사소통을 할 때는 자신의 민족 언어로 소통하고 전통을 이어가고 있다. 또한 일부 국가에서는 지역 방언의 차이도 이해해야 할 경우가 있다. 영국은 잉글랜드, 북아일랜드, 스코틀랜드, 웨일스 지역으로 구성되는데, 아일랜드와 스코틀랜드는 게일어를 방언처럼 사용하며, 웨일스 지역에서는 웨일스어가 영어보다 먼저 사용되었다. 이러한 영국 지역 방언들 중 일부는 퇴화되었으나, 최근에 들어 게일어와 웨일스어가 학교 교과목으로 채택되는 등 지역 방언이 새롭게 조명되고 있다(서민교 등 2016). 한편 스위스의 경우 독일어, 불어, 이탈리아어, 로만시어를 사용하고 있는데, 스위스에서 사용하는 독일어는 실제의 독일어와 다르다. 또한 영국 영어와 미국 영어의 차이 외에도 싱가포르를 위시한 영어를 공용어로 사용하는 국가들 사이에도 동일한 언어가 문화의 영향을 받아 상당한 차이를 보이고 있다.

글로벌 시장에서 영어의 의미에 대한 차이로 인해 혼란이 야기되기도 한다. 예를 들어 영국의 소매기업 맥아더글렌(McArthurGlen)이 오스트리아에 미국 스타일의 할인 아울렛 매장을 factory outlet으로 표기하는 바람에 현지에서는 공장 직판점으로 인식하여 공장 위치가 어디에 있는지 궁금해 하는 해프닝도 있었다.

글로벌 마케팅에서 언어의 차이로 인해 문제점을 야기하는 경우를 종종 발견하게 된다. GM(General Motors)의 Chevrolet는 소형차를 개발하고 그 모델명을 Nova로 정하였다. 그런데 'No va'는 스페인어로 'No go'라는 뜻을 가지고 있어 중남미 시장에서 웃음거리와 함께 판매 부진의 손실을 안게 되었다. 이러한 실패 사례는 글로벌 마케팅에 있어 현지 언어에 대한 이해가 얼마나 중요한지를 여실히 보여주고 있다. 우리나라의 대영자전거는 미국에 수출하면서 대영이라는 브랜드를 DAIYOUNG으로 표기하였다. 이 브랜드는 의도와 달리 현지에서 'Die Young(일찍 죽는다)'으로 발음되어 부정적인 소비자 반응을 안고 뒤늦게 브랜드명을 수정하는 어려움을 겪기도 하였다. 이와 같이 브랜드나 슬로건을 현지에 적용할 때는 영어나 현지어로 번역할 경우 의미상 오해나 부정적 의미가 담겨있지 않은지 사전에 면밀히 확인하여야 한다. 특히 국내에서 사용하는 기존 브랜드명을 굳이 영어로 직역하여 사용할 필요는 없으며, 글로벌 시장 또는 현지국에서 통용될 수 있는 글로벌 브랜드전략을 강구해야 할 것이다.

(2) 비언어적 커뮤니케이션

비언어적 의사표현은 침묵의 언어(silent language)라고 하는데, 바디랭귀지나 제스처 등을 의미하며, 이들 역시 말(spoken language)을 통한 의사소통을 보완해 주는 외에도 중요한 의사소통 수단으로 사용되는 경우가 많다. 바디 랭귀지는 손모양, 얼굴 표정, 인사나 아이컨택 방식, 대화시 상호간의 거리 등 말로 하지 않지만 상대방의 의사표현을 이해할 수 있는 단서(cue)들을 의미한다(서민교 등 2016). 이 바디랭귀지는 말을 통한 언어는 아니지만 언어와 같이 정보나 분위기를 전달하기도 하는데, 현지의 문화적 배경에 따라 그 방식이나 의미가 사뭇 다른 특징을 가지고 있다. 예를 들어 이탈리아나 프랑스, 중남미 등의 국가에서는 말과 함께 손짓을 많이 사용하며, 그 손짓들은 다양한 의미를 담고 있다. 이에 비해 한국이나 일본 등의 동북아시아국가에서는 손짓과 같은 적극적인 몸짓보다는 얼굴 표정이나 눈빛과 같은 정적인 비언어적 수단이 더 사용된다.

비언어적인 의사표현방법의 의미가 국가간 또는 지역간 다름으로 인해 생겨나는 문제점들이 많다. 예를 들어 no(아니오)라는 의사를 전할 때 대부분의 국가에서는 고개를 좌우로 흔들지만, 그리스에서는 아래위로 고개를 흔든다. 대신 보편적으로 yes(예)의 의미를 가진 동작이 그리스에서는 no(아니오)의 의미로 해석된다. 영미권에서 엄지와 검지를 모아서 동그라미 모양을 만드는 'OK' 제스처는 한국에서 돈을 의미하며, 일부 유럽 국가들에서는 외설적인 의미를 담고 있어 조심해서 사용해야 한다. 인사의 방식에 있어서도 악수나 포옹과 같은 신체적 컨택이 국가 간에 달리 표현되거나, 동양권에서는 오히려 무례하게 여겨지는 것을 종종 발견하게 된다. 또한 글로벌 비즈니스 상황에서 각 문화권에서 적정하다고 인정되는 상대방과의 거리 간격에 대해서도 인지해야 할 필요가 있다. 일반적으로 비즈니스 상황에서 미국인들은 보통 50cm를, 서유럽에서는 30~40cm를 적정거리로 생각하는 한편, 영국인이나 북유럽에서는 **60cm** 이상을 선호하기도 한다. 한편 한국이나 중국의 경우 1미터 이상인 반면, 대부분의 남미 국가에서는 오히려 짧은 거리에서 편안함을 느끼기도 한다.

숫자의 경우 국가에 따라 좋아하는 숫자와 기피하는 숫자가 있다. 예를 들어 한국, 중국, 일본 등의 동북아국가에서는 4를 싫어하며 기피하는 반면, 서양에서는 13이라는 숫자를 싫어하는 것은 잘 알려진 사실이다. 한편 중국인들은 숫자 8을 유난히 좋아하여 상품을 위시한 마케팅전략에 이 숫자를 활용한다. 그 하나의 예로 오리온 초코파이의 경우 중국 시장에서는 한 상자에 들어가는 초코파이의 숫자를 8개로 맞춤으로써 소비자의 호응을 얻기도 하였다.

3) 종교와 미적감각

소비자의 구매동기와 관습을 파악하는 데 종교에 대한 이해가 중요할 경우가 많다. 한 사회의 믿음, 태도 및 가치의 중요한 원천인 종교는 문화구성원들의 구매행동에도 영향을 미치는 등 글로벌 마케팅에 많은 영향을 준다.

종교의 교리나 성격 또는 종교적 금기로 인해서 현지에 맞는 마케팅전략으로 수정해야 하는 경우가 빈번하다. 예컨대, 중동에서는 비즈니스 수행과정에서 여성의 역할을 생각할 때 종교적 문제를 우선 고려해야 하는데, 남성의 의사결정력이 매우 강한 편이며, 매장에서는 여성 판매원을 통해서만 여성에게 접근하는 것이 일반적이다. McDonald's에서는 인도에서 햄버거를 판매하면서 현지의 힌두종교에 기인한 문화적 특성에 맞추어 쇠고기 대신 양고기를 사용한

"Maharaj Mac"를 판매하고, 현지인의 식성에 맞도록 맛과 메뉴를 조정하였다. 한편 이슬람 국가에서 라마단(Ramadan) 기간이 되면 단식과 금식이 요구되므로 소비자의 구매 수요가 급격히 떨어진다. 이를 역이용하여 KFC는 이 기간 동안 금식이 해제되는 저녁에 할인을 해주는 마케팅전략을 진행하여 오히려 높은 매출증가를 올릴 수 있었다.

한편, 종교적 특성과도 어느 정도 연관성을 가지고 있는 미적감각의 차이 또한 글로벌 마케팅에서 소홀히 할 수 없다. 미적 감각은 색상이나 음악·형상이란 관점에서 미와 상품에 대한 선호경향을 나타내는 생각이나 지각으로, 광고 및 제품포장 및 제품 디자인에 상당한 영향을 미친다. 한 국가에서 호소력있는 미적 요소가 다른 국가에서는 달리 인지되기도 한다. 그 대표적인 예로 특정한 색에 대해 좋거나 나쁜 이미지를 갖기도 하는데 이러한 차이는 문화적 차이에서 기인한다. 예를 들어 서양에서는 하얀 색을 순수와 청결을 의미하지만 아시아에서는 죽음을 내포하고 있으며, 중동에서는 보라색이 죽음을 의미하기도 한다. 이러한 색이 가지는 의미의 차이를 간과하고 글로벌 기업이 제품이나 패키지 또는 광고에 표준화된 색으로 모든 국가에 대해 동일하게 적용하여 낭패를 보는 경우가 있다. 유나이티드 항공은 아시아인들이 흰 카네이션을 죽음이나 재앙과 연관시킨다는 사실을 모르고 홍콩 첫 비행을 축하하는 의미로 흰 카네이션을 승객에게 증정했다가 거센 항의를 받았다.

음악 역시 문화의 미적요소로 미적감각을 표현하는 수단으로 받아들여지는데, 국가와 지역에 따라 음악적 특징에는 상당한 차이가 있다. 이로 인해 광고를 제작할 때 현지 시장에 적합한 음악을 우선 고려해야 한다.

이와 같이 문화에 따른 미적감각의 차이는 글로벌 시장에서 판매하고자 하는 제품의 색상 및 포장, 광고의 배경과 음악, 캠페인 등에 큰 영향을 미치고 있어 글로벌 마케터의 세심한 주의가 요구된다.

3. 문화분류의 분석 틀

앞에서 살펴본 바와 같이 전 세계의 국가들이 그들의 상이한 문화 구성요소에 따라 각기 서로 다른 문화적 특색을 보이는 것을 알 수 있다. 이에 따라 소비자들은 자신이 속한 문화적 배경에 따라 같은 마케팅 자극에 대해서도 매우 다른 반응을 나타낼 수 있다. 이처럼 글로벌 마케터는 구체적인 문화 구성요소를 분석하고 평가할 뿐 아니라, 전체적으로 문화를 분석하고 평가하는 방법에 대해서도 알아야 할 필요가 있다. 이는 문화적 환경에 대한 종합적인 평가를 통해 글로벌 마케팅의 의사결정 내릴 때 중요한 문화요소에 대한 전반적인 이해가 용이해지기 때문이다.

그동안 각 국가를 문화적 특징에 따라 분류할 수 있는 분석 틀 (framework) 내지 모형을 제시하기 위한 연구가 여러 학자들에 의해 이루어져 왔다. 아래에서는 여러 분석 틀 중 가장 많이 언급되고 있을 뿐 아니라, 향후 연구 및 실무에서 활용이 높은 문화분석 틀에 대해 설명한다.

1) Hall의 고배경문화와 저배경문화

Hall(1976)은 서로 다른 문화권의 사람들은 커뮤니케이션 할 때나 업무 처리를 할 때 배경(context)을 해석하는 방식이 상이하므로, 상이한 문화권의 사람끼리 서로를 이해하기 위해서는 배경에 대해 해석하는 방식을 우선 이해할 필요가 있다고 주장하였다. 이를 위해 Hall은 문화를 구성하는 차원을 맥락, 시간, 공간의 세 가지로 두는 한편, 각 국가의 문화를 고배경문화(high-context culture)와 저배경문화(low-context culture)로 구분하고 있다.

고배경문화에서는 커뮤니케이션에 필요한 정보가 상당수 비언어적인 배경 또는 개인에 내부화되어 있어 메시지나 부호로 분명하게 옮겨지지 않는다. 이에 따라 특정 메시지는 해당 커뮤니케이션이 발생하는 상황에 따라 그 해석이 달라진다. 즉 실제 표현되는 메시지는 모호하고 불명확한 경우가 많다. 이러한 문화에서는 말로 표현되는 문자 외의 메시지와 표현, 커뮤니케이션을 하는 사람의 배경 등이 큰 의미를 갖는다. 대부분의 중동, 아시아, 남미, 아프리카 지역 국가들이 보이고 있는 고배경문화의 특징은 관계중시적이고, 집단주의적이며, 직관적인 경향이 있다.

반면에 저배경문화에서는 구체적인 대화를 통해 정보의 교환이 이루어지고, 법률적인 서류가 보증서 역할을 하게 된다. 즉 명확하게 표현되는 문자 그대로의 해석을 통해 정확한 커뮤니케이션이 가능하다. 이로써 언어가 분명한 의미를 지니며, 비언어적 표현은 상대적으로 낮은 역할을 하게 된다. 북미와 서유럽국가들이 보이고 있는 저배경문화에서는 의사소통이 논리적이고 직선적일 뿐 아니라 개인적이며 행동지향적인 경향이 있다. 저배경문화에서는 법률적인가 아닌가 하는 것이 중요한 의미를 지니며, 책임은 실무선에 전가되는 것이 특징이다. 따라서 의사전달을 명확히 하기 위해 정확한 단어의 사용과 이를 명문화할 필요성이 강조된다. 즉 대부분의 협상에 명시적 계약서가 뒤따르는 경우가 많아, 고배경문화의 사람들이 언어적 명시성이나 법적 구속력을 갖는 서류에 덜 의존하는 것과는 다른 양상을 보인다.

이상의 고배경문화와 저배경문화의 특징을 비교하면 다음의 <표 III-1>과 같다.

<표 III-1> 고배경문화와 저배경문화의 특징 비교

	고배경(high context) 문화	저배경(low context) 문화
배경	• 배경, 관계, 지위, 형식 등 환경에 의해 의미가 결정됨 • 언어는 애매모호한 의미, 비언어적인 신호가 중요함	• 의미가 명백하게 드러나고 문자로 표현되기도 함 • 언어는 분명한 의미, 비언어적 신호는 보완적 역할을 함
공간	• 집단적 공간에 익숙함	• 개인적인 공간을 선호함
시간	• 복합시간 개념, 많은 일들이 동시에 진행함 • 계획은 쉽게 변경되고 중간개입이 허용됨 • 유대적 인간관계 우선	• 단일시간 개념, 한 번에 한 가지 일에 집중함 • 신중한 계획과 마감일 준수를 중요시함 • 단기적이고 일시적 인간관계
음성/비음성	• 비음성적 신호나 보디랭귀지 중요 • 침묵도 의사소통의 일부로 생각함	• 대부분은 음성신호로 의사소통함 • 보디랭귀지는 보조적 역할을 함 • 침묵은 참지 못함
언어	• 완곡하고 미묘한 언어구사 • 간접적, 포괄적 사고방식 • 직관과 내부지식 이용 • 내적지향성	• 직설적 언어구사 • 직접적, 직선적 사고방식 • 귀납과 객관적 외부지식 이용 • 외적지향성
계약	• 구두 내용을 중시하고 간접적인 내용도 고려함 • 법은 계약의 내용을 유연하게 해석함 • 계약은 관계를 의미함	• 계약서 내용을 중시하고 직접적인 것을 주로 고려함 • 법은 계약의 내용을 엄격하게 해석함 • 계약은 의무를 지우는 것을 의미함

자료원: 서민교 등(2016), 글로벌마케팅, 이프레스

2) Hostede의 문화적 차원 모형

비교문화에 관한 연구를 살펴보면 대부분 Hofstede의 문화적 차원 모형을 대표적인 이론으로 사용하고 있다. Hofstede는 비교문화 모형으로서 광고를 조사함에 있어 국가 간 광고소구가 어떻게 다른

지에 대해 연구하였다. Hofstede는 1994년 이래 IBM의 40개 해외자
회사에 근무하는 직원을 대상으로 설문조사를 실시하여 각국 직원
들의 문화적 특성을 구분할 수 있는 문화분석의 틀을 개발하였다.
이 분석을 통해 4개의 문화 차원을 발견하였으며, 이후 추가적으로
23개 국가에 대한 연구를 통해 1개의 문화 차원을 더 발견하였다.
이와 같이 Hofstede는 계속된 연구를 통해 전 세계 국가에서 조직,
사람의 사고, 관습에 영향을 미칠 수 있는 요인들을 예측가능한 방
식으로 정리하고, 문화적 차이를 나타내는 기본적인 축이자 주요한 가치 체
계와 관련성이 있는 부분들로 개인주의/집단주의(individualism/collectivism),
권력거리(power distance), 불확실성 회피 성향(uncertainty avoidance), 남성
성/여성성(masculinity/feminity), 장기지향성(long-term orientation)의 5가지
차원으로 정리하고 분석하였다.

(1) 개인주의/집단주의(Individualism/Collectivism)

이 차원은 각 국가 또는 문화권에서 개인이 가족 및 집단에 대한
책임보다 개인적인 자유를 우선시하는 정도가 어떠한지를 나타내는
척도이다. 여기서 개인주의는 소비자 개인의 독창성과 직계가족을
중심으로 사고하는 경향을 말하며, 이에 비해 집단주의는 조직이나
집단이 직면한 상황을 위주로 사고하는 경향을 의미한다.

개인주의 문화에서는 개인의 주체성이 존재하며 사람들은 '나'라
는 존재에 대해 먼저 인식하고 개인의 의견을 표현하며, 자아실현에
중요한 의미를 부여한다(김유경·전성률 2013). 이에 따라 개인적인
성취를 위한 노력이나 혁신적 기업가 정신이 중요한 가치로 받아들
여진다. 즉 개인의 독창성과 업적이 강조되는 한편, 자신의 행동에

대해 철저히 개인적 책임을 진다.

반면에 집단주의 문화에서는 '우리'라는 존재에 대해 먼저 인식하며, 개인의 정체성은 그들이 속한 사회 체계에 근거를 두고 있다. 이에 따라 자신이 속한 집단, 가족이나 직장 등에 대해 강한 소속감을 느낀다. 집단주의 문화에서 개인들은 강한 집단과의 결속력을 가지고 있어, 개인이 집단의 중심이라고 할 수 있다. 궁극적으로 집단이 개인을 보호하는 한편, 개인은 집단에게 충성하는 상호공생 관계라 할 수 있다. 집단주의 성향이 높은 국가의 기업에서는 직원들이 개인적 성취보다 자신이 속한 집단의 목표에 동기부여되는 경우가 많으며, 그들의 행동은 집단 전체의 책임으로 여겨진다.

개인주의 경향이 강할 경우 전체적인 문화의 맥락에서 개인과 개인의 관계가 일정하지 않고 불안한 관계가 지속된다. 즉, 개인들은 자신 스스로의 관심(self interest)을 위주로 표현하고 싶어 하는데, 이는 개인들 스스로가 생각하는 바가 문화에 반영된다. 따라서 개인주의 문화의 커뮤니케이션은 저맥락적인 측면이 강한 반면, 집단주의 문화의 커뮤니케이션은 보다 고맥락적 성향을 보이고 있다.

<그림 III-1>에서와 같이 미국과 영국의 극단적인 개인주의 성향에 이어 프랑스와 독일도 개인주의가 강하다. 반면 집단주의 성향은 인도네시아, 한국, 홍콩, 멕시코 등에서 강하게 나타나고 있다.

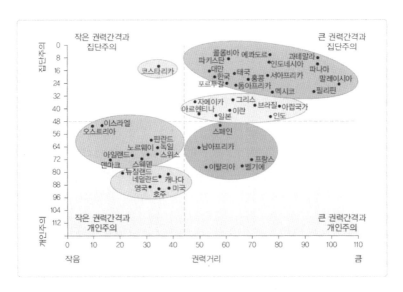

자료원: 서민교 등(2016), 글로벌마케팅, 이프레스

<그림 III-1> 국가별 개인주의 대 권력거리

  개인주의적 문화가 보편적 문화(universalistic culture)의 성격이라면, 집단주의적 문화는 특수적 문화(particularistic culture)에 가깝다(김유경·전성률 2013). 개인주의적 문화의 사람들은 모든 사람들에 의해 공유되어야 하는 보편적 가치가 존재한다고 생각하는 경향이 있다. 반면 집단주의적 문화의 사람들은 다른 집단들 사이에는 서로 다른 가치를 가지고 있음을 인정하는 경향이 있다.

  개인주의는 세계적으로 증가하는 추세에 있다. 이는 물질주의 및 부(wealth)와 관련이 있기 때문으로 판단된다. 하지만 개인주의/집단주의 성향은 여전히 상대적인 개념으로 존재한다. 일본 사회가 개인주의화되고 있다 하더라도, 이것이 곧 일본인의 가치가 미국인의 가치와 가까워지는 것을 의미하지 않으며, 상대적 차이는 여전히 존재한다. 한국의 경우, 집단주의가 강한 문화이기는 하나 경제적 발전과 서구화로 인하여 공동체 성향에서 개인주의 성향으로 많이 변화하고 있다.

개인주의 문화에서의 영업 관행을 보면, 비즈니스 당사자들은 최대한 신속하게 결론에 이르기를 바라는 반면, 집단주의 문화에서는 우선 양자 사이의 관계와 신뢰를 구축하는 것을 중시한다. 또한 집단주의 문화에서는 기업 브랜드를 제품 브랜드보다 더 선호하며, 추상적인 브랜드보다 구체적인 제품 특성에 관심을 가지는 경향이 있다. 반면 개인주의자들은 브랜드를 고유한 인격체로 간주하는 경향이 더 강하다.

한편, 개인의 성향을 단순히 개인주의와 집단주의로 구분하는 것이 타당한가에 대한 의문을 제기하며 개인적인 성향 뿐 아니라 소속 집단의 문화적인 틀로 행동의 양상을 규정해야 한다는 주장이 제기되었다(Triandis 1998). Triandis(1998)는 문화권 내에서 국가 간의 차이를 설명하기 위해 개인주의/집단주의 만으로 문화를 구분하는 것은 너무 단순하다고 주장하면서, 개인주의와 집단주의에 수평적, 수직적 차원을 추가하여 수직적 개인주의(vertical individualism: VI), 수평적 개인주의(horizontal individualism: HI), 수직적 집단주의(vertical collectivism: VC), 수평적 집단주의(horizontal collectivism: HC)로 문화적 차원을 네 가지로 구분하였다.

수직적 개인주의(VI)는 다른 사람과의 경쟁을 강조하며 개인 간의 불평등을 인정하고 있어 위계적 성향을 보인다. 수평적 개인주의(HI)는 자기 자신에 대한 신뢰성은 높지만 다른 사람들과 지나치게 구분되는 것은 선호하지 않는 특징을 보인다. 수직적 집단주의(VC)는 집단 안에서의 통합을 강조하며 집단의 이익을 위해 개인의 희생을 감수하고자 하는 특징을 보인다. 수평적 집단주의(HC)는 상호간의 동등한 관계를 유지하면서 공통의 목표를 추구하여 상호의존성과 사회성을 강조한다(Shavitt and Cho 2016). Triandis(1998)의 연구를 토대로 한국인의 문화 성향에 대해 연구한 결과, 수직적 집단주의(VC) 성향을 포함한 다른 차원에 비해 수평적 개인주의(HI) 성향이 가장 우세한 것으로 보고되고 있으며, 특히 젊은 고학력층에서 강하게 나타났다(박현경·이영희 2004). 한편, 미국의 경우 연구에 따라 혼재적인 결과를 보이고 있는데, 그중 수평적 개인주의(HI) 성향이나 수평적 집단주의(HC) 성향 등이 우세한 연구가 많다(윤남수 2017).

(2) 권력거리(Power Distance)

이 차원은 각 문화권에서 사람들 간에 부와 권력이 불평등하게 배분되어 있거나 편중되어 있을 때 이를 어느 정도 수용하는 가를 나타내는 척도이다. 즉 권력거리는 한 문화권 내에 권력, 명성, 부가 분배된 정도를 통해 지수로 산출될 수 있다.

Hofstede(1983)는 권력이 불공평하게 배분되어 있다는 것으로 한 사회의 권력을 '적게 가진 구성원들이 받아들이고 예상하는 정도'라고 정의하고 있다. 즉 권력거리 차원은 '권력이 불평등하게 배분되어 있다'는 것을 그 사회의 권력이 적은 구성원들이 받아들이고 예상하는 정도를 의미한다. 이는 한 사회 내에 권력이 적은 구성원과 권력이 많은 구성원들 모두의 가치관에 나타나며, 그 결과 구성원들이 권위를 수용하고 부여하는 방식에 영향을 주게 된다(DeMooij 1998). 권력거리가 큰 문화에서는 사회 계층간 구성원들이 자신에게

걸맞는 지위를 가지고 있음을 받아들이며, 위계 조직을 자연스럽게 인정하는 경향이 있다. 반면 권력거리 지수가 낮은 문화의 경우 '권위' 자체가 부정적인 의미를 내포하는 것으로 간주하며, 구성원들은 일터에서 권리와 기회의 평등성을 강조하고 있다.

김유경(1999)의 연구에 의하면 권력거리가 큰 문화에서는 권위에 대한 수용력이 적은 문화에 비해 사람들이 부모, 스승, 상관 등의 권위적 실체에 복종하는 편이다. 따라서 직장 내 상사와 부하직원 사이에 위계질서가 엄격하고 가정에서 부모와 자식 사이에 순응과 공경함을 미덕으로 인식한다. 한편 권력거리가 작은 문화에서는 권력의 상하관계에 있는 사람 사이에 어느 정도 상호 의존관계가 존재하며, 직장 내 상사와 부하직원 사이의 위계질서가 희박하고, 위계질서는 편의상 설정된 역할의 구분일 뿐으로 기본적인 불평등을 의미하지 않는다. 그들은 서로의 독립성을 강조하며, 조직 내 상사와 부하직원 간의 평등 수준이 높을 뿐 아니라, 권한이나 보상이 상하 간에 비교적 공평하게 분배되는 특징을 가진다.

권력거리가 큰 문화에서는 다른 사람들이 적절한 예의를 갖출 수 있도록 사회적 신분을 분명히 드러내야 한다. 이러한 점에서 글로벌 브랜드는 매우 큰 영향력을 발휘할 수 있다. 즉 권력거리가 큰 문화에서는 조기의 시장 진입을 통해 브랜드 명성을 구축한 기업이 자신의 위치를 더욱 쉽고 확고하게 유지할 수 있다.

<그림 III-2>에서와 같이 권력거리의 크기는 말레이시아, 인도, 한국, 미국, 독일, 오스트리아 등의 순으로 나타나 있는데, 아시아와 중남미로 갈수록 권력거리 지수가 높고, 유럽과 북아메리카로 갈수록 권력거리 지수가 낮은 것을 알 수 있다. 한편 Hofstede의 분류에 따르면 아시아 문화권이라 하더라도 권력거리에 있어서는 매우 큰 편

차를 보이고 있다. 그 예로 중국의 권력지수는 100점 만점에 80점이고, 한국은 60점으로 나타났다. 따라서 중국과 한국 모두 권력거리가 큰 나라에 속하지만 중국은 한국에 비해 권력거리가 더 큰 것으로 볼 수 있다.

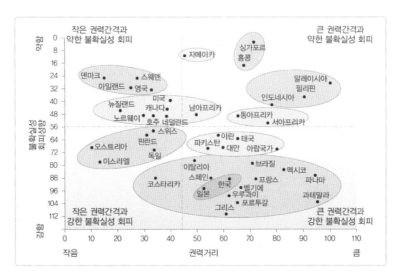

자료원: 서민교 등(2016), 글로벌마케팅, 이프레스

<그림 III-2> 국가별 불확실성 회피 성향 대 권력거리

(3) 불확실성 회피 성향(Uncertainty Avoidance)

이 차원은 한 문화의 구성원들이 불확실하거나 모호한 상황에 대해 위협을 느끼는 정도를 나타내는 척도이다. 불확실성 회피 성향이란 '불확실한 현상에 대응하는 정도를 말하고 있는 체계적 상황을 비체계적 상황보다 선호하는 성향'이나 '불확실성 또는 모호함에 대해 개인이 느끼는 위협감과 이를 피하려는 정도'라고 정의할 수 있

다(De Mooji 1998; 김유경 1999). 즉, 불확실성과 모호한 표현에 대해서 얼마나 이해하고 받아들이느냐 하는 정도를 말한다. 다시 말해 이는 사람들이 어느 특정한 문화에서 발생하는 불확실성과 잘 모르고 있는 것에 대한 막연한 거리감이나 위화감을 얼마나 처리하느냐에 대한 문제라고 볼 수 있다.

불확실성 회피 성향이 높은 문화의 사람들은 사회의 안전이나 강력한 법적·절차적 시스템을 보다 필요로 한다. 이 문화권의 기업에서는 직원들의 이직율이 낮으며, 규정이나 제도가 많은 반면, 의사소통은 형식적인 편이다. 또한 조직내 변화 가능성이 낮으며, 경영진은 명확한 지시로 부하들을 솔선수범 관리해야 한다. 반면에 불확실성 회피 성향이 낮은 문화의 사람들은 보다 도전적이며, 다른 문화의 비즈니스 프로세스에 대해서도 더 열린 태도를 보인다. 이 문화권의 기업에서는 직원들이 변화에 대한 수용에 큰 두려움을 느끼지 않는 대신, 이직률이 높은 편이다.

이와 같이 불확실성 회피 성향이 높은 문화의 사람들은 불확실성 회피 성향이 낮은 문화의 사람들에 비해 변화와 혁신에 대해 덜 개방적이다. 이러한 성향은 신제품이나 새로운 유행에 대한 수용에 있어서도 차이를 보이고 있으며, 소비자의 구매행동에도 영향을 미치고 있다.

또한 불확실성 회피 성향이 높은 문화의 경우, 커뮤니케이션 상황에서 불확실성을 해결하기 위해 보다 명시적이고 논리적이며, 직접적 메시지의 사용이 권장된다(김유경 1999). 반면에 불확실성 회피 성향이 낮은 문화의 경우, 모호함과 불확실한 상황을 융통성 있게 참으며, 이에 대해 위협을 덜 느끼는 경향이 있고, 예외적인 일을 어렵지 않게 수용한다(서정 2009). 이러한 차이는 커뮤니케이션 양식과 메시지에 대한 이해능력과 밀접하므로 커뮤니케이션 전략의 집행에 이를 반영할 필요가 있다(김유경 1999).

Hofstede(1983)의 연구에서는 한국, 독일, 오스트리아, 일본 등의 국가가 불확실성에 대한 회피 정도가 비교적 높은 것으로 나타났으며, 영국, 스웨덴, 덴마크, 홍콩 등은 낮은 것으로 나타났다. 한편 모바일 인터넷 서비스를 이용한 비교문화 연구의 결과, 불확실성 회피 성향이 높은 나라로 한국과 일본을, 낮은 나라로 홍콩과 타이완을 들고 있다.

불확실성 회피 성향에 관한 연구들 중 한국과 중국을 비교분석해 보면 한국은 불확실성을 유발하는 상황을 효과적으로 제거함으로써, 불확실성을 잘 회피하는 편이나, 중국의 경우 불확실성 회피 성향이 한국에 비해 낮은 것으로 나타났다. 다시 말해 중국은 한국에 비해 비교적 새로운 것이나 다른 의견에 대해 잘 용인하고 이해하는 편으로 볼 수 있다.

(4) 남성성/여성성(Masculinity/Feminity)

이 차원은 한 문화의 구성원들이 개인적 성취나 물질적 가치를 더 중요하게 생각하는지, 아니면 사람들 간의 관계나 삶의 질에 더 많은 가치를 부여하는 지를 나타내는 척도이다. 이 차원의 점수가 높은 것을 남성성이 강한 문화로, 점수가 낮은 것을 여성성이 강한 문화로 명명하였다.

남성성의 사회에서 지배적인 가치는 업적과 성공이며, 여성성의 사회에서 지배적인 가치는 다른 이를 돌보아 주는 것과 생활의 질로 정의할 수 있다. 즉 남성성은 성취지향적이고 경쟁지향적인 반면, 여성성은 남녀평등을 강조하고 타인에 대한 배려와 조화와 같은 인간지향성을 갖는다.

역할 차별은 이 차원의 중요한 측면으로, 여성성의 사회에서는 역할 차별이 적은 반면, 남성성의 사회에서는 크게 드러난다.

일본은 역할 차별이 크게 보이며 매우 강한 남성성(100점 기준에 95점)의 문화를 띠고 있다. 이에 비해 여성성 문화(39점)가 주를 이루는 한국의 경우에는 대인관계, 양육, 친절함에 있어 더 많은 관심을 가지는 특성을 보인다. 중국과 한국은 모두 아시아 국가이지만, 중국은 상대적으로 한국보다 남성성의 문화(66점)가 더 강하다. 다시 말해 성별 역할에 따라 남성성 문화(masculine cultures)에서 차별화가 있는 것을 명확히 확인할 수 있다.

남성성/여성성 차원은 특히 판매 및 광고와 같은 마케팅 커뮤니케이션 전략의 수립을 위해 중요하다. 예를 들어 강압적 판매와 설득적 판매와 같은 고객접근방식은 해당 문화권의 남성성/여성성 성향에 따라 매우 상반된 반응을 보이게 된다.

(5) 장기지향성(Long-term Orientation)

이 차원은 한 문화의 구성원들이 시간에 대해 가지고 있는 관념이나 태도를 의미하는데, 시간을 개인의 의지나 힘으로 극복할 수 있는 지의 여부를 나타내는 척도이다. 장기지향성은 '한 사회가 관습적이고 역사적이거나 단기적 관점이 아니라 실용적이며 미래지향적인 관점을 가지는 정도'를 의미한다(김유경・전성률 2013).

장기지향성이 높은 문화에서는 전통, 저축, 문화적 유산에 대한 보존에 높은 가치를 부여한다. 또한 강한 직업의식을 가지게 되는데, 이는 자신의 노력에 대한 장기적 보상을 기대하기 때문이다(서민교 등 2016). 이처럼 높은 장기지향성의 결과로는 안내, 서열 관계, 검소함, 수치심 등이 있다.

낮은 장기지향성 즉 단기지향성의 문화에서는 개인적인 안정, 평판, 사회적 책무 완수, 선의에 대한 보답 등을 중요하게 생각한다. 이들의 관심의 초점은 마음의 평온함 보다 행복 추구에 있다. 따라서 이들 문화의 사람들은 전통에 대한 고수가 변화를 방해하는 요인으로 여기는 경향이 있으며, 상대적으로 빠르게 변화하는 특징을 지닌다.

장기지향성 측면에서 본다면 전통에 대한 지나친 존중은 혁신에 대한 중요성을 감소시키는 방해 역할을 할 수 있다. 장기지향성 문화에서 뚜렷이 나타나는 가치는 자연에 대한 존중과 미래에 대한 투자이다. 자연의 상징물과 미래의 모습은 일본과 중국과 같은 높은 장기지향성의 아시아 국가에서는 광고의 중요한 대상이 된다.

Hofstede의 문화적 차원 모형은 가장 많이 활용되는 비교문화의 분석 틀에는 틀림없지만, 이 모형에 대한 평가에는 이견이 존재하는 것 또한 사실이다(서민교 등 2016). 먼저 특정 기업의 종업원을 대상으로 한 설문조사 방식으로 이루어졌기 때문에, 연구결과를 일반화시키거나 확장하여 해석하는 것에 대해 유의해야 할 필요가 있다. 물론 Hofstede가 후속 연구를 통해 여러 국가들을 추가적으로 연구 대상에 포함시키고, 장기지향성 차원을 추가적으로 발견하는 등의 분석 틀을 개선하기 위한 노력을 하였지만, 개도국이나 신흥국 등을 포함하고 있지 않는 등 지역적 다양성을 확보하기에는 여전히 부족하다.

그리고 무엇보다 문화가 항구성을 가지는 것이 아니라 지속적으로 변화하는 동태성을 지니고 있어 30여년 전에 실시된 연구결과에 대해 설득력을 부여하기에는 어려움이 따른다. 또한 후속 연구자들이 Hofstede의 문화적 차원 모형을 토대로 연구를 진행한 결과, 연구의 일관성과 타당성이 부족하다는 비판을 받고 있다.

그러나 Hofstede의 비교문화 분석 틀은 문화의 다중적 개념을 지수화하고 이를 국가별 문화를 해석하는 데 적용할 수 있게 하는 등 각 국가의 문화를 이해하기 위한 가이드라인을 제공하고, 향후 연구의 기초를 제공하였다는 측면에서 높게 평가되고 있다.

3) Kluckhohn-Strodtbeck의 문화분석 모형

Kluckhohn and Strodtbeck(1961)은 각 문화권을 여섯 가지 기본 명제에 대한 가치관을 기준으로 각 문화권 간에 상이함을 가지고 있다고 주장하였다(서민교 등 2016). 여섯 가지 기본 명제로는 타인에 대한 관념, 자연에 대한 관념, 개인 또는 집단의 책임에 대한 관념, 삶에 대한 관념, 시간에 대한 관념, 공간에 대한 관념이 있다. Kluckhohn and Strodtbeck은 문화의 이질성을 분석하기 위해 문화지향적 또는 가치지향적 관점에서 여섯 가지 기본 명제에 대한 질문을 하고, 이 질문에 대해 그 사회의 구성원들이 어떻게 답하느냐에 따라 그 사회의 문화를 분류하고 있다. 질문이 내용은 다음과 같다.

- 사람들은 미래를 더 중요하게 생각하는가? 현재를 더 중요하게 생각하는가? 과거의 일을 중요하게 생각하는가?
- 사람들은 자신의 활동을 개인적인 공간에서 하는 것을 선호하는가? 혹은 공적인 공간에서 하는 것을 선호하는가?
- 사람들은 개인적 성취를 위한 동적인 삶을 추구하는가? 편안한 정적인 삶을 추구하는가? 정신적인 삶을 추구하는가?

- 사람들은 개인의 복지가 개인의 책임이라 생각하는가? 혹은 집단의 책임이라 생각하는가?
- 사람들은 환경을 지배한다고 믿는가? 사람들은 환경이 사람들을 지배한다고 믿는가? 사람들은 스스로를 자연의 일부라고 믿는가?
- 사람들은 쉽게 믿을 수 없다고 생각하는가? 사람들은 책임감 있게 행동할 것을 믿을 수 있다고 생각하는가? 사람들은 쉽게 통제될 것이라 생각하는가?

여섯 가지의 문화지향성 기준에 따른 중요 가치 및 태도를 정리하면 <표 III-2>와 같다.

<표 III-2> Kluckhohn-Strodtbeck의 문화분석 모형

문화지향성 기준	중요 가치 및 태도		
시간지향성	미래	현재	과거
공간지향성	사적	공적	혼합
활동지향성	동적	정적	내적지향
인간관계	개인주의	계급중심	단체지향
자연과 관계	정복	복종	조화
인간의 본성	악	선	혼합

자료원: 서민교 등(2016), 글로벌마케팅, 이프레스

<표 III-2>에서 제시된 문화분석 모형을 기준으로 서양과 동양의 문화지향성 차이를 비교해 볼 수 있다.

첫째, 시간관념의 차이에 있어, 미국은 미래중심적인 문화지향성을 가지기 때문에 기업들은 단기적 경영정책을 추구하는 경향이 강

하며, 인사정책 역시 단기적인 특징을 보인다. 반면 일본은 과거지향적 문화지향성을 지니고 있어 일본 기업은 장기적 경영정책을 추구하는 경향이 강하다. 그러므로 기업의 미래계획도 과거의 기업정책을 근거로 수립하며, 정책상 큰 변화를 선호하지 않는다. 이는 인사정책에도 그대로 반영된다.

둘째, 공간관념의 차이에 있어, 미국은 공간에 대한 사적 독점을 선호하는 반면, 일본은 공적 공유에 대해 보다 호의적이다. 구체적으로 미국의 경영자는 주요 회의를 사적인 장소에서 하는 것을 선호하며, 업무공간 또한 칸막이를 통한 독점적 공간을 확보해 주려고 한다. 반면에 일본 기업은 개방된 장소에서의 회의와 함께 독점적 공간에 대한 요구 수준도 높지 않다.

셋째, 인간관계를 바라보는 방식의 차이에 있어 미국은 개인주의적 문화지향성을 가지고 있어, 미국 기업에서는 개인이 의사결정의 주체이며, 능력 위주의 인사관리시스템을 운용한다. 반면에 일본은 집단주의적 문화지향성을 가지기 때문에, 집단이 의사결정의 주체이며, 친족이나 지인 위주의 인사 제도를 운용하는 경우가 많다.

넷째, 활동 양식의 차이에 있어, 미국은 동적인 활동 양식을 더 선호하기 때문에 미국 기업은 종업원 스스로 자기만족과 목표 달성을 위해 업무를 수행하는 경향이 강하다. 반면에 일본 기업의 종업원들은 정적인 활동 양식을 선호하기 때문에 자기에게 주어진 일의 수행에만 관심을 두는 경향이 강하다.

다섯째, 인간과 자연의 관계에 대한 차이를 살펴보면, 미국은 인간이 자연을 지배할 수 있다고 보고, 인간의 편리함을 위해 자연 환경을 변화시키는 일(예: 도로, 항만 건설 등)에 긍정적이며 적극적이다. 반면에 일본은 인간과 자연의 조화를 중요시하여 자연을 최대한 유지하고 보존하는 방식의 일에 더욱 긍정적이다.

여섯째, 인간의 본성적 차이에 있어, 미국은 인간의 본성은 선과 악이 혼재하며 변화하고 있으므로 학습을 통해 인간의 본성을 바꿀 수 있다고 본다. 반면에 일본에서는 인간은 태생적으로 선함과 악함이 결정되어 있다고 믿는 경향이 우세해 직장에서 직원을 채용하는 초기 과정에서 적합한 사람을 고르는 것이 보다 중요하다고 인식하는 편이다.

4. 비교문화적 소비자행동 연구

국가 간의 문화적 환경에 따라 소비자행동의 유사점과 상이점을 체계적으로 분석하는 비교문화적 소비자행동 연구가 활발히 이루어지고 있다. 하나의 예로 Lee and Green(1991)은 집단주의 문화와 개인주의 문화를 대표하는 한국과 미국의 소비자들을 대상으로 소비자행동에 있어서 문화적 차이점을 실증 분석함으로써 Fishbein의 구매의사결정모델의 한계점을 밝힌 바 있다. 즉, 미국에서 개발된 소비자행동 모형이 미국과는 다른 문화적 배경을 지닌 소비자들의 행동을 설명하는데 한계가 있다는 것이다. 이러한 연구는 앞에서 소개한 바와 같은 비교문화의 분석 모형에 대한 후속 연구와 함께 소비자행동 모형의 비교문화적 타당성에 대한 연구가 활발히 이루어져야 함을 시사하고 있다(이철 1998).

Hofstede(1980)의 이론에 따르면, 한국인은 전통적으로 집단주의 성향을 보여야 하나, 서구문화의 영향으로 인해 개인주의 경향이 확산되고 있다. 이러한 결과는 젊은 세대를 중심으로 국가 간 문화의 차이를 허무는 IT의 발전과 글로벌 세계경제의 영향에 기인한 것으로 보인다. 특히 디지털 강국인 한국의 경우 서구로 부터의 문화이식과 커뮤니케이션의 급속한 발전으로 인해 더욱 개인주의 성향을 보이고 있다(Cho et al. 2010). 반면에 한국인이 여전히 집단주의 성향이 강하다는 주장 또한 제기되고 있어, 한국인의 문화적 성향을 개인주의나 집단주의로 단순히 구분하기는 어려움이 있다(김지현 2014). 이는 한국 뿐 아니라 거의 모든 국가의 비교문화적 소비자행동에 있어서도 그 변화의 폭과 방향을 검증하기 위한 지속적 노력을 필요로 한다.

앞에서 설명한 비교문화의 분석 모형을 바탕으로 비교문화와 소비자행동의 관계에 대한 몇가지 연구들을 살펴보면 다음과 같다.

1) 국가간 비교문화와 소비자행동

Hofstede(1980)의 연구에 따르면 같은 동양권 문화인 한국과 중국은 비슷한 역사를 겪으며 정치, 경제, 사회, 문화 등에서 비슷한 면도 많이 가지고 있으나, 현대 사회에 이르면서 정치, 제도, 사회문화적 환경의 변화로 인해 오히려 상이점을 많이 발견하게 된다.

대표적인 마케팅 커뮤니케이션 수단 중 하나인 광고에 대해 국가간 비교문화 연구가 많이 이루어지고 있다. 광고는 문화적 산물로서 광고를 단순히 상품 관련 정보만을 전달하는 것으로 보지 않고 한 사회의 구성원들과 집단들이 공유하고 있는 의식, 가치, 이념을 반영하는 문화적 현상으로 보는 경향이 나타나고 있다. Zandpour et al.(1994)은 비교문화 연구 중 대표적인 Hofstede의 문화적 차원과 광고 관련 변인의 관련성을 분석한 결과, '사실 정보'는 불확실성 회피성향이 낮은 문화권에서 많이 발견되고, '논증'은 개인주의 성향의 문화권과 불확실성 회피성향이 낮은 문화권에서 자주 나타난다는 사실을 보여주었다. Mueller(1987)는 인쇄광고에 나타나는 문화적 가치를 전통적 소구와 현대적 소구로 구분하고 미국과 일본 두 나라의 비교문화 연구를 실시하였다. 연구 결과, 각국의 광고가 그 사회의 문화적 규범 가치와 특성에 어느 정도 민감성을 보여주고 있다는 사실을 발견하였다. Cheng et al.(1991)은 중국 광고와 미국 광고를 비교하면서 광고의 소구를 '실용적 가치 소구'와 '상징적 가치'로 구분하여 상대적 영향력을 분석하였다. 또한 Miracle(1992)의 연구는 일본과 미국의 광고 사이에 나타나는 문화적 차이를 설문할 수 있는 변인을 규명하고자 노력한 결과, '회사'가 '브랜드' 보다 더 중요한 변인이 되는 사실을 구명해 냈다. 한편 박재관과 전중옥(2001)은 광고가 갖고 있는 유머, 성역할 등에 대해 국가 간 차이를 비교하였다.

문화와 광고에 관련된 선행 연구들을 살펴보면 대체로 둘 이상의 국가 간에서 나타나는 광고의 크리에이티브 전략, 광고소구, 정보내용 등의 차이를 비교함으로써 문화권별, 국가별로 효과적인 광고 전략을 선택하도록 하는데 시사점을 제시하고 있다. 한국과 중국의 가치관에 대한 황순호(2010)의 연구에서 한국인의 가치관은 미래에 대해 낙관적이며, 권위주의에 대해 비판적이고, 개인주의가 보다 강하다고 하였다. 또한 자본주의에 대해 긍정적 부정적 이미지가 혼재하며, 외국의 문물이나 자본에 대한 개방성, 수용성이 확대되고 있다고 하였다. 반면 중국 소비자의 가치관은 반전통적 배금주의로 변화하고 있으며, 사회생활에 있어서 아직까지 집단주의의 영향을 많이 받고 있고, 경제생활에 있어서 경제관의 가치 중시로 변화해 가는 현상을 나타내고 있다. 이처럼 한국과 중국 양국이 가지고 있는 사회문화적 차이에 의해 소비성향을 포함한 소비자행동의 차이가 크게 나타나고 있다.

Hofstede(2011)는 문화의 4가지 변이성(variability)을 통해 세계 각 국의 문화적 특성을 비교할 수 있는 단서를 제공하고, 특히 미국 등 서양권 국가와 한국 등 동양권 국가 사이에 문화적 특성이라는 측면 에서 큰 차이가 있다는 결과를 보여주었다. 하지만 Hofstede의 연구 결과를 자세히 살펴보면 같은 동양권 국가인 한국과 중국 사이에도 문화적으로 큰 차이가 있다는 사실을 확인할 수 있다. 이는 한국과 중국이 같은 동양권 국가이기는 하나 고유의 전통 문화라는 측면에 서 뿐 아니라 서양 문화의 수용과정에서도 다른 측면을 갖고 있고 있기 때문으로 판단된다.

Hofstede가 그동안의 연구결과를 통해 제시한 국가별 문화의 특 성을 살펴보면, <표 III-3>과 같이 한국과 중국의 문화적 공통점과 차이점을 동시에 알 수 있다.

<표 III-3> Hofstede의 연구결과를 통해 살펴본 한국과 중국의 문화적 차이

문화지수	한국	중국
권력거리	60	80
개인주의	18	20
남성주의	39	66
불확실성 회피	85	30

주)기준 지수 값이 높을수록 각 차원의 특성이 강하게 나타남

한국과 중국의 문화지수가 유사하게 나타난 이유는 한국과 중국 은 같은 아시아에 있는 국가로서 비슷한 역사를 겪으며 정치, 경제, 사회, 문화 등에서 비슷한 면도 많이 가지고 있는데, 한국 사회는 중 국의 전통적인 유교의 영향을 받아 인간을 하나의 개체로 보기보다 는 집단 속의 일원으로 간주하는 등 집단의식이 강조된다고 보고 있

으며, 그에 따른 특징으로 권위주의, 서열의식, 배타주의 등을 강조하기 때문이다(이덕훈 1997).

그러나 한국은 중국보다 훨씬 빠른 현대화 과정을 겪으면서 전통적·동양적 가치가 근대적·서양적 가치에 위축되는 측면을 강하게 보여주고 있다. 이처럼 급속한 현대화로 인해 동양권에 속하면서도 비동양적인 요소를 많이 가지고 있다. 즉 경제 발전의 수준이나 서구적 표준에 의한 문화와 문명의 발전 정도를 감안하여 해석될 수 있다. 이처럼 현대 사회에 이르면서 여러 방면에서 중국과 차이를 차츰 보이고 있으며, 현재는 매우 다른 정치, 제도, 문화 및 의식을 가지고 있다.

또한 한국은 차츰 퇴색되어 가고 있기는 하나 단일민족국가의 성격을 여전히 띠고 있는 것과는 달리, 중국은 다민족, 다문화 국가이며 최근 많은 개방에도 여전히 공산주의와 높은 집단주의에 근본을 두고 있다. 집단주의의 특성은 다른 사람과 내가 동일하다는 것이 중요하기 때문에 뒤처지고 있다 혹은 대세를 따라가지 못하고 있다고 느끼면 매우 불안해진다. 다시 말하면 내가 소속된 집단의 행동이나 가치, 나의 행동이 유사하여 인정받고 소속감을 느끼는 것이 안도감의 원천인 것이다. 즉, 중국인들은 사회성이 강하며 함께 모여 생활하는 것을 좋아하는 경향이 있고, 개인적인 자아보다는 사회적 혹은 집단적 자아에서 자아정체감을 느끼는 것이다(Shavitt 2008). 이는 집단주의적인 중국 문화의 특성이라 할 수 있다.

이에 비해 한국은 집단주의가 강한 문화였지만, 경제적 발전과 서구화로 인하여 공동체 성향에서 개인주의 성향으로 많이 변화하고 있다(김유경 2004). 특히 젊은 학생들은 글로벌 문화의 영향을 받아서 더 강한 독특성 추구 성향을 표현하고 있다. Tepper, Bearden and

Hunt(2001)는 '소비자들이 타인과 달라지고자 하는 비순응적인 구별성을 추구하는 것'을 소비자의 독특성 욕구로 정의하였다. 즉, 제품을 선택하고 구매할 때의 중요한 기준이 남과 다른 독창적인 선택인가, 대중적이지 않은 독자적인 선택인가, 그리고 다른 사람들과 과연 다른 것인가 하는 유사성의 회피라고 하였다.

또한 한국과 미국 대학생의 독특성 추구 경향성을 비교하는 박은아(2002)의 연구에 따르면 한국 대학생들이 미국 대학생들보다 독특성 욕구가 높은 것으로 나타났으며, 최근에 한국 젊은이들의 개성추구 욕구를 반영하는 것을 알 수 있다. 즉, 한국의 젊은 소비자들은 개성에 대한 추구욕구가 강하기 때문에 어떠한 제품이 한정적으로 제한되어 있다는 수량한정 메시지에 대한 영향을 더 크게 받을 것이라고 생각하였다. 보통 한정판이라 함은 남들이 쉽게 가질 수 없는 제한된 수량의 제품을 의미하는데 일반적으로 한정판 제품을 구입하는 소비자들은 남들과는 차별화 되고 싶어 하는 개인주의적 성향을 가지고 있다고 볼 수 있을 것이다. 따라서 개인주의적 성향이 더 강한 한국인들이 수량한정 메시지에 대한 영향이 더 클 것이다. 하지만 아직까지 집단주의 영향을 많이 받은 중국인들은 한정된 수량에 대한 메시지보다는 집단에 의한 소속욕구를 가진 영향으로 인해 자신이 속한 집단이나 사회에서 이탈되기 싫어하는 성향을 가졌기 때문에 남들과 다른 독특성을 원하지 않는다. 따라서 희소성메시지 유형에 따른 양국 소비자들의 충동구매에 미치는 영향력에 차이가 있을 것으로 판단된다.

또한 불확실성 회피 성향과 신기술 혹은 제품에 대한 수용정도에 관한 연구결과를 보면, 불확실성 회피 성향이 높은 경우 신기술 혹은 제품에 대해 더 늦게 수용하려는 경향을 보이는 반면, 불확실성 회피 성향이 낮은 집단은 새로운 제품이나 기술에 대하여 불확실하거나 애매모호함을 더 잘 받아들이며 호의적인 태도를 보이는 것으로 나타났다(전송월 2012). Hofstede(1991)의 연구에서는 중국은 이들의 문화적 특징으로 인해 한국에 비해 불확실성 회피 성향이 낮은 것으로 나타났다. 즉, 중국 소비자들은 한국 소비자들에 비해 신제품에 대해 더 잘 수용하는 경향이 있음을 의미한다.

소비자는 불확실성 회피 성향의 수준에 따라 구매의사결정에 영향을 미치기 때문에 불확실성 회피 성향이 높은 소비자는 불확실성을 최소화 하려고 할 때 휴리스틱이 더 잘 적용되어(Jung and Kellaris 2004), 이들에게 수량한정 메시지를 제시하는 것이 더 바람직할 것이다. 황윤용과 최수아(2009)의 연구에서는 소비자의 불확실성 회피 성향이 높고 낮음에 따라 개인의 반응은 다르게 나타나는데 불확실성 회피 성향이 높은 소비자는 휴리스틱 정보처리를 하기 쉽고, 불확실성 회피 성향이 낮은 소비자는 체계적 정보처리를 한다고 주장하였다. 한편 메시지 프레이밍 효과를 체계적으로 설명하기 위한 Meyers-Levy and Malaviya(1999)의 연구에서는 휴리스틱 정보처리 조건의 경우 긍정적 프레이밍이 적합하고, 체계적 정보처리 경향을 보이는 조건의 경우 부정적 프레이밍이 효과적이라는 결과가 나타났다. 이상과 같이 불확실성 회피 성향에 큰 차이를 가지고 있는 한국과 중국의 소비자들이 문화적 특성을 반영하고 있는 광고메시지에 따라 소비자의 충동구매 등 구매의사결정에 차이를 보이고 있으며, 이는 실증적으로도 입증되고 있다(이금 2013).

이러한 국가간 비교연구는 한국과 중국 뿐 아니라 동양과 서양 문화 사이의 문화비교를 통해 양 문화 사이에 존재하는 지배적인 문화가치의 차이로 인해 양 문화권의 광고소구방법과 정보유형, 정보량 등에서 현저한 차이가 있음이 밝혀졌다(Han and Shavitt 1994). 그 예로 최근의 연구에서 Park and Jeon(2018)은 글로벌 시장에서 온라인 구전(electronic word-of-mouth)의 한국과 미국 간 비교문화적 효과 차이를 검증하였다. 연구 결과, 사고방식(thinking style)에 따라 온라인 구전의 제시 방법에 따른 태도 효과의 차이가 존재하는 것으로 나타났는데, 분석적(analytical) 사고방식을 가진 미국(서양 문화권)에서의 구전 제시 순서(presentation oorder: 부정/긍정 > 긍정/부정)에 따른 효과 차이가 총체적(holistic) 사고방식을 가진 한국(동양 문화권)에 비해 더 큰 것으로 밝혀졌다.

2) 소비자 자민족주의

국가와 지역 간 정치, 경제, 사회적 갈등과 경쟁이 심화되고 있다. 최근에 들어 미국과 중국 등 주요 국가를 중심으로 각종 보호무역 조치가 강화되면서 세계무역의 둔화는 더욱 가속화되는 추세이다. 2015년 이후 세계무역이 정체기에 다다르고 있다는 연구 결과가 제시되었으며, 저성장이 지속됨에 따라 반세계화가 향후 10~20년 이상 지속될 것이라는 예측도 나온다(Evenett and Fritz 2016).

보호주의의 확산은 정부 정책 뿐 아니라 각국 소비자들의 심리적, 행동적 변화와도 관련이 깊다. 미국의 경우 글로벌 금융위기 이후 실업 문제가 심화되자 고용 창출을 위해서라도 국내산 제품을 애용해야 한다는 의식이 확산되었다. Boston Consulting Group(2013)의 조사에 의하면 미국 소비자의 93%가 국내 일자리를 유지하기 위해 국산품을 더 높은 가격에도 살 의향이 있으며, 80%는 미국산 제품을 구매함으로써 자신의 애국심을 표현할 것을 밝혔다. 이와 함께

GE, 애플 등 생산시설을 본국으로 회귀하는 기업들이 늘어나고, 월마트 등 대형 유통기업들이 '자랑스러운 미국산(proudly made in the USA)'이라는 슬로건 하에 국내산 제품임을 강조하는 전략을 앞 다투어 사용하기 시작했다.

이러한 움직임은 선진국은 물론 중국, 인도 등 신흥국에서도 동시다발적으로 나타나고 있다. 중국에서는 제품 경쟁력을 갖춘 자국 기업들이 이왕이면 국산 제품을 구매하라는 애국심 마케팅을 적극적으로 펼치고 있다. 특히 자동차, 전자 등 미래 핵심 산업 부문에서 중국 기업과 브랜드가 세계의 중심이 될 것이라는 자신감을 드러내며 국민들이 자부심을 가지고 자국 제품을 사용하도록 유도하고 있다. 마케팅 전문기관 Gentlemen Marketing Agency(2015)가 실시한 중국 소비자 조사에서는 59%가 국가 경제 발전을 지원하기 위해 국산품을 구매한다고 대답하였으며, 58%는 애플이나 삼성 등 해외 브랜드를 사더라도 이왕이면 국내에서 자국에서 생산된 제품을 선택해서 애국적 소비에 동참하겠다고 응답하였다.

국내산 제품, 국내기업 제품을 선호하는 소비행태는 외국산 제품을 구입하는 것이 비애국적이고 국민과 국가 경제에 부정적인 영향을 미친다고 인식하는 소비자 자민족주의에서 비롯된다(Shimp and Sharma 1987). 과거 국제 스포츠 마케팅의 일환으로 여겨지던 애국심 마케팅이 글로벌 주요 소비시장을 중심으로 기업의 핵심 전략으로 인식됨에 따라 소비자의 애국심과 자민족주의 성향에 관한 연구의 필요성이 더욱 증대되고 있다.

소비자 자민족주의의 개념은 "모든 사물을 자신이 속한 집단적 관점에 입각하여 평가하는 개인의 성향"으로 보는 사회학적 관점에서 기원하였다(Shimp and Sharma 1987; 한충민·원성빈 2016). 사회정체성 이론(social identity theory)에 따르면 개인은 자신의 소속 집단으로 인식하는 내집단(in-group)과 이와 반대로 인식되는 외집단(out-group)으로 구분하는 경향이 있다(Tajfel 1982). 자민족주의적 성향이 강한 사람은 내집단과 관련된 대상을 호의적으로 인식하는 반면, 외집단에 대해서는 배타적인 성향을 보이는 것으로 지적하고 있다(Tajfel 1982; Cargile and Bolkan 2013). 즉 자민족주의는 자신이 속한 집단에 대한 자부심과 우월감을 느끼게 하고, 심각한 경우 자신의 집단을 신성시하며, 다른 대상들을 경멸하는 태도로 연결될 수도 있다(Fan·이정열 2015; 김종식·이종석 2015).

Shimp and Sharma(1987)는 이와 같은 자민족주의 성향의 개념적 근거를 기반으로 소비자 자민족주의를 "외국 제품의 구매의 사회적 적절성 및 윤리성에 대한 소비자의 신념"으로 정의한 바 있다. 다시 말해 소비자 자민족주의에 대해 외국산 제품의 판매 및 구매를 지원하는 국내외 정책 또는 기업 활동을 부적절하고 비윤리적으로 인식하는 소비자 성향으로 개념화하였다. 또한 Siamagka and Balabanis(2015)는 구매의 적절성과 윤리성 보다는 소비자의 개인적 가치와 신념으로 정의하고 있다. 이에 비해 Sharma(2015)는 소비자 자민족주의를 단순한 신념을 넘어서 인지적, 감성적 그리고 행동적 요인을 포함하는 넓은 의미의 태도 개념으로 설명하고 있다.

소비자 자민족주의는 자민족주의를 바탕으로 형성된 경제적 의식으로 소비자가 자국 경제를 보호하기 위해 자유무역을 반대하거나 국내와 해외의 상품이나 기업을 구분하는 등의 다양한 행태를 포함한다(최순화·최정혁 2016).

결과적으로 자민족주의 성향이 강한 소비자는 자국과 외국의 상품을 구분하는 경향이 강하며, 외국 상품보다 자국 상품을 선호하는 행동을 보인다(최순화 2017).

소비자 자민족주의와 관련하여 기존 연구는 자민족주의 성향이 높은 소비자는 다른 국가로부터 수입된 제품을 구입하는 것은 비애 국적인 행위로 일관되게 인식하는 반면, 자민족주의 성향이 낮은 소 비자는 제품의 기능적 우위에 따라 구매 결정하는 경향이 있는 것으로 보고하고 있다(Verlegh 2007; Josiassen, Assaf, and Karpen 2011). 이와 함께 소비자 자민족주의는 자국 제품에 대해서는 자국 브랜드 로서의 정체성이나 상징성이 있는 경우 소비자의 구매 요인으로 작 용될 수 있음을 보이고 있다(Steenkamp, Jan-Benedict, and de Jong 2010; 김종식·이종석 2015). 이에 비해 지속적인 시장 개방에 따라 소비자 자민족주의의 효과가 희석되고 있다는 주장도 제기되고 있 다(정인식·초수봉 2008).

소비자 자민족주의와 유사한 개념으로 소비자 독단주의와 애국심 이 제시되기도 한다. 우선, 독단주의란 현실의 모든 상황을 이분법 적 논리로 바라보는 개성적 특성으로, 소속 집단에 대해 자부심과 애착을 느끼게 하는 개인의 가치로 정의된다(Caruana and Magri 1996). 일반적으로 독단주의적인 사람은 익숙하지 않은 대상에 대해 불편함을 느끼며, 이에 대해 방어적으로 접근하는 경향이 있는 것으로 나타났다(Schiffman and Kanuk 2006). 따라서 독단주의적 성향 이 강한 소비자들은 자국 제품이나 문화적으로 유사한 국가의 제품 을 선호하는 경향이 있는 반면, 대체로 외국 제품에 대해서는 적대 적인 것으로 보고되고 있다(Shoham, Davidow, Klein and Ruvio 2006). 한국의 소비자와 관련하여 한충민 등(2012)은 소비자의 독단 주의적 성향을 신토불이적 자민족주의로 정의하고, 일례를 들어 독 단주의적 성향이 높은 소비자는 스마트폰 선택시 애플 아이폰과 삼성 갤럭시 중 갤럭시를 선택하는 경향이 있는 것으로 발견되었다.

한편, 소비자 애국심은 자국 브랜드를 구매하기 위하여 희생을 감수하는 개인적 성향이며, 규범적 관점에서 자국과 관련된 가치 및 제품을 선호하는 소비자의 성향을 의미한다(Balabanis et al. 2001; Shankarmahesh 2006). 이는 자국 제품에 대한 우월감, 자부심과 유사한 특성을 나타내는 독단주의적 성향에 비해 방어적이고 보호주의적 특성을 나타낸다. 소비자의 애국심은 국내 연구들에서도 자국 제품의 평가에 긍정적 영향을 미치는 요인(홍성태·강동균 2010)인 반면, 외국 제품에 대한 평가에 부정적 영향을 미치는 것으로(한충민 1998) 보고되고 있다.

이상의 소비자 독단주의와 소비자 애국심은 대체로 소비자 자민족주의와 유사하거나 관련성이 높은 개념으로 지적되고 있다(Shimp and Sharma 1987; Sharma, Shimp, and Shin 1995). Balabanis et al.(2001)은 소비자의 자민족주의 성향이 국가 구성원의 성향에 따라 독단주의적 성향을 나타내는 경제적 우월성이나 민족적 우월감에서 비롯된 민족주의적 성향과 자국에 대한 순수한 애착인 애국적 성향에 의해 형성될 가능성이 높다고 지적하고 있다. 특히 경제적 발전 수준이 높거나 문화적 우월감이 높은 국가들에서는 소비자 독단주의적 성향에 의해 나타날 수 있으며, 개도국이나 자국에 대한 보호주의적 정서가 강한 소비자 문화권의 국가에서는 애국적 성향에 의해 발생할 가능성이 있다(한충민·원성빈 2016).

Shankarmahesh(2006)도 독단주의와 애국심을 소비자 자민족주의의 선행 요인으로 지적하고 있어 상호 밀접한 개념임을 보여주고 있다. 한편, 소비자 독단주의와 소비자 애국심이 소비자 자민족주의의 선행 요인으로 주장할 수도 있지만, 한충민과 원성빈(2016)은 이들이 인과관계적 특성을 보이는 것보다는 의사(疑似) 관계(spurious relationship)로서 개인 가치와 성향에 근원을 두고 나타나는 유사 개념으로 보았다. 이는 Siamagka and Balabanis(2015)가 소비자 자민족주의를 구매의 적절성과 윤리성에 보자는 개인의 가치와 신념으로 해석해야 한다는 주장과 유사하다.

지금까지 살펴본 이론적 맥락에 따르면 소비자의 자민족주의 성향은 소비자 독단주의와 소비자 애국심을 포괄하는 의미를 내포하고 있는 개념으로 인식될 수 있다. 또한 국가적 특성에 따라 다르게 해석될 가능성 역시 높다. 예를 들어 경제 수준이 높거나 문화적 우월감이 높은 국가들에서는 독단주의적 성향에 의해 나타날 수 있으며, 개도국이나 자국에 대한 애착이 강한 소비자 문화권의 국가에서는 애국적 성향에 의해 발생할 가능성이 높다. 또한 이러한 개념적 차이에 의해 국가 간의 소비자 자민족주의 성향에 차이가 발생할 가능성도 있다. 이에 따라 한충민과 원성빈(2016)은 소비자 자민족주의를 독단주의적 그리고 애국적 자민족주의로 구분하여 국가 간 차이도 동시에 분석하였다.

소비자 자민족주의에 대한 기존 연구에 따르면, 소비자의 자민족주의 성향은 개인 단위의 소비자의 개인적 특성과 국가 단위의 대상 국가나 문화의 특성에 따라 차이를 보이는 것으로 알려져 있다. 개인 단위의 선행 요인에 대한 기존 연구는 대부분 개인의 문화적 가치와 인구통계학적 특성에 대해 검토되었다. 특히 기존 연구에서는 Hofstede가 제시하는 문화적 가치인 개인주의, 권력 거리에 대한 인식, 남성성 그리고 불확실성 회피성이 소비자의 자민족주의 성향에 미치는 영향을 살펴보았다. 한충민과 원성빈(2016)은 이와 관련한 주요 연구와 결과를 다음의 <표 III-4>와 같이 요약 정리하고 있다. 여기에서 소비자의 문화적 가치는 개인 단위 뿐 아니라 국가 또는 문화 단위에서도 검토되었다. 한편, 국가 단위의 선행요인은 경제 발전 수준, 경제 개방성 및 무역 수지와 같은 경제적 특성 요인을 중심으로 분석되었다. 이와 관련된 주요 연구도 <표 III-4>에 포함되어 있다.

소비자 자민족주의의 선행 요인에 관한 기존 연구의 실증 결과는 일관성이 없이 혼재되는 것으로 평가된다. 이는 <표 III-4>에서도 나타나고 있으며, 문화적 특성, 인구통계학적 특성, 그리고 경제적인 국가 특성 변수에서 공통적인 것으로 보인다. 이러한 혼재된 결과의 이유는 크게 2가지 요인에 기인하는 것으로 보인다. 우선 국가 단위 선행 요인의 결과에 있어 일관성이 부족한 것은 기존 연구가 소수 국가를 대상으로 이루어져 표본 국가의 선정에 따라 분석 결과가 달라질 수 있었기 때문이다. 또한 소비자 자민족주의가 국가에 따라 상이하게 해석될 수 있기 때문으로, 한편으로는 앞서 논의한 바와 같이 소비자 자민족주의가 국가에 따라 독단주의적 또는 애국적 자민족주의로 인식되었을 수 있다. 이에 따라 한충민과 원성빈(2016)은 21개국 소비자를 대상으로 국가 단위의 선행 요인으로 문화적 요인과 경제적 요인 그리고 개인 단위로 소비자의 인구통계학적 특성으로 종합적으로 고려하여 소비자 자민족주의의 국가 간 차이를 분석하였다. 또한 소비자 자민족주의를 소비자 독단주의와 애국심으로 구분하여 국가 간 차이도 검증하였다.

<표 III-4> 소비자 자민족주의의 선행 요인에 관한 주요 연구 결과

선행 요인	주요 연구	시사점	표본
(문화적 요인)			
권력거리	Kumar et al(2013)	정(正)	인도
	Yoo and Donthu(2005)	-	미국
개인주의/집단주의	Sharma et al(1995)	부(負)	한국
	Han and Gao(2013)	부	중국, 한국
	이규현·유부 (2012)	부	중국
남성적 문화	Kumar et al(2013)	-	인도
	Yoo and Donthu(2005)	정	미국
불확실성 회피정도	Cargil and Bolkan(2013)	정	미국
	Kumar et al(2013)	정	인도
문화적 유사성	Watson and White(2000)	정	뉴질랜드
	Balabanis and Diamantopoulos(2004)	-	영국
	Evanschitzky et al(2008)	-	독일
(경제적 요인)			
경제발전 수준	Sharma(2011)	정	4개국
	Durvasula et al(1997)	정	미국, 러시아
	Good and Huddleston(1995)	부	폴란드, 러시아
	John and Brady(2011)	부	모잠비크
무역수지 적자	Han(1988)	정	미국
실업률	John and Brady(2011)	정	모잠비크
(인구통계학적 요인)			
연령	Jossiassen et al(2011)	정	호주
	Cleveland et al(2009)	정	8개국
	Javalgi et al(2005)	정	프랑스
	Festervand et al(1985)	-	미국
	Sharma et al(1995)	-	한국
	Balabanis et al(2001)	정	터키, 체코
성별	Josiassen et al(2011)	여성	호주
	Javalgi et al(2005)	여성	프랑스
	Bannister and Sauders(1978)	남성	영국
	Caruana and Magri(1996)	-	몰타
소득	Josiassen et al(2011)	-	호주
	Javalgi et al(2005)	-	프랑스

주: '-'는 유의한 관계가 발견되지 않음을 의미.

자료원: 한충민·원성빈(2016), 소비자 자민족주의의 국가 간 차이에 관한 실증연구, 마케팅연구, 31(1), 85-107.

소비자 자민족주의에 대한 여러 연구 결과 중 일부를 소개하면 다음과 같다. 소비자 자민족주의는 다른 문화권 사람들과 상호작용하고 이문화를 받아들이고자 하는 문화적 개방성, 세계 인류의 시각으로 다양한 문화를 이해하는 세계주의 의식이 낮을수록 높아지는 것으로 나타났다. 반면 자국을 보호하려는 애국심과 전통을 고수하고 변화를 꺼리는 보수주의 성향이 클수록(Sharma et al. 1995), 개인주의 보다 집단주의를 선호하고 물질주의 가치를 중시할수록 소비자 자민족주의가 높아지는 것으로 밝혀졌다(Clarke, Shankarmahesh, and Ford 2000).

한편 소비자의 인구통계학적 변수와 자민족주의의 관계에 대한 연구 결과는 이미 언급한 바와 같이 일관성이 부족하고 국가간 이질성이 큰 것으로 나타난다. 일반적으로 글로벌 마인드를 지닌 젊은층이 자민족주의 성향이 낮을 것으로 예상되지만 영향 관계가 유의하지 않거나(Sharma et al. 1995), 오히려 연령이 높을수록 외국산 제품을 긍정적으로 평가하는 결과가 나타나기도 하였다(Bannister and Saunders 1978). 또한 보수적이고 순응적인 여성이 자민족주의 성향이 강하다는 연구 결과에 반해(Bruning 1997), 남성이 더 자민족주의적이라는 상반된 결과도 공존한다(Bannister and Saunders 1978).

교육수준, 소득의 경우에도 소비자 자민족주의와 부정적 관계를 보인 연구 결과(Klein and Ettenson 1999)와 유의미하지 않거나 긍정적 관계가 밝혀진 결과가 혼재하고 있다(Han 1988; Tan and Farley 1987).

소비자 자민족주의에 대한 연구의 결과는 한국 기업의 글로벌 시장에서의 시장 선정 및 브랜드 전략 등에 유용하게 적용될 수 있는 마케팅 시사점을 제시하고 있다.

우선, 국가별로 외국 제품에 부정적으로 작용하는 소비자 자민족주의가 여러 가지 문화적 그리고 경제적 요인에 따라 달라질 수 있다. 따라서, 한국 기업들은 국가 특성을 기준으로 상대적으로 소비자 자민족주의 정서가 낮은 국가를 예측할 수 있으며, 그러한 국가에 상대적으로 치중하는 전략이 중요할 수 있다. 그리고 상대적으로 개인주의 성향과 불확실성 회피 성향이 높은 국가에 진출하는 것이 유리할 수 있다. 또한 경제 개방 정도가 높은 국가와 개도국에서 자민족주의 정서가 상대적으로 약하므로, 이들 국가를 집중하는 전략도 유효할 수 있다.

둘째, 현지 시장에서의 브랜드 정체성 특히 브랜드 글로벌성에 있어 현지 국가의 정서에 맞는 브랜드 정체성을 구축할 수 있을 것이다 (Steenkamp et al. 2010: 김상훈·박현정 2010). 그 이유는 자민족주의 정서와 밀접하게 관련되어 있는 문화적 그리고 경제적 특성을 보이는 국가에서는 브랜드 글로벌성을 지나치게 강조하는 것은 바람직하지 않을 수 있기 때문이다.

그러나 관련된 연구들이 대체로 Hofstede의 문화적 차원에 지나치게 의존하고 있어 결과의 일반화와 타당성에 많은 문제를 안고 있다.

3) 사고방식

Nisbett et al.(2001)은 사고방식(thinking style)에 있어서의 문화 차이가 주는 영향에 관해 논의하였다. 즉, 동서양의 문화에서 발생하는 사회적 차이가 인지 과정(cognitive process)에 영향을 미칠 수 있는 사실에 주목하였다. 기존의 심리학 연구에서는 인지과정에 있어서 인종에 근거하지 않는, 보편적인 사고 체계를 갖는 것이 심리학의 연구 방향이었으나, Nisbett 이후의 연구들은 동서양의 사고 차이가 있다는 사실을 더욱 깊이 연구하고 그 근거들을 밝히는 시도를 하였다.

동양 사회에서 개인은 사회적 관계 속에서 그 존재가 의미가 있다고 받아들여진다. 그 이유는 대상이 되는 사물을 장(field)과 관련지어 생각하기 때문이다. 반면에 서양 사회에서는 개인을 장과 분리된

불연속적인 객체로 인식하면서 사물의 속에 내재하는 특질과 규칙이 예측될 수 있다고 생각하였다. 이러한 차이로 인해 동양의 문화는 전체적 사고방식(holistic thinking)을 갖게 되고, 서양의 문화는 분석적 사고방식(analytic thinking)을 취하게 된다는 주장을 하였다.

좀 더 구체적으로 살펴보면, 전체적 사고방식은 중심 사물(focal object)과 장(field) 사이의 관계에 관심을 가지면서 사건을 설명하거나 예측하며, 전체로서의 장 혹은 맥락(context)을 지향하는 것이라고 정의할 수 있다(Nisbett et al. 2001). 반면에 분석적 사고방식은 사물을 맥락으로부터 분리해서 생각하고, 모든 사물을 범주와 그 범주를 지배하는 규칙으로 사물을 설명하며 예측할 수 있다는 믿음을 갖는다고 하였다(Nisbett et al. 2001). 이러한 이론을 뒷받침 할 수 있는 연구는 Nisbett의 연구 외에도 여러 연구들이 있다. 동양인들이 사물과 환경과의 관계에 초점을 두고 있기 때문에 사물을 서양인들보다 더 장 의존적(field dependent) 판단을 한다는 연구(Ji, Peng and Nisbett 2000)가 있다. 한편 Masuda and Nisbett(2001)은 "물고기 실험" 연구를 통해 실험자들에게 중심 그림(움직이는 물고기 그림)과 주변 그림(수초, 돌, 물거품 등)을 제공하고 시간이 지난 후에 본 것을 기억하게 하는 실험을 한 결과, 일본인들은 자신들이 본 그림을 회상할 때 중심 그림인 물고기 그림을 주변 환경과 연관시켜 기억하는 정도가 미국인들보다 높다는 것을 밝혀내었다. 또한 Chiu(1972)는 미국과 중국의 어린이들을 대상으로 유사성이 있는 사물들을 묶는 실험에서, 동양(중국) 어린이들은 사물의 관계를 중심으로 대상을 묶어나갔다. 즉, 어머니는 아기를 돌보기 때문에 어머니와 아기를 같은 범주로 구분하였다. 반면 서양(미국) 어린이들은 범주화를 할 때 대상의 속성에 초점을 맞추어 사물을 묶어나갔다. 예를 들어 어머니와 아버지가 모두 부모이자

어른이기 때문에 어머니와 아버지를 같은 범주로, 지프차(jeep)와 보트는 모두 탈 것이자 모터를 가지고 있으므로 같은 범주에 속하는 것으로 판단한다는 연구함으로써 동양과 서양의 사고 차이를 고찰하였다. 이와 같이 동양 문화는 전체적 사고를, 서양문화는 분석적 사고를 촉진시키며 문화적 관점의 차이(cross-cultural differences)를 발생시키고 인지과정의 차이를 촉진하였다.

Nisbett et al.(2001)은 동서양의 사고 차이를 '대상 대 배경', '논리 사고 대 경험적 지식', '비모순 원리 대 절충'으로 설명하였다. 서양인은 본성적 추론(dispositional inferences) 만으로 사고하지만, 동양인은 본성적 추론과 더불어 상황적 추론(situational inferences)을 모두 사용한다(Choi et al. 1999; Norenzayan et al. 2002). 후견지명효과(hindset effect)를 제안한 Fischhoff(1975)의 연구를 기반으로 Choi and Nisbett(2000)은 '요인들 간에 관련이 있다고 추론하면 어떤 일이 발생 하였을 때 그 일을 보다 쉽게 설명할 수 있다'라는 가정을 바탕으로, 일치 조건(consistent condition)과 불일치 조건(inconsistent condition)일 때 문화 간 놀람(surprise)의 차이를 실증분석였다.

후견지명효과는 '개인은 처음부터 어떤 사건의 결과를 예측할 수 있었다고 과잉 확신하는 경향'과 '그로 인해 당연히 놀래야 할 사건의 결과에 대해서도 별로 놀라지 않는 경향'이 있음을 의미한다(Fischhoff 2013; 최인철 2007). Choi and Nisbett(2000)은 이에 대해 동서양 문화 간 차이를 다음과 같이 분석하였다. 매우 친절하고 신앙심 깊은 신학생이 설교시간에 약간 늦은 상황에서 황급히 교회로 가는 도중 어떤 사람이 도움을 청한다는 시나리오와 함께 '신학생이 도와 주었다'는 조건 A와 '돕지 않고 그냥 지나쳤' 는 조건 B를 제시하고 놀람의 정도를 측정한 결과, 조건 A에서는 동서양 모두 놀라지 않았으나, 조건 B에서 서양인(미국인)은 무척 놀란 반면 동양인(한국인)은 별로 놀라지 않은 것으로 나타났다. 즉 서양인은 신학생의 소명 의식에 따라 분명 타인을 도와야 한다는 사실에 초점을 맞춰 사고한 반면, 동양인은 소명 의식과 함께 배경이나 상황을 종합적으로 고려하기 때문에 바쁜 상황의 신학생이 그냥 지나갈 수도 있으며 충분히 발생할 수 있는 상황으로 여겨 놀라지 않은 것으로 해석할 수 있다. 이는 전체적 사고를 하는 동양인이 분석적 사고를 하는 서양인보다 후견지명효과가 더 높게 나타나기 때문이다. 결국 동양인은 뜻밖의 상황에서도 '그럴 수도 있지'라며 놀라워하거나 난처함을 느끼지 않았다. 이처럼 동양인은 불일치에 대한 중용의 가능성(likelihood of inconsistency reconciliation)이 높고(Sengupta and Johar 2002), 기존의 지식과 불일치하는 정보에 부딪쳐도 전체적 사고 관점에서 관계와 절충(middle way or compromise)을 중심으로 사고하였으며, 불일치정보에 대한 놀람과 부조화를 상대적으로 크게 인지하지 못하는 것으로 나타났다(Choi and Nisbett 2000; Peng and Nisbett 1999).

이러한 사고방식의 차이는 인과관계를 설명하고, 범주화를 형성하며, 인지평가를 하는 것에 영향을 준다. 따라서 동서양의 사고방식 차이를 이해한다면 현지에서의 효과적인 마케팅활동을 수행하는데 큰 도움이 될 것이다. 특히 브랜드확장전략은 한 개의 브랜드명에 모브랜드와 확장브랜드라는 두 개의 개체가 존재하면서 상호 관련되기도 하는 반면, 독자적 개별 상품으로 존재하는 특별한 상황이 형성된다. 이러한 구조는 전체적 사고와 분석적 사고에 의한 차별적 영향을 관찰할 수 있는 조건이 된다. 그리고 브랜드확장연구의 또

하나의 축인 광고유형의 경우, 확장 제품 자체의 우월한 속성을 강조하는 정교화 광고(elaborative ad)와 모 브랜드와 확장 제품 간의 유사성을 강조하는 관련성 광고(relational ad)로 구분되는데 이 역시 동서양 사고의 특징인 전체적 관점이나 분석적 관점의 이슈와 관련된다. 이재진(2012)은 앞에서 설명한 Nisbett의 동서양 사고방식 차이와 브랜드확장이 관련되어 어떠한 의미 있는 차이를 보이는지 분석하였다. 구체적으로 브랜드확장 연구에서 주로 다루었던 브랜드확장 적합성, 광고유형과 관련하여 동서양의 사고방식이 어떠한 차별적 영향을 주는지를 살펴보았다.

일반적으로 브랜드확장을 할 때 모브랜드와 확장브랜드 사이에 인지된 적합성이 높은 경우(또는 유사성이 높은 경우) 확장브랜드에 대한 태도가 더 긍정적인 결과를 보이고 있다(Smith and Park 1992). 그러나 실제 브랜드확장의 경우를 살펴보면 버진(Virgin), GM, 소니의 경우 단일의 모브랜드를 유사성이 상당히 낮은 다양한 상품계열에 획일적으로 적용하고 사용하면서도 소비자들의 우호적인 태도를 이끌어내고 있다. 이러한 결과는 브랜드확장의 유사성과 적합성 지각에 다양한 심리적·문화적 메커니즘이 작용하고 있다는 것을 의미한다.

동양인과 서양인을 구분하는 특징적인 차별점으로 앞서의 전체적 사고와 분석적 사고에 의한 인지적 판단 차이를 들 수 있다. 일반적으로 브랜드확장 시 인지된 적합성이 높을 경우 브랜드확장평가가 우호적인데, 서양인의 경우 이러한 경향이 더 강할 것으로 예상된다. 서양인들은 사물이나 사건을 기술하거나 범주화를 할 때 내적속성과 공유속성들을 근거로 한다. 이렇게 대상의 속성에 초점을 두고 범주화하려는 경향이 강한 서양인들은 규칙을 적용한 범주화에 매우 익숙할 뿐 아니라 일정한 규칙과 특성에 의한 예측가능성을 중시한다. Norenzayan et al.(2002)의 연구에서는 서양인들이 규칙을 적용해 범주화하는 능력이 뛰어나고 정확하며 빠르게 범주화 한다고 한다. 이에 따르면 서양인의 경우 지각된 적합성이 높은 브랜드확장일 때 모브랜드와 모브랜드의 특성이 전이된 확장제품 간의 자연스런 범주화를 통해 확장에 대한 태도가 우호적일 것이다. 반면에 지각된 적합성이 낮은 브랜드확장은 예측가능성이 현저히 떨어지며 규칙에 어긋난 상황에 대해 부조화를 인식하고 심리적 불편함을 느낄 것으로 판단된다.

그러나 동양인의 경우, 전체적 사고의 메카니즘에 의해 후견지명 효과가 두드러진다. Choi and Nisbett(2000)의 연구에서 나타난 것처럼 동양인은 의외의 상황과 사건에서 서양인만큼 놀라거나 부조화의 상황으로 받아들이지 않는다. 이는 "그럴 수도 있겠지.." 라는 의외의 상황에 대한 과잉확신과 맥락사고에 의해 발생하는 것이다. 그러므로 브랜드확장의 적합성 지각에 있어서도 동일하게 적용될 것이다. 비록 지각된 적합성이 낮은 확장의 경우에도 부적합 확장의 가능성 또한 고려하기 때문에 서양인만큼 범주화에서 벗어난 상황에 대해 심리적 불편함을 느끼지 않을 것이다. 그러므로 지각된 적합성이 낮은 상황에서 서양인 보다 확장브랜드에 대한 태도가 우호적일 것이다.

기존 광고유형과 브랜드확장태도에 관한 연구를 보면 일반적으로 브랜드확장과 관련하여 정보 제공의 중복이라는 비효율성으로 인해 관련성 광고보다 정교화 광고가 더 효과적이라고 하였다(전성률·은희성 1999). 이러한 광고의 목적은 커뮤니케이션을 통한 인지도(awareness)를 제고하는 것으로, 비보조(unaided) 인지인 재인(recognition)과 보조(aided) 인지인 회상(recall)을 강화하는데 있다. 즉 얼마나 브랜드명을 인식하며 그에 따른 연상을 강화하여 즉각적으로 브랜드를 떠올리게 하느냐가 관건이다. 이러한 브랜드 인지를 강화시키고 확장브랜드에 대한 태도를 제고시키는 효과적인 광고가 동서양의 사고방식과 문화적 차이에 의해 달라질 것으로 판단된다.

관련성 광고는 소비자에게 모브랜드의 품질우수성과 긍정적 측면을 부각시켜 확장 브랜드와의 상호 관련성을 강조하는 광고이다. 이러한 관련성 광고의 커뮤니케이션 방식은 동양인의 전체적 사고방식과 상호 부합되기 때문에 동양인에게는 관련성 광고유형에 대한 호감이 높고 확장브랜드 인지를 높이는 데에 더 효과적일 것이다. 이는 동서양인의 회상실험에서도 증명되었는데, 배경과 함께 사물이 제시 될 때 동양인들은 배경과의 관계에 주목하여 전체로서 사물을 파악함으로써 보다 정확히 기억해 내는 경향이 있었다(Masuda and Nisbett 2001). 이와 같이 동양인에게는 관련성 광고가 관계와 맥락 지향적인(orientation to the context or field) 전체적 사고를 보다 원활하게 할 수 있도록 도와줌으로써 광고에 대한 호감을 제고시켜줄 수 있으며, 모브랜드의 우호적인 연상을 효과적으로 전이시켜 주고 확장제품의 호의적인 태도를 형성하는데 도움이 될 것이다.

이와 반대로, 정교화 광고는 모브랜드의 관련성을 강조하기 보다는 바람직하지 않은 신념이나 연상의 전이를 차단할 수 있도록 확장제품이 가지는 현저한 특성이나 속성 등을 강조하는 광고 유형이다. 분석적 사고를 하는 서양인의 사고방식은 정교화 광고가 더 효과가 있다. 서양인은 분석적 사고를 선호함으로써 맥락으로부터 대상을 분리하여 초점대상(focal object)의 특성에 대해 주목하는 사고방식을 취하며, 이러한 분석적 사고를 통해 인과관계, 회상, 인지평가를 보다 원활하게 할 수 있다. 이에 따라 브랜드 확장 시, 모브랜드와의 관련성을 강조하는 것보다 확장브랜드의 특성을 집중적으로 부각하는 정교화 광고가 서양인들에게 더욱 효과적이다.

제2절 글로벌 마케팅에의 적용

1. 표준화 전략과 적응화 전략

글로벌 마케팅에 있어 중요한 과제는 마케팅 계획과 프로그램을 글로벌 시장에 어느 정도 확장(표준화)시킬 수 있는지, 그리고 어느 정도 현지화(적응화)해야 할 것인지에 대해 인식하는 것이다(Keegan and Green 2015). 기업들은 이를 반영하여 글로벌 마케팅전략을 수행하게 된다. 국내 마케팅과 같은 단일 국가 마케팅(single-country marketing)에서는 전략 개발시 목표 고객의 선정과 마케팅 믹스의 개발을 가장 기본적인 이슈로 다룬다.

한편 글로벌 마케팅(global marketing)에서는 기본적인 이슈에 대한 고려는 같으나 상이한 관점에서 보고 있다(<표 III-5> 참고).

<표 III-5> 단일 국가 마케팅전략과 글로벌 마케팅전략의 비교

단일 국가 마케팅전략	글로벌 마케팅전략
목표 시장 전략	글로벌 시장 참여
마케팅 믹스 개발	마케팅 믹스 개발
- 제품	- 제품 적응화 또는 표준화
- 가격	- 가격 적응화 또는 표준화
- 촉진	- 촉진 적응화 또는 표준화
- 유통	- 유통 적응화 또는 표준화
	마케팅 활동의 집중
	마케팅 활동의 조정
	경쟁적 전술의 통합

자료원: Keegan and Green(2015), Global Marketing(8th ed.), Pearson Education

글로벌 시장 참여는 특정 기업이 주요 세계 시장에서 활동하는 정도를 의미한다. 표준화 대 적응화는 각각의 마케팅 믹스 요소가 다양한 국가에서 어느 정도 표준화 또는 적응화되어 있는가를 말한다. 예를 들어, 최근에 Nike는 유럽의 여성 고객을 타겟으로 의류 광고를 위해 슬로건을 "Here I am"으로 현지화하였다. 이처럼 그 지역에서 Nike의 유명한 "Just do it" 슬로건을 버리고 새 슬로건을 택한 이유는, 소비자 조사 결과 유럽의 대학생 또래의 여성들이 스포츠를 남성만큼 경쟁적인 것으로 느끼지 않았기 때문이다.

글로벌 마케팅전략은 마케팅 관리에 있어 세 가지 차원을 추가적으로 다루고 있다. 첫째, '마케팅 활동의 집중(concentration of marketing activities)'은 마케팅 믹스와 관련한 활동이 하나 또는 소수의 국가에서 얼마나 많이 이루어지고 있느냐의 정도를 말한다. 둘째, '마케팅 활동의 조정(coordination of marketing activities)'은 마케팅 믹스와 관련된 마케팅 활동이 전 세계에서 얼마나 상호의존적으로 사전에 계획되고 수행되었느냐의 정도를 의미한다. 마지막으로, '경쟁적 이동의 통합(integration of competitive moves)'은 세계 곳곳에서 이루어지는 기업의 경쟁적 마케팅 전술이 얼마나 상호의존적이냐의 정도를 말한다. 이런 점에서 글로벌 마케팅전략은 범세계적 차원에서 기업 성과를 제고시키는데 주력해야 한다.

오늘날의 기업들은 글로벌 마케팅 활동의 비중이 점차 커지고 중요해짐에 따라 국가와 문화의 영역을 초월하여 표준화된 마케팅전략을 전개할 것이지, 아니면 지역적 차이를 고려한 지역적 차별화 전략을 구사할 것인지, 또는 어느 정도의 혼합된 전략이 필요한가를 신중히 고려하여야 한다.

표준화된 전략을 지지하는 마케터들은 그 근거로 국가 간의 취향이나 가치가 서로 유사해지고 있다고 지적하고 있다. 또한 교통과 정보통신의 발달은 전 세계를 대상으로 유통과 광고 전달을 가능하게 하였다. 이러한 발달의 결과로 Coca-Cole나 Gatorade 등은 글로벌 상표로 자리잡았다. 대부분의 문화권에서 물질주의나 미의 추구, 건강, 안전과 같은 가치관들은 공통적으로 존재하기 때문에 이러한 가치들을 어떤 제품과 연결시킬 수 있다면 여러 국가에 걸쳐 표준화된 마케팅전략이 가능할 것이다. 예를 들어 Polaroid는 만국 공통어인 사진을 소재로 하여 표준화된 광고를 실시하여 성공을 거두었다. 즉 사진을 통한 의사소통은 여러 다양한 문화에 적합한 수단이므로 성공적일 수 있었다.

그러나 이러한 세계적 동질화 추세에도 불구하고 동일한 표준화된 제품으로 동일한 광고 캠페인을 사용하여 각 문화권에 마케팅을 하여 성공을 한다는 것은 흔치 않은 일이다. 제품이 아무리 보편적인 것이라도 대부분의 경우 그 지역의 관습이나 언어에 맞추어 약간의 변형이 필요하기 때문이다. 가장 널리 보편화된 제품인 Coca-Cola만 하더라도 완전히 표준화된 전략을 사용하지는 않고 있다. 일부 국가에서는 맛을 조금씩 수정한 제품이 출시되고 있다. 광고에서도 전 세계적으로 동일한 주제를 사용하고 있으나 각국에 맞게 조금씩 바꾸고 있다.

반면에 Parker사는 그들이 판매하고 있는 154개국에서 표준화된 마케팅전략을 사용한 결과, 도처에서 실패를 맛보기도 하였다. 일례로 스칸디나비아에서는 볼펜을 주로 사용하고 프랑스나 이탈리아에서는 모양이 좋은 펜을 사용하기 때문에 완전한 표준화된 전략으로는 고객들이 욕구를 충족시키지 못했기 때문이다.

<표 III-6> 표준화·적응화 전략 유형

	동일 (제품)	상이 (제품)
상이 (커뮤니케이션)	전략 2: 제품 표준화-커뮤니케이션 적응화	전략 4: 제품 적응화-커뮤니케이션 적응화
동일 (커뮤니케이션)	전략 1: 제품-커뮤니케이션 표준화	전략 3: 제품 적응화-커뮤니케이션 표준화

제 품

자료원: Keegan and Green(2015), Global Marketing(8th ed.), Pearson Education

글로벌 시장을 표적으로 하는 기업들은 제품, 촉진, 유통, 그리고 가격 등에 대한 전략을 국가별로 적응화할 것인지 아니면 세계적으로 표준화할 것인지, 그리고 표준화와 적응화를 동시에 할 경우 어느 정도 수준이 되어야 할 것인지를 결정해야 한다. 이러한 관점에서 적응화와 표준화라는 이분법적 접근 대신, 어떤 요소를 어느 정도 표준화할 것인가에 대한 접근 방식에 대체로 동의하고 있다. <표 III-6>은 자국을 기반으로 다른 지역에 시장 확대를 꾀하는 기업들이 선택할 수 있는 전략적 대안을 유형화한 것이다.

1) 표준화전략

비교문화상의 차이가 큰 경우는 국가별로 다른 전략을 취해야 효과적일 것이다. 그러나 그 제품이 전 세계적으로 소구되고 있다면 국가의 영역을 초월하여 여러 국가에서 공통적인 포지셔닝전략에 따른 촉진전략을 사용할 수 있다. 표준화전략의 근거로는 우선 표준화에 따른 규모의 경제성을 들 수 있다. 일례로 코카콜라는 국가 간에 유사한 광고를 실시함으로써 연간 800만 달러를 절감하고 있다.

글로벌 마케터는 어떤 특정 제품이나 해외시장에 한 가지 전략을 구사할 것인가, 또는 그 시장의 차이를 고려하여 각각의 마케팅 전략을 구사할 것인가를 결정해야 한다. 표준화전략을 구사하는 경우 소비자들의 욕구는 근본적으로는 동일하다는 가정을 한다. 이러한 이유로 범세계적인 소구를 가지는 글로벌 마케팅 캠페인은 어느 시장에서나 효과적이라고 생각한다. 아름다워지고 싶은 욕구는 모든 사회에 공통적이며, 고통으로부터의 해방과 건강한 신체, 모성애와 같은 것에는 국경이 없는 공통적인 욕구이다. 즉, 서울에 있는 젊은 여성이건 뉴욕에 있는 젊은 여성이건 아름다워지기 위하여 꾸미고 싶은 욕구는 모두 같다고 가정한다.

McDonald's, Pizza Hut, Coca-Cola, Black & Decker, Gillette, Goodyear 등의 글로벌 기업들은 표준화전략을 취하는 대표적인 기업들이다. 이들은 자신들의 제품이 범세계적 소구를 가지고 있다고 믿고 있기 때문에 표준화 전략을 취하고 있다. 그들은 광고 등에서도 동일한 주제로 광고를 하고 보완을 하기 때문에 글로벌 제품 이미지를 형성시키고 제품군에서 경쟁적 우위를 확보할 수 있었다. Coca-Cola는 이것을 같은 모양, 같은 배경, 같은 소리라고 요약하면서 소비자가 자국이나 외국이든 간에 같은 광고를 계속 보완하게끔 전략을 취하고 있다.

한 가지 광고에서 같은 주제로 계속 광고를 하게 됨으로 그 제품

범주에서 경쟁적 우위를 확보하게 됨과 동시에 범세계적인 이미지를 구축할 수 있다. 그렇게 함으로써 소비자들은 국내에 있든지 외국에 여행을 하든지 같은 광고에 의해 계속 소구되는 것이다.

범세계적인 표준화 전략은 여러 국가의 소비자들이 유사한 욕구와 소비 행태를 가지고 있는 경우에만 성공할 수 있다. 그러나 많은 마케터들은 각각 다른 시장에서 표준화를 통한 동일 전략을 취한다는 것은 최소한의 공통분모만 추구하게 되는 것으로 생각하여 회의적인 견해를 보이기도 한다. 그러나 범세계적인 표준화 전략은 현지화 전략에 중요한 대안인 것은 틀림없으며, 오늘날의 세계가 경계적 구분의 의미가 옅어지고 있는 현실을 감안해 볼 때 표준화 전략의 조건인 국가간의 유사한 욕구와 가치 등은 점점 명백해지고 있다.

일반적으로 광고보다는 제품 자체에 대해 표준화 전략을 사용하는 것이 보다 용이하다. 제품은 국가마다 변화시킬 필요가 없는 경우가 많으나 광고는 일반적으로 현지 상황에 맞추어 언어나 상징이나 이미지를 선별하여 변형하여야 할 경우가 많기 때문이다.

많은 기업들은 각 국가에 표준화된 동일 제품을 판매한다. Black & Decker가 판매하는 공구들은 각 나라에 적합한 전압과 전력에 맞게 수정만 하였을 뿐 동일한 제품들이다. 우리나라에도 들어와 있는 McDonald's는 감자튀김의 맛을 전 세계에 있는 점포에서 맛을 동일하게 내기 위해 철저하게 해당 지역의 감자의 품질을 규정함으로써 표준화된 제품을 제공하고 있다.

광고에도 표준화전략을 취하는 기업들이 있다. Visa의 경우 광고도 언어만 바꾸었을 뿐 전 세계에 공통적으로 동일한 광고를 실시하였으며, 글로벌 면도기 브랜드인 Gillette 역시 북미와 유럽에서 동일한 광고를 집행하였다. 그러나 일반적으로 대부분의 표준화된 광고도 어느 정도는 그 지역의 관습에 맞게 수정을 한다. 또한 Phillip Morris는 전 세계적으로 말보로담배 광고에 카우보이를 등장시키지만 지역적 차이에 맞게 수정을 하였다. 홍콩에서는 말 타는 카우보이가 홍콩인에서 낯설게 느껴지므로 말 대신 말쑥한 옷을 입은 카우보이가 픽업 트럭을 탄 광고를 실시하였다. 또 다른 나라에서는 카우보이를 등장시킬 수 없어서 말보로의 이미지를 살리기 위하여 말안장이나 부츠와 같은 것을 광고에 사용하였다.

국가간 매체의 확산 또한 위성방송이나 인터넷과 같은 국가의 영역을 벗어난 매체가 확산되어 광고 캠페인의 표준화가 가능해졌다. 우리나라에서도 위성방송을 통하여 영국의 BBC나 일본의 NHK 같은 방송 시청이 일반화되고 있는 상황이다. 이를 통해 LG나 삼성의 CNN 방송을 통한 광고 등과 같이 아시아 지역의 여러 나라에 표준화된 광고가 가능하다.

이러한 표준화와 관련하여 Coca-Cola의 경우 콜라라는 동일한 제품으로 표준화하고 핵심 컨셉을 전달하는 과정에서도 세부적으로 약간씩 차이가 있기는 하지만, 핵심 메시지는 전 세계적으로 동일하게 청량음료로서의 상쾌함으로 정하고 북극곰과 산타클로스를 세계 어디에서나 동일한 상징으로 정하였다. 이렇게 코카콜라는 북극곰과 산타클로스의 이미지처럼 기쁨과 친근함을 전달하고자 함으로써 표준화전략의 성공적 사례로 꼽히고 있다. 반대로 WalMart는 한국 소비자의 쇼핑특성 및 식생활 습관을 고려하지 않은 제품전략으로 제품 표준화에 실패하였으며, 미국의 커뮤니케이션 컨셉을 한국민의 정서를 고려하지 않은 채 그대로 사용함으로써 결국 전략적인 실패를 초래했다.

2) 적응화 전략

앞서 언급한 바와 같이 글로벌 마케팅을 실시하는 기업은 적응화 전략이나 표준화 전략 아니면 그 중간 형태의 결합된 마케팅전략을 취하여야 한다. 이러한 전략적 의사결정은 기업의 성패에 대단히 중요한 전략적 요소로서, 규범이나 취향 또는 가치 등이 얼마나 동질적인가에 따라 그리고 국가 간의 문화적 차이가 얼마나 큰가에 따라 그 결정이 이루어져야 한다. 구체적으로는 제품특성, 유통, 프로모션 등에 따라 해당 국가의 특성에 맞추는 철저한 적응화 전략을 취할 수도 있다. 그러나 이러한 전략은 각 국가마다 서로 다른 마케팅 캠페인을 실시하는데 따르는 비용 부담에 직면할 수 있다.

또 다른 극단적인 경우는 완벽하게 동일한 표준화전략을 취하는 방법이다. 이러한 방법은 전 세계적으로 동일한 이미지를 형성하고 규모의 경제를 이룰 수 있다는 점에서 중요하지만, 대개의 경우 현지 상황에 어느 정도 적응을 하는 전략이 필요한 경우가 많다.

두 가지 극단적인 전략의 중간 형태를 유동적 표준화전략이라 한다. 유동적 표준화 전략이란 국가 간의 마케팅 전략을 표준화하나 현지의 상황을 판단하여 이에 맞게 전략적 요소들을 유동적으로 수정하는 방식을 의미한다. 이는 상대적인 개념으로 기업마다 자신들의 특성에 따라 상대적으로 더 현지화된 전략을 취하기도 하고 더 표준화된 전략을 취하기도 한다.

기업이 지역의 특성을 이해하지 않고 범세계적으로 완전히 표준화된 전략을 구사할 경우, 마케팅전략의 실패를 경험할 수 있다. 국가 간에는 취향이나 관습 또는 제품사용 등에 차이가 크기 때문에 별도의 마케팅전략 또는 프로그램을 실시해야 하는 경우가 많은데,

이를 현지화 전략이라고 한다(김세범 등 2015). McDonald's 같은 기업도 미국에서는 청량음료만 판매하지만, 독일에서는 맥주를, 프랑스에서는 포도주를, 홍콩에서는 망고 밀크쉐이크를, 그리고 필리핀에서는 그 지역의 국수집과 경쟁하기 위해 스파게티를 판매한다.

광고 뿐 아니라 제품전략도 현지화 할 수 있다. Proctor & Gamble사는 국가마다 집안을 청소하는 방법이 다르기 때문에 제품 개발 시점부터 현지화전략을 취하는 경우가 많다. 즉 제품의 향기를 다르게 하기도 하고 성분도 바꾸기도 한다. 가장 잘 팔리는 제품을 미국에서는 낮은 온도에 적합하게 만들었고 독일에서는 높은 온도에 오래 담가두는 데 맞게 생산하였으며, 일본에서는 작은 세탁기에 짧은 시간에 빨래가 되도록 만들었다. 국가에 따라 음식 제품도 변형하여 생산된다. 캔으로 된 콩제품을 만드는데 미국이나 유럽에서는 닭고기나 소고기 맛 수프에 넣어 만들었으며, 멕시코에서는 토마토와 새우맛, 케냐에서는 칠리맛, 아일랜드에서는 양고기맛, 태국에서는 돼지고기 맛 등 다양한 그 지역의 식성에 맞게 제품전략을 구사하였다.

많은 기업들은 광고도 이러한 지역적 차이를 고려하여 제작한다. Renault사는 같은 자동차를 여러 유럽 국가에 소비자의 차이를 파악하여 각기 다른 점을 강조하였다. 일례로 포르투칼에서는 성능을, 프랑스에서는 안전을, 스페인에서는 자아이미지를, 이탈리아에서는 스타일을 강조하였다. 이러한 지역적 차이 때문에 많은 기업들은 광고 캠페인을 현지에 있는 그들의 자회사에 맡기고 있다. 미국의 Quaker사는 각 국가마다 식품에 대한 취향과 입맛이 다르기 때문에 현지에 나가 있는 지점에서 제품과 광고에 대한 의사결정을 하도록 하고 있다. 일본의 전자제품회사인 Sanyo는 73개의 그들의 자회사가 제품 라인이나 마케팅전략을 스스로 선택하도록 하고 있다. 각 국가의 Sanyo 제품에 공통적으로 적용되는 것은 제품의 품질 규정과 로고 뿐이다.

또한 Pizza Hut의 경우 한국에서 제품 현지화와 커뮤니케이션 현지화 모두 성공적으로 평가받고 있는데, 고구마로 테두리를 두른 리치골드, 매운 김 등을 넣은 핫&스위트 피자, 고추장 불고기 등을 한국인의 입맛에 맞춘 다양하고 새로운 메뉴를 개발하였으며, 커뮤니케이션 과정에서도 한국인의 모델과 한국인의 정서에 적합한 메시지를 사용해 긍정적인 효과를 가져왔다. 국내 기업인 이마트의 경우 중국시장에서 성공적인 현지화 전략을 구사하고 있다. 그 방안 중의 하나로 현지인 특성을 고려해 거북이, 생선, 미꾸라지, 양고기 등을 직접 만져보고 원하는 부위를 구매하도록 하고 있으며, 프로모션 과정에서도 중국인이 좋아하는 색상을 고려한 프로모션 전략을 구사하고 있다.

3) 적응화와 표준화 믹스전략

적응화와 표준화를 믹스함으로써 각 시장의 문화적 상황에 대처하는 전략에는 구체적으로 제품 표준화-커뮤니케이션 적응화 전략과 제품 적응화-커뮤니케이션 표준화 전략을 들 수 있다. 우선, 제품 표준화-커뮤니케이션 적응화 전략의 경우 제품은 변경하지 않고 커뮤니케이션을 현지 사정에 맞게 바꾸는 것으로, 현지 환경의 차이로 인해 동일한 제품이 해외 시장에서는 본국과 아주 다른 기능을 제공하거나 상이한 욕구를 충족시켜 줄 경우 수행하는 전략이다. 예를 들어 미국에서 레저용인 자전거가 네덜란드에서는 기본적인 운송수단으로 통할 경우 커뮤니케이션 전략을 수정해야 할 것이다. 한편 제품 적응화-커뮤니케이션 표준화 전략은 반대로 현지의 시장상황이나 현지 제품믹스 전략 등으로 인해 자사의 제품 포트폴리오에 새로운 제품을 추가하거나 새롭게 추가된 제품의 브랜드자산을 활용하기 위해 현지 브랜드를 그대로 사용하는 전략을 취하게 된다.

4) 유동적 표준화전략

글로벌 마케팅에서 표준화와 현지화의 중간 형태의 전략을 취하는 경우가 점차적으로 증가하고 있다. 이러한 표준화와 현지화의 조화를 유동적 표준화(flexible standardization)라고 한다. 이 전략에 따르면 기업은 전반적인 마케팅전략을 설정한 후, 실제 집행은 현지의 특성과 관습을 잘 알고 있는 현지 시장의 책임자가 담당하는 것이다. 본부는 제품의 전반적인 포지셔닝전략만 제시하고 세부적인 것은 현지 경영에 일임하는 것이다. 이에 따라 해외 현지 경영자가 광고에서의 포지셔닝과 매체 계획, 홍보, 판매 촉진 등을 담당하게 된다. 즉, 전략은 기업 수준에서 작성되나 전술은 현지 수준에서 개발하게 된다.

이러한 유동적 표준화는 광고에서 뿐 아니라 제품전략에서도 이용할 수 있다. GM과 Ford도 높은 고정비용을 상쇄하기 위해서는 규모의 경제성이 요구되기 때문에 유동적 표준화정책을 취해 왔다. 이들은 일부 차종에 대해 몸체는 표준화된 형태로 공통으로 사용하고, 부품, 외장, 내장 등은 현지의 사정에 맞게끔 변경이 가능한 형태로 제작하였다. AMEX 카드도 국가마다 취향과 가치가 다르기 때문에 신용카드를 마케팅 하는데 어려움을 겪었다. 이에 따라 범세계적 전략은 본사에서 정하고 주제에 맞게 광고 캠페인을 작성하도록 지사에 일임하였다. 예를 들어 범세계적인 주제는 "회원은 특권이 있습니다" 이지만 일본어로는 "회원만을 위한 마음의 평화"라고 광고를 하였다.

〈사례〉 서구의 글로벌 기업들이 중국의 디지털 시장에서 고전하는 이유

중국의 디지털 시장은 7억명이 넘는 인터넷 사용자들을 기반으로 폭발적으로 성장하고 있다. 서구의 선도 기업들은 이 기회의 땅을 선점하기 위해 글로벌 시장에서 큰 어려움 없이 자사의 디지털 상품과 플랫폼, 비즈니스 모델을 전개한 후에 중국 시장을 노크하였다. 하지만 21세기의 문이 열리자 본격적으로 시작된 서구 기업들의 중국 디지털 시장 진출은 여전히 고전을 면치 못하고 있다. 일례로, 이베이(eBay)는 2002년 중국에 진출한 후 바로 70%의 시장점유율을 차지하였으나, 5년후 10%를 밑도는 점유율로 급락하였다. 아마존은 2004년 중국 온라인 서점인 조요닷컴(Joyo.com)을 인수하면서 야심 차게 중국 시장 진출을 알렸으나, 2008년 아마존의 시장점유율 15%에서 현재 1% 미만에 그치고 있다. 또한 마이크로소프트는 MSN 차이나 출범 후 중국 비즈니스 사용자 중 53%의 점유율을 기록하였으나, 2004년 중국 텐센트(Tencent)의 큐큐(QQ)와 위챗(WeChat)의 공세에 밀려 점유율 5% 미만을 기록하며 시장 철수를 결정하였다. 한편 세계 최대 온라인 단기 숙박 공유 플랫폼인 에어비앤비는 2015년에 중국에 진출한 이후 현재에도 중국 경쟁사들에 한참을 뒤져있다. 2017년 기준 에어비앤비가 보유한 대여 객실 수는 15만실임에 비해 시장 1위인 투지아닷컴(Tujia.com)의 등록 객실은 65만개에 이르고 있다.

이처럼 세계적인 선도 기업들이 왜 중국에서는 고전을 면하지 못하고 있는 것일까? 이에 대한 해답을 찾기 위해서는 뒤늦은 출발에도 현재의 중국 디지털 시장으로 급속히 발전하기까지의 과정적 특징을 중심으로 이해할 필요가 있다.

중국 디지털 시장에서의 핵심성공요인들은 중국이 디지털 시대에 들어섰을 때 부상한 것이다. 즉 출발점 자체가 달랐는데, 다른 서구 국가와 달리 디지털 쓰나미가 중국에 밀려들었을 때 중국 경제는 미성숙한 상태였다. 오프라인 상품들이 한정되어 있으며, 물적 인프라의 부족과 함께, 결제 시스템 같은 디지털 시장에서의 필수 요소들도 갖추어져 있지 않았다. 말하자면, 중국에서는 디지털 기술이 기존 솔루션에 대한 파괴적 대안이 아니라 소비를 가로막는 장애물인 근본적인 병목현상들을 제거하는 해결방안이 되었다.

이런 상황에서 중국의 디지털 시장은 유례없이 빠르고 역동적으로 성장하였다. 나아가 디지털 시장을 지배하기 위한 '필승 전략'은 현지화, 속도, 온라인과 오프라인의 통합, 현지 생태계 개발 등의 측면에서 독특한 특징을 갖는 것으로 밝혀졌다. 이러한 독특한 특징에 대해 서구 기업들이 꼼씹어 보아야 할 시행착오적 교훈을 살펴보면 다음과 같다.

첫째, 현지화이다. 중국 시장을 잠식하고자 하는 기업들은 현지 수요와 욕구의 독특한 패턴에 맞는 온라인 솔루션을 개발해야 한다. 중국의 인터넷 회사들은 그런 혁신을 받아들이는데 능숙하였다. 예를 들어 전자상거래의 초창기 때 판매자와 구매자간 신뢰부족이 유통 채널에 큰 장애요인이 되고 있었는데 이때 타오바오가 에스크로(escrow) 거래라는 솔루션을 선보였다. 이것은 소비자가 피해를 입게 되어도 판매자가 전액 보상해 주는 서비스이다. 이베이도 에스크로

정책에 대응하기 위해 비슷한 서비스를 도입했지만 보상 범위와 보상액이 제한적이었으며, 시행시점도 늦게 이루어졌다. 또한 글로벌 기업들이 중국 시장에서 디지털 전쟁에 승리하려면 현지 조직에 힘을 실어주어야 한다. 즉 현지조직이 혁신을 이루고 현지 R&D 활동에 참여하면서 선진국 시장 환경에 맞게 설계된 본사의 글로벌 운영모델을 적절히 조정할 수 있는 환경을 마련해 주어야 한다.

둘째, 속도이다. 중국의 디지털 기업들은 기존 산업들의 발전을 가로막았던 장애요인들을 적극적으로 해결하면서 애플리케이션 중심의 사업을 벌여 왔다. 예를 들어 알리페이의 경우 모바일 결제 플랫폼 뿐 아니라 외래 환자들을 위한 온라인 서비스부터 자동차 보험까지 수직적 관계에 있는 여러 산업에서 다양한 혁신 어플리케이션을 출시했다. 그러나 페이팔(PayPal)은 이런 움직임에 동참하지 않았다. 이런 애플리케이션 개발에 대한 진입장벽은 상대적으로 낮아 경쟁자들은 주로 속도로 경쟁하게 된다. 즉 중국 시장에서 성공하고자 하는 글로벌 온라인 기업들에게는 빠른 의사결정이 중요하다는 점을 시사한다. 서구의 기업들은 규모를 절대적이거나 중요한 경재 우위로 여기는 대신 발전 속도나 혁신 비중을 그만큼 중요하게 받아들여야 한다.

셋째, 온라인과 오프라인의 통합이다. 중국 시장에서 인터넷 기업들은 후발시장에서 일어나는 갈등을 최소화하기 위해 오프라인 사업도 선별적으로 운영할 필요가 있다. 예를 들어 에어비앤비가 오로지 온라인 사업만 벌이는 것은 중국의 단기 숙박 임대 시장에 맞지 않다. 개인 신용평가시스템이 정착되지 않은 상태에서 중국의 집주인 대부분은 자신의 공간에 낯선 사람들을 들이려 하지 않는다. 게다가 중국은 도시나 지역에 따라 소득이나 경제 수준의 격차가 커

숙박의 품질 측면에서 볼 때도 개인 사업자들이 호텔과 같은 전문 숙박업자들과 경쟁하기는 사실상 어렵다. 이에 따라 에어비앤비와는 대조적으로 중국 숙박 공유 시장의 선두 주자인 투지아(Tujia)는 사용자 경험을 관리하기 위해 오프라인 서비스를 대거 도입하였다. 예를 들어 부동산 개발업자들과 계약을 맺어 주택을 확보한 후 투지아가 관리인으로서 그 주택을 임대하기도 한다. 또한 집주인 대신 전문 청소 서비스, 방범시설 설치, 보험 서비스도 제공하고 있다. 2016년 기준 투지아는 중국에서 고객 서비스 담당 직원만 5,000명을 보유하고 있는 반면, 에어비앤비의 중국 내 서비스 담당 직원 수는 겨우 60명이다.

넷째, 현지 생태계 개발이다. 중국에는 제대로 확립된 오프라인 솔루션이 부족하다는 측면에서 중국 디지털 시장에는 생태계에 기반한 접근방식이 필요하다. 예를 들어 텐센트와 알리바바의 강력한 결제 서비스 및 소셜 네트워크 생태계는 디디추싱의 성공을 이끄는 역할을 했다. 디디 이용자들은 위챗과 알리바바의 딩톡(DingTalk) 같은 소셜 채널로 끊임없이 공유한다. 중국 시장에의 진입장벽을 넘어서기 위해서는 해외 기업들도 현지 파트너들과 적극적으로 협력해야 한다. 우버는 이러한 협력 작업을 제대로 하지 않은 결과, 시장 장악에 실패했다.

이상의 실패를 교훈삼아 일부 글로벌 기업들이 최근 중국 시장에 대한 새로운 접근을 꾀하고 있다. 일례로 에어비앤비는 중국 현지법인에 사업 운영에 대한 재량권을 부여하는 한편 현지 인력 규모를 확충하고 있다. 이처럼 에어비앤비가 미국을 제외하고 현지화 상품과 자체 기술 인력을 보유한 시장은 중국이 유일하다.

중국 시장에서 승리하는 방법을 배우면 에어비앤비와 같은 글로벌 디지털 기업들이 중국과 비슷한 출발선에 있는 다른 시장에서도 경쟁력을 높일 수 있다.

이상의 중국 디지털 시장의 사례를 통해 진출 상대국의 시장에서 경쟁하는 글로벌 기업들이 상대국의 톡특한 시장에 맞춤화된 전략을 택해야 하는 이유를 확인할 수 있다.

자료원 슈 리·프랑수아 칸델론·마틴 리브스(2018), "디지털 전쟁 승리, 중국에 답 있다," 동아비즈니스리뷰, 260, p.116-120. 내용 수정 및 재구성

2. 문화적 차이와 글로벌 마케팅전략

글로벌 시장에서 적응화나 유동적 표준화전략을 성공적으로 실시하기 위해서는 현지 시장의 욕구나 관습을 정확하게 파악하여 마케팅 전략에 이용하여야 한다. 이러한 적응전략은 특히 제품전략을 위시한 마케팅믹스 전략을 수립하고 구사하는데 있어 매우 중요하다. 마케팅전략 구성에서 성공과 실패사례들을 살펴보면 이러한 문화적 차이의 중요성을 잘 이해할 수 있다.

해외 마케팅을 수행하는 마케터가 현지문화에 적합한 마케팅 믹스를 개발하는 데 필요한 시사점을 도출하기 위해 점검해야 할 문제를 정리해 보면 다음의 <표 III-7>과 같다(김세범 등 2015). 즉 해외의 소비자는 국내의 소비자와 상이한 소비패턴을 갖고 있으며, 그곳에서 판매될 수 있는 제품의 형태도 다르다. 예를 들어, 경제발전의 수준이 유사함에도 불구하고 이웃하는 유럽 국가들 사이에는 가계용품의 소유상태가 판이한데, 이러한 소비패턴은 경제적 차이보다는 문화적 차이에 기인하는 것이다.

<표 III-7> 현지에 적합한 마케팅 믹스 전략 수립시 점검해야 할 문제

◆ 관련된 시장 내에서 문화적 가치와 그의 변화추세를 예측하고 결정한다.

일반적인 시장과 표적시장 내에서 보편적으로 보유되고 있는 문화적 가치는 무엇인가?
관련된 문화 내에서 가치가 변화하는 속도와 방향은 어떠한가?

◆ 현지문화에 관련시켜 제품개념을 평가한다.

이러한 제품개념이 현재 및 앞으로 등장할 문화적 가치와 조화를 이루는가? 이러한 제
품의 소유자와 문화적 가치의 갈등이 존재한다면 제품이 적절하게 변경될 수 있는가?
긍정적인 문화적 가치들과 제품이 어떻게 동일시될 수 있는가? 현지문화의 구성원들에
게 이 제품은 어떠한 욕구를 충족시켜 줄 수 있는 이러한 욕구를 현재 충족시켜 주는
경쟁제품 및 상표는 무엇인가?

◆ 전형적인 구매의사결정 패턴을 결정한다.

제품에 대해 소비자들은 어떻게 의사결정을 하는가? 구매의사결정과 사용에는 어떠한
사람들이 포함되는가? 이러한 과정에서 각 사람은 전형적으로 어떠한 역할을 수행하는
가? 어떠한 평가기준과 정보원천을 사용하는가? 혁신의 수용에 대한 태도는 어떠한가?
이 제품의 구매와 사용에 관해 어떠한 문화적 가치들이 조화되고 상반되는가?

◆ 적절한 촉진방법들을 결정한다.

소비자들에게 광고하기 위해 가용한 매체는 어떠한 것들이 있는가? 광고가 그 문화 내
에서 어떻게 지각되고 있는가? 문화 내에서 이 제품을 위해 가장 관련성 있는 소구는
무엇인가? 다양한 집단에 도달하기 위해 상이한 언어가 사용되어야 하는가? 판매나 광
고전략의 수립에서 고려해야 하는 어떠한 금기가 있는가? 문화 내에서 판매원의 역할은
무엇인가?

◆ 적절한 유통경로를 결정한다.

이 제품에 대한 전형적인 유통경로는 무엇인가? 이 제품을 취급하기 위해 유능한 경로
기관이 존재하는가? 소비자들이 쉽게 수용할 새로운 경로의 기회가 존재하는가? 이 제
품을 쇼핑하는 활동의 본질은 무엇인가?

자료원: 김세범 등(2015), 소비자행동론, 명성사

기업이 해외시장에 진출해 마케팅활동을 전개하려 할 때 일반적
으로 두 가지 요인을 감안해야 한다. 하나는 기업이 모국 또는 타 국
가에서 습득한 경쟁우위를 현지 시장에 이전해야 하는 것이고, 또
다른 하나는 현지시장 여건에 마케팅활동을 적응시키는 현지화를
해야 한다는 것이다(한충민 2011).

우선 글로벌 마케팅에 성공하기 위해서는 기업이 현지에 '이전 가능한 경쟁우위'를 보유하고 있어야 한다. 경쟁우위란 그 기업만이 보유하고 있는 경쟁력으로 브랜드 파워, 제품력, 가격경쟁력, 유통력, 마케팅 노하우 및 경험 등이 이에 해당된다. 이러한 경쟁우위를 현지시장에 이전하지 않고서는 기업들이 친숙하지 않은 현지시장에서 생존하기 어렵다.

예를 들면 농심 '신라면'이 중국 시장에서 중국 현지 제품과 경쟁하는 상황에서 신라면만이 가지고 있는 마케팅 지식이나 라면의 독특한 맛, 즉 정체성을 이전하지 않은 채 차별성을 확보하기가 쉽지 않다. 라네즈 화장품이 중국에서 성공한 이유로 한국에서의 시장 경험을 현지에 이전시킬 수 있었던 점을 들 수 있으며, 코리아나 화장품은 한국에서의 성공 요인인 방문판매를 중국에 접목시키지 못함으로 인해 어려움을 겪었다고 볼 수 있다. 이러한 사례를 통해 이전 가능한 경쟁우위의 중요성이 입증되고 있다(한충민 2011).

하지만 이전 가능한 경쟁우위에 대한 평가 결과는 지역에 따라 다를 수 있다. 한국 기업이 이전 가능한 경쟁우위는 선진국 시장으로는 다소 제한적이기는 하지만, 아시아 등의 신흥국 시장에서는 충분한 이전 가능성의 여지가 있다. 즉 한국 기업의 글로벌 마케팅전략에 있어 선진국에는 적응화 전략, 신흥국에서는 표준화 전략이 보다 용이할 것이다. 특히 신흥국 시장에서의 표준화 전략은 시장 진입 초기에 더욱 효율적일 수 있다. 즉 현지화에 따르는 추가 비용을 절감하고 한국과 기진출 시장에서의 성공모델을 이전시킴에 따라 실패에 따른 리스크를 줄일 수 있다.

기업은 해외시장 진출을 고려할 때 기업이 보유한 경쟁우위 요소들을 진출하려는 현지시장에 이전하면서 현지 소비자의 반응, 경쟁상태 및 제반 정치, 경제, 사회문화적 환경 등을 고려하여 현지에 특화된 마케팅전략을 수행해 나가야 한다. 여기서 중요한 점은 두 가지 요인에 대한 상대적인 비중을 결정하는 것인데, 경쟁우위 요인에 높은 비중을 두는 것은 표준화 전략, 즉 순수한 의미에서의 글로벌 전략을 선택하는 것이며, 반대의 경우는 현지화 전략을 선택하는 것이다.

극단적인 형태의 표준화나 현지화는 이론적으로든 현실적으로든 바람직한 대안이라고 보기는 어렵다. 결국 양 극단 사이에서 적절한 위치를 찾는 것이 경영자의 과제라고 할 수 있다.

표준화와 현지화 간의 조정은 진출 방법에 대한 결정과정에서 뿐 아니라 진출 이후의 기업운영 방식, 마케팅 활동에 대한 의사결정에도 지대한 영향을 미친다. 기업이 마케팅 활동의 현지화 정도를 강화하면 현지 소비자들의 차별적인 니즈를 충족시켜 만족도를 높일 수 있지만, 상대적으로 높은 비용이 발생하고 브랜드가 가지고 있는 고유의 정체성이 모호해질 수 있다. 따라서 기업은 상대적인 장단점들을 충분히 고려하여 마케팅 활동의 현지화 정도를 결정해야 할 것이다(한충민 2011).

1) 제품전략

글로벌 마케터들은 종종 현지의 관습이나 취향을 무시하고 제품 수정을 하지 않아 실패를 경험하기도 한다. 일례로 미국의 빵가루를 영국에서 마케팅을 실시할 때 그들은 영국의 소비자들은 미국식의 모양 좋은 케이크 보다는 전통적으로 차와 잘 어울리는 폭신하고 투박하게 생긴 케이크를 선호한다는 것을 무시하여 실패하였다. 이러한 문제를 피하기 위하여 각 새로운 시장에서 기업 제품의 물리적인 특성이 합당한지를 살펴보아야 한다. 제품전략의 실패의 또 다른 예로는 미국의 Campbell을 들 수 있다. Campbell은 영국에 농축스프의 진출을 시도하였으나 현지 시장에 적응하지 못함으로써 마케팅에 실패하였다. 영국 소비자들은 즉석스프에 익숙해 있었지만 농축스프라는 개념은 잘 모르는 상태였다. 농축스프의 용기로 사용되는 캔은 영국 소비자들에게 용량이 충분하지 못한 것으로 지각되었을 뿐 아니라, 진출 초기에 Campbell사는 영국 소비자들에게 농축스프에 물을 첨가해야 함을 적절히 설명하지 못하였으며, 용기도 영국인 기호에 맞게 수정하지 않았다.

스위스의 다국적기업인 Nestle사는 각 해외시장의 특성에 맞추기 위하여 60종류 이상의 커피를 만들어 내었다. Nestle사는 또한 최초로 냉동건조 커피를 개발하였으나 General Foods사가 냉동건조 커피 맥심을 미국 시장에 도입할 때까지 미국 시장진입을 늦추었다. 그리고 미국 시장에서는 유럽 시장에서 성공하였던 전통적인 Nescafe라는 상표가 아닌 미국인에 맞는 새로운 상표의 필요성을 인식하고 Taster's Choice라는 상표명을 선택하여 성공을 거두었다.

자국의 상표명이 외국어로 어떤 의미를 갖는지도 세심한 주의를 기울여야 한다. 예를 들어 Colgate-Palmoliv는 프랑스에서 Cue 치약을 진출시킬 때 제품명으로 곤란을 겪었다. Cue는 당시 프랑스의 포르노 잡지의 이름이었다.

또한 색상은 문화에 따라서 서로 다른 의미를 가지는 경우가 많으므로 제품전략에서 고려해야 할 중요한 변수의 하나이다. 가령, 노란색 향수는 아프리카에서 실패하였는데, 이는 아프리카 소비자들은 노란색 향수를 동물의 소변으로 인식하기 때문이었으며, 이후 향수

색을 녹색으로 바꾸고 나서야 시장에서 성공을 거둘 수 있었다. General Foods도 범세계적으로 판매하는 빨간 통으로 된 Maxwell House 커피가 일본에서는 불을 판매하는 것으로 인식되어 색상을 변경하였다.

그러나 Levi's는 일본에서 미국에서 사용한 전략을 그대로 사용하여 501종의 청바지 의류 마케팅에 큰 성공을 거둘 수 있었다. 미국에서 Levi's사가 사용한 전략이 일본의 10대 청소년들과 젊은 성인들에게 들어맞았기 때문이다. Levi's사는 미국의 진설적인 영화배우인 Jone Wayne, Marilyn Monroe, James Dean 등이 청바지를 입고 있는 모습과 "Heroes wear Levi's"라는 광고 문구를 같이 제시함으로써 큰 성공을 하였다.

미국의 여행 안내 앱인 트립어드바이저(TripAdvisor)는 여행지나 호텔 등에 대해서 사용자가 작성한 리뷰를 제공하는 글로벌 브랜드로, 2009년에 중국 시장에 진출하면서 상품과 브랜드의 현지화에 보다 집중하여 매해 성장을 거듭하고 있다(Liu 2016).

과거 트립어드바이저는 자사의 글로벌 상품이 출시된 시점에 맞춰 중국에도 같은 서비스를 제공하는 표준화 전략을 수행해왔으나, 현재는 중국인들의 선호가 일반적인 해외 고객들과는 다르다는 것을 인지하고 2015년 리브랜딩 캠페인을 시작으로 현지화 전략에 보다 무게를 두고 전략을 재조정하고 있다. 트립어드바이저의 현지화 전략에 대해 구체적으로 살펴본다.

트립어드바이저의 현지화 전략은 중국에 새로운 스타트업을 설립하는 것이 아니라 자사 콘텐츠만의 장점을 활용해 중국 여행객들이 선호하는 방식으로 제공되었다. 중국 트립어드바이저에서 활용하는

데이터베이스는 글로벌 본사에서 활용하고 있는 것과 같다. 다만 사용자 리뷰를 중국어로 번역하여 제공한다는 점에서 차이가 있다. 이는 영어에 능통한 중국인이라도 여행 시에는 중국어로 된 리뷰를 더 선호한다는 조사 결과를 반영한 것으로, 중국어 리뷰 서비스를 제공하기 위해 리뷰를 번역할 2만여 명의 지원자를 모집하는 프로그램을 실시하였다.

또 다른 핵심적인 부분은 정보를 구조화하여 제공하고 있다는 점이다. 중국인들은 구조화된 정보를 선호한다. 예를 들어 5일 혹은 7일짜리 여행을 계획할 경우 일자별로 어떤 활동을 할지, 어떤 경로로 이동할지에 대해 명확하게 제공되는 스케줄을 선호한다. 이는 중국 여행객들이 타국 여행객들 대비 해외 여행지에서 그들이 느끼는 언어적·문화적 장벽이 더욱 높기 때문이며, 직접 자신의 관심사를 검색하는 타국 여행객들과는 달리 해외여행 시 꼼꼼하게 준비해서 안심하고 움직일 수 있기를 원한다.

또한 콘텐츠에 있어서도 트립어드바이저의 글로벌 버전과 중국어 버전의 확연한 차이는 앱 상의 사진의 숫자인데, 이는 중국인들은 사진과 같은 단순한 시각적인 자료들을 보다 선호한다는 특성을 반영한 것이다.

트립어드바이저는 최근에 들어 중국인들이 과거에 비해 여행지에서 소비하는 금액이 늘고 있으며 여행 예산의 대부분을 레스토랑에 가거나 현지에서 다양한 활동을 하는 데 사용한다는 것을 확인하고, 2014년에 여행지에서의 다양한 투어 및 활동 등을 제공하는 비아토르(Viator)를 인수하였다. 이를 통해 중국인 여행객들에게 투어를 비롯해 다양한 서비스를 제공하며 서비스 공급자로서의 지위를 강화하고 있다. 중국인 여행객들이 해외여행 중 올리는 대부분의 리뷰가

식사와 관련된 것이라는 점에서 트립어드바이저의 레스토랑 예약 플랫폼인 더포크(TheFork)를 통해 사용자들은 12개국 3만 5000개 이상의 레스토랑에 관한 정보를 알아보고 보다 편리하게 예약을 할 수 있도록 돕고 있다(Liu 2016).

CJ푸드빌이 운영하는 뚜레쥬르는 2007년 베트남에 진출한 이래로 10년 만에 베트남 베이커리 시장에서 프리미엄 베이커리로 확고하게 자리 잡았다. 2017년 기준 베트남 내 매장은 총 33곳으로 이중 직영점이 30곳이며 CGV에서 운영하는 가맹점은 3곳이다. 치열한 베트남 베이커리 시장서 입지를 군힌 뚜레쥬르의 성공요인은 철저한 현지 및 경쟁업체 분석, 새로운 고객경험 제공 등으로 요약할 수 있다.

베트남은 과거 프랑스의 영향으로 빵을 주식으로 먹는 문화가 일찍부터 형성되었지만 주요 베이커리에서 취급하는 빵의 종류는 많지 않은 편이었다. 이에 뚜레쥬르는 경쟁업체들보다 두 배가 넘는 80종가량의 빵을 판매하였으며, 고급스럽고 믿을 만한 베이커리라는 인식을 심어 주기 위해 경쟁업체들과는 달리 오픈형 키친을 꾸몄다.

베트남의 베이커리 시장이 철저히 공급자 중심이라는 점을 인지하고 뚜레쥬르는 철저히 소비자 중심의 베이커리를 선보이며 고객들에게 새로운 경험을 제공했다. 매장 방문 고객에게 환영인사를 시작으로 원스톱 고객서비스도 제공했다. 기존 매장과는 달리 뚜레쥬르는 카페형 베이커리를 선보이며 오토바이에서만 데이트를 즐기던 베트남 젊은이들을 매장 안으로 끌어들였다. 포모사 사태로 인해 베트남인들의 안전 먹거리에 대한 관심이 높아지면서 위생 기준을 한국과 동일한 수준으로 적용하여 철저히 준수하는 등의 노력을 통해 뚜레쥬르에 대한 호감도를 상승시켰다.

베트남 소비자의 입맛과 눈높이에 맞춘 철저한 현지화도 주요 성공요인으로 꼽힌다. 과거 프랑스 식민지 시절의 영향으로 아침을 바게트나 크로아상으로 해결하는 경우가 많다는 점을 반영하여 바게트 상품을 늘렸다.

또한 베트남의 주요 교통수단이 오토바이라는 점을 고려하여 '오토바이 무료 주차 서비스'도 제공하였다.

이 같은 현지화 과정에서도 프리미엄 베이커리라는 이미지를 철저히 유지하기 위해 고급스러운 인테리어로 내부를 단장하고 테라스가 있는 매장을 선보이는가 하면 SNS로 소비자들과 소통하면서 고급스러운 프리미엄 베이커리라는 이미지를 확고히 했다(장윤정 2017).

KT&G는 현지 소비자 입맛에 맞는 맞춤형 제품을 개발하는 현지화 전략을 수행함으로써, 1988년 처음 해외 시장의 문을 두드린 이래 30년 만에 첫해(1억4645만 개비) 대비 370배 증가한 기록을 달성했다. 지난 2015년 해외 판매량이 국내를 앞지른 후 3년 연속 해외 판매량이 더 많았다. 이에 힘입어 2017년에는 창사 이래 처음으로 해외 매출 1조 원을 돌파하였으며, 현재 KT&G의 담배가 판매되는 나라는 전 세계 50여개국에 이른다. 이는 담배라는 제품의 특성을 명확히 파악하여 각 지역에 맞게 차별적 전략을 펼친 덕분이라고 할 수 있다(최한나·유재욱 2018).

KT&G가 해외 시장에서 실행했던 글로벌 마케팅 전략을 보면 많은 지역에서 현지화 쪽에 무게중심을 두고 있다. 특별히 1990년대 이후에는 현지 소비자들의 기호에 맞춘 차별적인 제품을 개발하고 판매하기 위한 많은 노력을 기울여 왔는데, 이렇게 해서 만들어진 대표적인 제품이 중동 시장을 타깃으로 개발했던 파인이다. 파인은 독하고 강한 향의 제품을 선호하는 중동 소비자들의 독특한 기호에 맞춰 개발된 상품이다. 이 밖에도 정향이라는 향료가 첨가된 담배를 선호하는 인도네시아 고객들을 위해 크레텍을 넣은 에쎄 제품을 출시한 경우나 미국 수출용 제품인 타임을 개발한 경우 등이 대표적이다.

소비자들과의 접점을 확대하고 판매량을 확대하기 위해 현지의 유통 방식이었던 외상거래를 허용한 것도 현지화다. 중동과 같이 정세가 불안하고, 사회 시스템의 안정성이 취약한 시장에서 외상거래를 허용하는 것은 KT&G 입장에서 상당히 높은 위험을 부담해야 하는 의사결정이 될 수 있다. 하지만 길거리에 좌판을 깔고 개비 단위로 담배를 판매하는 현지의 판매방식 등을 고려할 때, 외상거래 방식은 쉽게 외면하기 힘든 중요한 성공요인으로 작용되었을 것으로 판단된다. KT&G는 외상 거래에서 발생하는 잠재적 위험을 부담하는 동시에 오랜 시간 측적해 온 현지 파트너와의 신뢰관계를 통해 이를 극복하는 전략을 활용했다.

KT&G가 현지화만 추진한 것은 아니며, 국내에서 개발한 제품과 축적된 지식을 활용하는 글로벌화 전략을 펴기도 했다. 대표적인 예가 인도네시아 시장에서 구축했던 판매방식이다. 인도네시아 수입상이 자체적으로 개발해 활용한 광고판과 판촉물을 제품의 정체성을 해칠 수 있는 요소로 판단한 KT&G는 한국의 글로벌 브랜드부와 연계해 브랜드 정체성을 유지할 수 있는 마케팅 전략을 수립하고 실행하였다. 또한 소비자들의 취향이 변하고 건강에 대한 관심이 높아지는 전 세계적 트렌드를 고려해 순한 담배로 인식되는 에쎄를 독한 담배를 선호하는 중동 시장에 선보이기도 했다. 이는 글로벌 시장의 환경 변화에 대한 분석과 다양한 지역에서 국제화를 통해 학습한 지식을 기반으로 중동 시장의 변화를 선제적으로 예측하고 대응한 전략으로 평가할 수 있다. 이러한 전략적 대응은 중동 시장에서의 매출 확대 뿐만 아니라, 소비자들의 기호 변화에도 불구하고 독한 담배의 판매에만 치중했을 때 발생할 수 있는 매출 감소의 위험을 분산시켜주는 효과를 가져왔다(최한나 · 유재욱 2018).

기타 사례 I - 택시파이 (머니투데이, 2018. 09. 17)

아프리카 차량공유 장악 '택시파이'…현지화로 우버 이겼다
오토바이 택시도 서비스 포함, 수수료도 대폭 낮춰…
현금 결제도 도입, 소비자 · 운전자에 모두 인기

에스토니아의 차량공유기업 '택시파이(Taxify)'가 아프리카 시장을 장악하고 있다. 세계 최대 차량공유 업체 우버를 압도할 정도다. 16일(현지시간) 월스트리트저널(WSJ)에 따르면 사하라 이남 아프리카에서 택시파이의 월간 활성 이용자는 240만명으로, 우버의 130만명을 크게 웃돈다.

2013년 당시 19살이던 마르쿠스 빌리그가 에스토니아에서 창업한 택시파이가 아프리카 시장에서 두각을 나타내고, 기업가치가 10억달러(약 1조800억원)를 넘는 유니콘으로 성장한 비결은 철저한 현지화다.

택시파이는 우버보다 아프리카에 2년 늦게 진출한 후발주자였지만 현지화에 성공해 이용자를 크게 늘릴 수 있었다. 우선 결제 방식을 바꿨다. 신용카드로만 결제해야 하는 우버와 달리 현금 결제를 도입했다. 아프리카에서는 아직 신용카드나 모바일 결제가 발전하지 못한 점을 반영한 것이다.

또 아프리카에서 흔히 볼 수 있는 오토바이 택시를 우버보다 먼저 운송 수단에 편입했다. 아프리카에서는 열악한 교통환경과 심각한 교통체증 때문에 주요 도시에서 인기 있는 교통수단이었다. 택시파이의 우간다 운영 관리자인 줄리안 브아무기샤는 "우리는 오토바이 택시에 엄청난 기회가 있다는 걸 알았다"며 "가능한 한 빨리 오토바이 택시 호출 서비스를 도입하자고 생각했다"고 말했다.

우버는 오토바이 택시 서비스를 택시파이보다 2년이나 늦게 도입하면서도, 운전자 등록을 위한 얼굴인식 기능 등을 덧붙여 외면을 받았다. 우버에 등록하고 싶어도 등록할 수 없는 운전자가 많았던 것이다. 정식 면허는 물론 은행 계좌도 없는 사람이 많은 아프리카 특성을 고려하지 않은 정책으로 서비스가 제대로 정착되지 못했다.

택시파이는 수수료도 대폭 낮췄다. 사하라 이남의 아프리카 전역에서 우버

수수료는 25%였지만 택시파이의 수수료는 15% 정도였다. 1인당 국내총생산이 1000달러에도 미치지 못하는 나라가 많은 아프리카에서는 매우 큰 차이였다. 여기에 기존 택시 업계의 반발도 고려해 일반 택시도 플랫폼에 포함했다.

빌리그 택시파이 최고경영자는 WSJ에 "아프리카는 아직 대중교통체계가 미비하고 자동차 보유자가 적어서 선진국과 유럽보다 차량공유 수요가 훨씬 많다"며 "높은 실업률 때문에 아프리카 사람들은 돈을 버는 쉽고 유연한 방법을 찾아 택시파이의 운전자가 된다."고 설명했다.

자료원: AFPBBNews

우간다의 인기 교통수단 '보다보다'를 타고 있는 모습

2) 가격전략

글로벌 마케터가 가격결정을 내릴 경우에도 문화적 특성에 대한 고려가 있어야 한다. 한국의 경우 구찌나 프라다와 같은 명품이 자국이나 다른 국가에서 보다 높은 가격으로 책정되는 경향이 있는데, 이는 높은 가격을 좋은 품질과 브랜드 명성에 연관시키는 한국인의 문화적 특성에 부분적으로 기인하고 있다.

회색시장(gray market)도 문화적 특성과 관련이 있다. 회색시장이란 제품 자체가 모조품이거나 밀수품 등과 같이 불법성이 있는 암시장과 달리 제품 자체는 어떤 하자도 없는 제품이지만 제조업자가 의도하지 않은 경로를 통해서 유통되는 시장을 말한다. 글로벌 제품의 증대, 외환변동, 시장에의 과잉공급 등은 회색시장의 성장을 가속화시키고 있다. 회색시장의 존재와 관련해서는 찬반 논쟁이 팽팽하다. 찬성하는 입장에서는 소비자가 싼 가격으로 제품을 구매할 수 있는 혜택을 볼 수 있다는 점을, 반대하는 입장에서는 등록상표 소유자의 마케팅활동에 무임승차하며 매출손실과 함께 제품 개발에 투자할 인센티브를 상실하게 한다는 점을 그 이유로 들고 있다. 글로벌 마케팅의 경우 회색시장에 대해 각 국가 및 소비자가 가지고 있는 가치와 문화적 맥락을 잘 이용하여 그에 따른 후속적 마케팅 전략을 개발해 나가야 할 것이다.

락앤락은 2008년을 시작으로 베트남에 총 40개의 매장을 열고 베트남 주방시장을 성공적으로 공략하고 있다. 락앤락은 베트남 소비자들의 마음속에 '믿고 사용할 만한 고급스러운 주방제품'으로 브랜드를 각인시킨 것이 성공을 이끈 주된 요인이다. 한국보다 국민소득이 떨어지기 때문에 가격을 한국보다 낮게 설정하는 것이 매출이나 인지도 측면에서 보다 적절한 전략일 수 있으나, 락앤락은 베트남의 상류층을 겨냥해 오히려 한국보다 높은 가격을 설정하여 고급화 전략으로 과감하게 파고들었다.

락앤락은 한국에서 수입된 제품이며 안전하고 우수하기 때문에 가격이 비쌀 수 밖에 없음을 강조하는 한편, 제품의 밀폐력을 부각하는 등 품질 테스트를 매장에서 직접 진행하는 등 제품의 성능을 보여주면서 높은 가격책정의 이유를 제공하였다.

고급화 전략에 맞추어 매장의 위치도 호찌민의 부유층이 가장 많이 거주하는 푸미흥으로 잡았다. 이들은 고가의 락앤락을 구입하는 데 큰 거부감이 없었다. 이와 함께 락앤락은 밀폐용기 뿐만 아니라 쿡웨어 라인 등 다양한 제품을 갖추어 당시 베트남 최고 백화점이라고 할 수 있는 호찌민 다이아몬드백화점에 입점하였다. 여기서 락앤락 매장은 2개월 연속 전체 주방용품 매장 중 매출 1위를 달성했다.

이 후 락앤락은 팍슨백화점, 빈콤 등 고급 백화점에 연이어 매장을 내면서 고급화 이미지를 강화하여 최근에는 베트남 소비자가 신뢰하는 10대 브랜드에도 이름을 올리기도 하였다(장윤정 2017).

<표 III-8> 락앤락 베트남 매출 현황

	2011년	2012년	2013년	2014년	2015년	2016년
매출액	108억4200만	116억1500만	164억5000만	193억2800만	221억3000만	265억8300만
성장률	94.5%	7.1%	41.6%	17.5%	14.5%	65.3%

자료원: 락앤락

락앤락의 고급화 전략에 대응하여 많은 로컬업체들이 품질은 떨어지지만 보다 저렴한 가격을 내세워 락앤락 따라잡기에 나서고 있다. 현지 업체들은 락앤락 대비 다수의 매장을 내는 등 공격적인 전략을 취하고 있지만 락앤락의 브랜드 가치를 따라오지는 못하고 있다. 경쟁업체들의 이러한 움직임에 따라 락앤락은 시장에서의 입지를 보다 공고히 하기 위해 선제적 대응에 나섰다.

기존 락앤락 매장은 고급스러운 기조를 유지하면서 락앤락 제품 뿐 아니라 한국의 쿠쿠밥솥이나 휴롬 주스기과 같은 명품 주방 브랜드 제품을 입점시켰다. 또한 은행을 잘 이용하지 않고 집에 현금을 쌓아 두는 베트남인들의 성향을 겨냥해 한국산 루셀 금고를 락앤락 매장을 통해 판매하면서 베트남 소비자들의 큰 호응을 얻기도 했다. 이 외에도 베트남인들이 과거에 비해 위생이나 안전에 대한 인식이 높아짐을 간파하여 도시락 제품 라인과 보냉 텀블러 라인을 추가하는 등 다양한 제품구색을 갖추기 위해 발 빠르게 움직이고 있다(장윤정 2017).

한국 은행이 해외에 나가서 성공한 경우는 거의 드물다. 해외 은행을 그대로 인수했다가 거액의 손실을 입거나, 그저 교민들을 상대로 손쉬운 장사만 하는 데 그쳤다. 현지인들을 상대로 영업을 하여 진정한 성공을 거둔 해외 진출 성공 모델은 지금껏 드물었다. 그런데 신한베트남은행의 진출은 달랐다.

신한베트남은행은 글로벌 은행들과 경쟁에서 밀리지 않았을 뿐 아니라, 최근에는 HSBC와 어깨를 나란히 하고 있으며, 급기야 외국계 은행 1위로 올라섰다. 2014년 당기순이익 2241만 달러에서 2016년에는 4263만 달러로 증가했다. 은행 점포 수도 같은 기간 10개에서 18개로, 직원 수 역시 631명에서 992명으로 늘었다(장윤정 2017).

<표 III-9> 신한베트남은행 당기순이익, 점포 수, 직원 수 추이

	2014년	2015년	2016년
당기순이익	2241만3000달러	5235만1000달러	4263만3000달러
점포 수	10개	14개	18개
직원 수	631명	758명	992명

자료원: 신한베트남은행

신한베트남은행은 교민이나 국내 기업만을 대상으로 하지 않고 현지인을 겨냥하였다. 기업금융에 있어서는 글로벌 은행들에 뒤쳐졌지만 소매금융에 있어서는 까다롭고 성격 급한 한국 고객들을 상대하며 다져진 서비스의 수준을 강점으로 내세워 경쟁력을 키웠다.

소매금융 영업에 집중하기 시작하면서 신한베트남은행은 특히 대출에서 공격적인 영업을 펼쳤다. 신한베트남은행은 로컬은행들 보다 훨씬 저렴한 금리를 지급했으며, 영업점도 신한베트남은행은 하노이나 호찌민에 집중돼 있는 반면 로컬은행은 전국에 수천 개의 지점을 가지고 있었다. 지점 위치의 약점을 보완하기 위해 대출금리를 경쟁은행보다 1% 정도 낮추었다.

또한 로컬은행들이 간과하고 있는 시장을 겨냥한 적극적인 대출상품도 내놓았다. 이는 공장 근로자를 겨냥한 대출상품으로 베트남 공장 근로자들은 보통 은행권 대출을 잘 이용하지 않고 사채를 쓰는 등 사금융을 주로 이용한다는 점을 간파하여 그들에게 급여의 4~5배 정도까지 돈을 빌려주고 분할 상환을 받는 '로열 임플로이 론(Loyal employee loan)'을 제공하고 있다(장윤정 2017).

3) 유통전략

각국 소비자들의 쇼핑 습관이나 유통경로의 차이도 전략에 고려
하여야 한다. Avon사는 처음 일본시장에 진출할 때 방문 판매가 효
과적일 것으로 판단하여 유통전략을 실시하였으나 실패하고 말았다.
일본에서는 문화적으로 구매자보다 판매자를 낮게 인식하고 강매를
불쾌하게 생각하며 모르는 사람들에게 적극적으로 물건을 판매하지
않았다. Avon사는 회사의 전략을 수정하여 친지들에게 상품을 판매
하도록 하였으며, 감성적 이미지로 광고를 실시하여 매년 약 25%의
판매 신장률을 성취할 수 있었다.

전통적인 유통경로 구조의 차이 때문에 전략의 수정이 필요할 경
우도 있다. 스위스 같은 국가에서는 슈퍼마켓이 아주 보편화 되어
있지만 인접한 국가인 프랑스의 소비자들은 자신들과 친밀한 소규
모 소매상을 선호한다. 유럽은 미국보다 점포 규모가 대체로 작고
그 취급하는 상품의 수가 적으며 제품유통에 많은 시간이 소요된다.
미국에서는 대규모 소매 체인들이 지배적이지만 개발도상국에서는
소규모 점포들이 주류를 이루고 있다. 소득 수준이 낮고 보관 설비
가 미비한 개발도상국의 소비자들은 식품을 한꺼번에 구매하기보다
소량씩 매일 구매한다.

이랜드는 중국시장 진출의 대표적인 성공사례로 꼽히는 기업이다.
1994년 상해에 생산 지사를 설립해 1996년에 브랜드를 론칭한 이랜
드는 20여년이 지난 지금도 중국 시장에서 대박 행진을 이어가고
있다(투데이코리아 2018. 10. 29).

한국에서는 1990년대 초중반까지 크게 인기를 얻었던 '이랜드'라

는 브랜드는 국내에서 2006년 철수했지만, 중국에서 인기 브랜드 반열에 올라섰다. 중국에서 '이랜드'와 '스코필드'는 각각 3,000억, 2,000억 매출을 올리는 핵심 대표 브랜드로 성장했으며, 중국 중상류층에 고급스러운 이미지로 포지셔닝되어 10~20대가 가장 선호하는 브랜드로 손꼽힌다.

이랜드는 최근 중국 내 사업을 신유통채널을 통한 사업 확장과 확산브랜드에 대한 전략적 투자에 집중하고 있다. 이랜드가 신유통 채널로 생각하고 있는 것은 온라인 사업, 쇼핑몰, 교외형 아울렛이다. 이러한 전략적 투자는 신유통 채널에 대한 적극적인 진출로 다변화하고 있는 중국 시장에서 선제적인 대응을 할 필요성을 미리 인식하였기 때문이다.

이랜드중국 사업부는 지난 2014년부터 중국 경기 변화에 대응하기 위해 TF팀을 구성하고 '내실 다지기'에 주력했다. 가장 먼저 이루어진 것은 수익성이 낮은 백화점 매장과 매출규모가 적은 매장을 철수하는 것이었다. 이는 중국 젊은이들 사이에서도 합리적인 쇼핑 문화라는 새로운 트렌드가 생기면서 고가의 백화점 보다는 새로운 유통 채널이 급부상하고 있다고 판단했기 때문이다. 이에 교외형 아울렛과 쇼핑몰 매장에 대한 투자를 이어 나갔으며, 온라인 사업에도 집중하기 시작했다. 특히, 2013년도부터 진출한 온라인 사업은 광군제에서 두각을 나타내며 중국 내에서의 이랜드의 입지를 다시 한번 증명했다.

2017년 11월에 열린 광군제때 이랜드는 온라인 쇼핑몰 중 하나인 티몰(天猫)에서 4억5600만 위엔(한화 약 767억 원)의 매출을 기록하며, 국내 기업으로서는 3년 연속 부동의 매출 1위 자리를 지켰다. 이는 빅데이터 분석과 고객 피드백 등을 통해 부족한 부분을 파악하여 상품과 디자인, 마케팅, O2O(Online to Offline), 물류, IT영역의 업그레이드까지 진행했던 것이 주요한 요인으로 작용하였다. 이랜드는 현재 중국에 20여개 브랜드, 5000여개의 매장을 운영 중이다.

4) 촉진전략

다른 문화권의 소비자에게 커뮤니케이션 할 때에는 그 지역의 언어와 관습에 맞는 광고 캠페인이나 촉진 메시지가 개발되어야 한다. 예를 들면, Seven-Up은 미국 시장에서는 Uncola를 컨셉으로 하여 큰 성공을 거두었으나, 다른 언어로 번역이 잘 되지 않아 사용하기에 부적절 하다고 판단하였다. 그 대신에 Seven-Up은 녹색상자에서 하얀 장갑을 낀 두 손을 보여주는 것을 광고컨셉으로 사용하였으며, 이는 약 80여개의 국가에서 사용되었다.

일본의 세계적인 화장품 회사 Shiseido는 미국 시장에 처음 진출할 때 광고에서 일본인 모델만을 사용한 데다, 미국인의 기호에 맞지 않는 메이크업 칼라들을 사용함으로써 충분한 광고효과를 거두지 못하였다.

기업들은 자국 내에서의 광고에 사용된 주제나 상징이 외국에서는 종종 수용될 수 없다는 사실을 인식하여야 한다. 예를 들어, 미국의 Ultra Brite 치약을 벨기에 시장에 소개할 때 "당신 입에 성적 매력을" 이라는 광고와 함께 섹시한 여자의 키스 장면을 보여주는 성적 소구에 의존한 촉진전략은 벨기에 소비자에게 부정적 반응을 일으켰으며, 시행착오 끝에 결국 촉진전략을 수정하였다.

광고에서 색을 사용할 때 색의 상징성에도 유의해야 한다. 미국에서는 핑크색이 여성적인 색으로 인식되고 있으나, 다른 많은 국가에서는 노란색이 여성적인 색으로 인식되고 있다. 라틴 아메리카 국가에서는 보라색은 죽음을 연상하는 색상으로 상품광고에 금기시되고 있으며, 니카라과와 같은 국가에서는 고동색과 회색이 금기시되고 있다. 한국이나 일본에서는 흰색이 애도를 상징하며, 미국에서는 검은색이 죽음을 상징하는 색이며, 녹색은 말레이시아에서 질병을 의미한다.

Amoco가 처음 중국에서 진출할 때 문화적 차이를 이용하여 중국문화에서 생명을 상징하는 붉은색과 중국문화를 의미하는 보라색, 전통적인 행운의 상징인 달을 잡지광고에 이용하여 성공적으로 기업광고를 하였다. 미국의 한 은행은 광고물에서 도토리를 저장하는 다람쥐를 묘사하였는데, 다람쥐를 본 적이 없는 라틴 아메리카의 소비자들은 그 다람쥐를 무엇인가 훔치고 있는 쥐로 착각해 미국 은행에 대해 나쁜 이미지를 갖게 되었다. 미국에서 Avon의 판매원은 주부가 현관에서 맞아 주고 거실로 안내되어 커피를 마시면서 판매하는 일에 익숙해져 있지만, 홍콩에서 방문객을 맞는 사람은 주로 하인이다. 이러한 문화차이 때문에 Avon은 홍콩에서 비교적 유복하고, 여행사 또는 비서 등의 전문직에 종사하는 여성들을 판매원으로 이용하였다. 또한 유럽의 주부 판매원들은 친구나 이웃을 대상으로 하는 연고판매에 거부감을 갖고 있는데 반해, 멕시코의 주부들은 판매방문을 사교의 기회로 생각하기 때문에 Avon의 전략은 효과를 거둘 수 있었다.

다른 문화권의 소비자에게 커뮤니케이션 할 때에는 해당 국가나 특정 지역의 언어와 문화 및 관습에 맞는 메시지가 개발되어야 한다. 더불어 글로벌 캠페인의 경우 자국의 언어로 되어 있는 기존 슬로건을 진출 국가의 정서를 고려하여 현지화하는 것도 매우 중요하다.

대표적으로 이케아(IKEA)와 에어비앤비(Airbnb)는 글로벌 캠페인의 기존 슬로건을 한국에 진출하면서 국내 소비자의 정서를 고려해 수정하여 제시함으로써 소비자들로부터 호의적인 반응을 이끌어 내었다.

이케아코리아는 한국에서 런칭한 지 75주년을 맞이하여 새로운 브랜드 캠페인을 공개하였다. 최근에 들어 한국 고객들이 과거에 비해 집에 보다 애착을 가지고 집에서의 생활을 더욱 중시한다는 점을 반영하여 기존 슬로건인 '75 years of Love for the Home'을 한국인의 정서에 맞게 '75년째 집 생각뿐'으로 표현하였다. 이케아코리아 마케팅 담당자는 "정말 아름다운 집은 행복한 사람들의 기반이 될 수 있다"고 언급하며, "많은 한국인들이 집에 대해 관심과 호기심을 가져가고 있는데, 앞으로 이케아의 브랜드 캠페인을 통해 이케아가 만들어나갈 미래의 집에 대해 국내 소비자들과 지속적으로 공유할 것"이라고 포부를 밝히고 있다.

자료원: 이케아

에어비앤비는 호텔과 같은 전통적 숙박시설에서 묵는 대신 실제 주민이 사는 곳에서 현지 문화를 접할 수 있다는 점을 매력으로 급성장을 하고 있는 숙박공유서비스를 제공하는 기업이다. 에어비앤비는 'Live there. Even if just for a night'이라는 기존 슬로건을, 최근 한국인 여행객들이 한 도시에 좀 더 오래 머무르며 그 도시의 삶과 문화를 일상처럼 즐기는 '체험 여행'이 부쩍 늘고 있다는 점을 반영하여, '여행은 살아보는 거야'라는 슬로건으로 표현함으로써 국내 여행객들의 여행패턴을 바꾸어 놓을 정도로 호응을 얻고 있다.

자료원: 에어비앤비

'후라면'으로 '新기록', 농심, 中서 20년새 매출 40배 껑충

올 상반기 매출 1억3천만弗. 연말까지 2억8천만弗 눈앞.
중국 사업 성공 비결은 맛은 한국식. 광고는 현지화. 제품·마케팅 '투트랙'전략
지난 15일 베이징서 개막한 신라면배 바둑최강전도 큰 힘.

농심이 중국사업 20년 만에 매출 40배 성장의 대기록을 연내 달성한다. 신라면의 차별화 전략과 현지마케팅을 양대축으로 가파른 성장을 기록했고 특히 올해 20주년을 맞은 '농심 신라면배 세계바둑최강전'의 역할이 컸다.
16일 농심은 "1999년 독자사업 첫 해 매출 700만 달러로 시작한 농심 중국법인은 올 상반기 약 1억 3000만 달러를 기록, 연말까지 2억 8000만 달러의 최대 실적을 눈앞에 두고 있다"며 "누적매출도 상반기를 기점으로 20억 달러를 넘어서 농심 해외법인 최초의 기록을 세웠다"고 밝혔다. 상반기 매출은 전년 대비 17% 늘어났다.

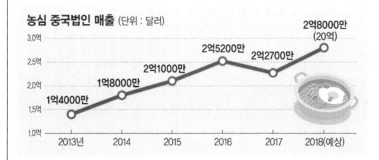

자료원: 농심

자국 식문화의 영향을 크게 받는 식품업체가 해외에서 20년 이상 성장을 이어온 것은 드문 사례다.
농심의 중국 첫 진출은 1996년 상하이에 생산공장을 가동하면서 시작됐다. 당시 대만 업체와 합작형태로 진출했지만 1998년 지분을 인수하고 1999년부터 독자노선의 길을 걸었다. 동시에 청도공장(1998년), 심양공장(2000년) 등을 잇따라 가동하며 중국사업에 본격적으로 나섰다.
농심 조인현 중국법인장은 "90년대 말 중국시장은 중국 저가라면이 시장의 대부분을 점유하고 있었고 소비자들 또한 한국식품에 대해 큰 관심이 없어 마트에 제품 입점조차 되지 않는 등 초창기 많은 어려움이 있었다."고 회고했다.
세계 최대 시장이라 불리는 중국에서 농심의 성공 비결은 제품과 마케팅의 '투트랙 전략'이다. 제품은 한국의 매운맛을 그대로 가져가는 것을 원칙으로 하고, 광고나 마케팅 등은 철저하게 현지 문화와 트렌드를 우선시했다.
한국식 '끓여먹는 라면 문화'도 그대로 가져갔다. 중국은 그릇에 면과 스프를 넣고 뜨

거운 물을 부어 데워먹는 포면(包面) 문화가 보편적인데, 농심은 한국의 라면 조리법으로 중국 라면업체들과 정면승부를 펼쳤다.

한편 농심의 중국사업에 큰 힘이 된 '농심 신라면배 세계바둑최강전'이 지난 15일 중국 베이징에서 막을 올렸다.

올해로 20회인 농심 신라면배 세계바둑최강전에는 이세돌, 박정환 등 국가대표 기사들이 출전해 중국, 일본 기사들과 베이징, 부산, 상하이를 거치며 치열한 한판 승부를 벌인다.

농심은 중국 진출 당시 바둑에 대한 열기가 높기로 유명한 중국인들의 이목을 집중시켜 농심의 인지도와 신라면 브랜드를 동시에 부각시키고자 했다.

중국에서 두 차례 치러지는 대회에서 현지 소비자들은 대국을 관전하기 위해 대국장이나 TV앞에 모여들었고, 이들의 관심은 자연스럽게 신라면 소비로 이어졌다.

신라면배의 흥행은 초창기 중국사업에 돌파구가 됐다. 조인현 중국법인장은 "언론보도와 입소문 등의 광고효과는 특약점과 대형마트 입점 등 유통망 확대를 가져왔고, 이는 곧 매출 증가로 이어졌다"며 "신라면 배가 사업의 난관을 헤쳐 나가는 견인차 역할을 했다"고 말했다.

참고문헌

고은주, 김경훈, 문희강(2008), *마케팅: 패션트렌드와의 만남*, 박영사.

김상현, 김정구, 김종훈, 김주호, 전중옥, 정연승, 정용길, 한동철, 한장희(2011), *마케팅*, 이프레스.

김상훈, 박현정(2010), "제조 원산지와 브랜드 원산지가 소비자의 품질 인식과 구매의도에 미치는 영향," *마케팅연구*, 25(2), 19-40.

김세범, 허남일, 이승희, 박유식, 장형유(2015), *소비자행동론*, 2판, 명성사.

김유경(1999), "호프스테드의 문화차원에 나타난 광고거리에 관한 연구: 크리에이티브 전략을 중심으로," *한국언론학보*, 43(4), 42-78.

_____, 전성률(2013), *해외시장에서의 브랜드 전략*, 한경사.

김종식, 이종석(2015), "글로벌 소비지향성, 글로벌 정체성 및 소비자 자민족중심주의가 글로벌 브랜드 태도에 미치는 영향," *국제경영리뷰*, 19(2), 25-47.

김주호, 정용길, 한동철(2012), *소비자행동*, 이프레스.

김지현(2014), "개인 문화성향에 따른 정보 인식과 태도 차이에 대한 연구," *한국비블리아학회지*, 25(3), 59-76.

머니투데이, "아프리카 차량공유 장악 '택시파이'...현지화로 우버 이겼다", 2018.10.16.(http://news.mt.co.kr/mtview.php?no=2018091711143855449)

박은아(2002), "한·미 광고의 메시지 비교분석," *광고연구*, 56, 29-51.

박재관, 전중옥(2001), "섹스어필 광고의 효과에 대한 한·미 간의 비교연구," *광고연구*, 51, 49-69.

박재영, 이성종, 노성종(2009), "한미(韓美) 신문의 의견기사에 나타난 한국 기자와 미국 기자의 사고습관 차이," *한국언론학보*, 53(5), 268-290.

박현경, 이영희(2004), "집단상담 참가자의 개인주의-집단주의 성향, 상담자 역할기대 및 치료적 요인 연구," *한국심리학회지 : 상담 및 심리치료*, 16(4), 571-596.

서민교, 오한모, 이유경, 조연성, 김병구, 문철주(2016), *글로벌 마케팅*, 이프레스.

서정(2009), 한국과 중국의 문화적 차이에 따른 TV광고 크리에이티브 비교, *인천대학교 대학원 석사학위논문*.

슈 리, 프랑수아 칸델론, 마틴 리브스(2018), "디지털 전쟁 승리, 중국에 답 있다," *동아비즈니스리뷰*, 260, 116-120.

안광호, 곽준식(2011), *행동경제학 관점에서 본 소비자 의사결정*, 학현사.

_____, 하영원, 유시진, 박흥수(2018). *마케팅원론*, 7판, 학현사.

유동근, 김승섭, 박상금(2017), *소비자행동*, 법문사.

윤남수(2017), "한국과 미국 소비자의 문화적 차원에 따른 윤리적 소비동기 차이분석," *한국외식산업학회지*, 13(4), 151-165.

이규현(2012), *글로벌 마케팅*, 경문사.

이금(2013), 가격할인 시 희소성메시지 유형과 메시지 프레이밍이 충동구매에 미치는 영향, *부경대학교 대학원 박사학위논문*.

이덕훈(1997), *기업과 환경*, 학문사.

이미영, 류주한(2018), "현지인 식습관 간파한 '맞춤형 만두' 미·중 '글로컬리제이션' 돌풍," *동아비즈니스리뷰*, 252, 70-84.

이재진(2012), "동·서양 문화 차이에 따른 브랜드확장에 관한 연구 - 지각된 적합성과 광고 유형을 중심으로," *국제지역학연구*, 16(1), 143-166.

이철(1998), "소비자 행동 모델의 문화적 한계와 소비자행동연구의 발전 방향," *소비자학연구*, 9(1), 1-15.

_____(2016), *글로벌 마케팅*, 학현사.

이학식, 안광호, 하영원(2015), *소비자행동*, 6판, 집현재.

장윤정(2017), "해외 시장 성공조건은 '타이밍'과 '사람' '새로운 경험'으로 시장에 감동을 줘야," *동아비즈니스리뷰*, 224, 58-71.

전성률, 은희성(1999), "광고유형에 따른 소비자의 상표확장 평가에 관한 연구," *광고연구*, 42, 31-47.

전송월(2012), 불확실성 회피성향과 메시지 프레이밍 및 준거가격수준이 구매의도에 미치는 영향, *숭실대학교 대학원 석사학위논문*.

정인식, 초수봉(2008), "글로벌 브랜드에 대한 중국 소비자의 태도에 관한 연구," *국제경영리뷰*, 12(1), 1-28.

최순화(2017), "소비자 자민족주의 성향에 따른 미국 소비시장 세분화 연구," *국제경영리뷰*, 21(2), 119-137.

_____, 최정혁(2016), "국민 정체성, 애국심이 소비자 자민족주의에 미치는 영향," *국제경영리뷰*, 20(3), 173-195.

최인철(2007), *프레임: 나를 바꾸는 심리학의 지혜*, 21세기 북스.

최한나, 유재욱(2018), "국가별 레서피 다르게, 때론 과감한 베팅. 품질 혁신 KT&G, 글로벌 강자로 우뚝," 동아비즈니스리뷰, 245, 78-98.

투데이코리아, "이랜드, 철저한 현지화와 기본에 충실한 것이 중국 성공 요인", 2018.10.29.

(http://www.todaykorea.co.kr/news/view.php?no=257612)

파이낸셜뉴스, "'辛라면'으로 '新기록'.. 농심, 中서 20년새 매출 40배 껑충", 2018.9.17.(http://www.fnnews.com/news/201810161635463689)

하대용(2008), 마케팅, 학현사.

한충민(1998), "외국 브랜드에 대한 미국 소비자의 태도와 구매 의도에 관한 실증적 연구," 마케팅연구, 13(1), 27-42.

_____(2011), "현지화+표준화, 글로벌 마케팅의 지혜를 찾자," 동아비지니스리뷰, 83, 77-80.

_____, 김상묵, 황지은, 원성빈(2012), "국내 vs 외국 스마트폰 브랜드 선택에 관한 실증 연구: 초기 수용자의 특성 요인 중심으로," 국제통상연구, 17(3), 165-189.

_____, 원성빈(2016), "소비자 자민족주의의 국가 간 차이에 관한 실증 연구," 마케팅연구, 31(1), 85-107.

홍성태, 강동균(2010), "유사성, 지각된 품질 및 기업의 신뢰도가 상표확장 제품 평가에 미치는 영향," 마케팅연구, 12(1), 1-25.

황순호(2010), 쇼핑 경험가치와 소매점 브랜드 자산에 관한 비교연구: 한국과 중국의 편의점 및 대형할인점을 중심으로, 경기대학교 대학원 박사학위논문.

황윤용, 최수아(2009), "제품태도에 대한 희소성효과와 불확실회피성, 과시적 소비성향의 조절 역할," 마케팅관리연구, 14(3), 4-17.

Fan, Qing Ji, 이정열(2015), "소비자 적개심과 국가이미지가 제품평가에 미치는 영향," 국제경영리뷰, 19(3), 105-124.

Aaker, J. L.(1997), "Dimensions of Brand Personality," *Journal of Marketing Research*, 34(3), 347-356.

Alba, J. W. and Chattopadhyay, A.(1986), "Salience Effects in Brand Recall," *Journal of Marketing Research*, 23(4), 363 369.

Anderson, W. T. and Cunningham, W. H.(1972), "Gauging Foreign Product Promotion," *Journal of Advertising Research*, 12(1), 29-34.

Antil, J. H.(1984), "Conceptualization and Operationalization of Involvement,"

ACR North American Advances, 11, 203-209.

Arkes, H. R. and Blumer, C.(1985), "The Psychology of Sunk Costs," *Organizational Behavior and Human Decision Processes,* 35(1), 124-140.

_____, Wortmann, R. L., Saville, P. D. and Harkness, A. R.(1981), "Hindsight Bias Among Physicians Weighting the Likelihood of Diagnoses," *Journal of Applied Psychology,* 66(2), 252-254.

Balabanis, G., Diamantopoulos, A., Mueller, R. D., and Melewar, T. C.(2001), "The Impact of Nationalism, Patriotism and Internationalism on Consumer Ethnocentric Tendencies," *Journal of International Business Studies,* 32(1), 157-176.

_____ and Mueller, R. D.(2004), "Domestic Country Bias, Country of Origin Effects, and Consumer Ethnocentrism: A Multidimensional Unfolding Approach," *Journal of the Academy of Marketing Science,* 32(1), 80-95.

Bannister, J. P. and Saunders, J. A.(1978), "UK Consumers' Attitudes towards Imports: The Measurement of National Stereotype Image," *European Journal of Marketing,* 12(8), 562-570.

Blackwell, Roger D., Miniard, Paul W., and Angel, James F.(2006), *Consumer Behavior,* 10th ed., Thomson South-Western.

Brewer, P. A.(2007), "Operationalizing Psychic Distance: A Revised Approach," *Journal of International Marketing,* 15(1), 44-66.

Bruning, E. R.(1997), "Country of Origin, National Loyalty and Product Choice: The Case of International Air Travel," *International Marketing Review,* 14(1), 59-74,

Cargile, A. C. and Bolkan, S.(2013), "Mitigating Inter- and Intra-group Ethnocentrism: Comparing the Effects of Culture Knowledge, Exposure, and Uncertainty Intolerance," *International Journal of Intercultural Relations,* 37, 345-353.

Carpenter, G. S., Glazer, R., and Nakamoto, K.(1994), "Meaningful Brands from Meaningless Differentiation: The Dependence on Irrelevant Attributes," *Journal of Marketing Research,* 31(3), 339-350.

Caruana, A. and Magri, E.(1996), "The Effects of Dogmatism and Social

Class Variables on Consumer Ethnocentrism in Malta," *Marketing Intelligence & Planning*, 14(4), 39-44.

Cheng, D. H. and Chou, Y. Y.(1991), "Introduction to the Globalization of Advertisement," *Advertising Magazine*, 62-65.

Chiu, L. H.(1972), "A Cross-cultural Comparison of Cognitive Styles in Chinese and American Children," *International Journal of Psychology*, 7(4), 235-242.

Cho, Young-Ju, Mallinckrodt, Brent, and Yune, Sook-Kyeong(2010), "Collectivism and Individualism as Bicultural Values: South Korean Undergraduates' Adjustment to College," Asian Journal of Counseling, 17(1&2), 81-104.

Choi, I., Nisbett, R. E., and Norenzayan, A.(1999), "Causal Attribution across Cultures: Variation and Universality," *Psychological Bulletin*, 125(1), 47-63.

_____ and Nisbett, R. E.(2000), "Cultural Psychology of Surprise: Holistic Theories and Recognition of Contradiction," *Journal of Personality and Social Psychology*, 79(6), 890-905.

Clarke, I., Shankarmesh, M., and Ford, J.(2000), "Consumer Ethnocentrism, Materialism and Values: A Four Country Study," *AMA Winter Educators' Conference*, 11, 102.

Cleveland, M., Erdogan, S., Arikan, G., and Poyraz, T.(2011), "Cosmopolitanism, Individual-Level Values and Cultural-Level Values: A Cross-Cultural Study," *Journal of Business Research*, 64, 934-943.

_____, Laroche, M. and Papadopoulos, N.(2009), "Cosmopolitanism, Consumer Ethnocentrism, and Materialism: An Eight-Country Study of Antecedents and Outcomes," *Journal of International Marketing*, 17(1), 116-146.

De Mooij, Marieke(1998), "Masculinity/Femininity and Consumer Behavior," *Masculinity and Femininity: The Taboo Dimension of National Cultures*, 55-73.

_____(2004), *Consumer Behavior and Culture: Consequences for Global Marketing and Advertising*. Thousand Oaks, CA: Sage Publications.

Durvasula, S., Andrews, J. C., and Netemeyer, R. G.(1997), "A Cross-cultural Comparison of Consumer Ethnocentrism in The United States and Russia," *Journal of International Consumer Marketing*, 9(4), 73-93.

Evanschitzky, H., Wangerheim, F. V., Woisetschlager, D., and Blut, M.(2008),

"Consumer Ethnocentrism in the German Market," *International Marketing Review*, 25(1), 7-32.

Evenett, S. J. and Fritz, J.(2016), *Global Trade Plateaus: The 19th Report of the Global Trade Alert*, CEPR Press.

Festervand, T. A., Lumpkin, J. R., and Lundstrom, W. J.(1985), "Consumer Perceptions of imports: An Update and Extension," *Akron Business and Economic Review*, 16(1), 31-6.

Fischhoff, B.(1975), "Hindsight is not Equal to Foresight: The Effect of Outcome Knowledge on Judgment under Uncertainty," *Journal of Experimental Psychology: Human Perception and Performance*, 1(3), 288-299.

_____(2013), "Hindsight≠Foresight: The Effect of Outcome Knowledge on Judgment under Uncertainty," in *Judgment and Decision Making*, Routledge.

Fishbein, M., and Ajzen, L.(1975), *Belief, Attitude, Intention and Behavior: An Introduction to Theory and Research*, Addison Wesley.

Freitas, A. L., Liberman, N., and Higgins, E. T.(2002), "Regulatory Fit and Resisting Temptation During Goal Pursuit," *Journal of Experimental Social Psychology*, 38(3), 291-298.

Good, L. K. and Huddleston, P.(1995), "Ethnocentrism of Polish and Russian Consumers: Are Feelings and Intentions Related?", *International Marketing Review*, 12(5), 35-48.

Grewal, Dhruv and Levy, Michael(2010), *Marketing*, 2nd ed., McGraw-Hill Irwin.

Gurhan-Canli, Z., and Maheswaran, D.(2000), "Determinant of Country-of-origin Evaluations," *Journal of Consumer Research*, 27(1), 96-108.

Han, C. Min(1988), "The Role of Consumer Patriotism in the Choice of Domestic versus Foreign Products," *Journal of Advertising Research*, 28(3), 25-32.

Han, S. P. and Shavitt, S.(1994), "Persuasion and Culture: Advertising Appeals in Individualistic and Collectivistic Societies." *Journal of Experimental Social Psychology*, 30, 326-326.

Hauser, J. R, and Wernerfelt, B.(1990), "An Evaluation Cost Model of Consideration Sets," *Journal of Consumer Research*, 16(4), 393-408.

Hawkins, Del l. and Mothersbaugh, David l.(2010), *Consumer Behavior :*

Building Marketing Strategy, 11th ed., McGraw-Hill Irwin.

Higgins, E. T.(1997), "Beyond Pleasure and Pain," *American Psychologist*, 52(12), 1280-1300.

Hofstede, Geert(1980), *Culture's Consequences: International Differences in Work-Related Values*, Beverly Hills: Sage Publications.

_____(1983), National Cultures in Four Dimensions: A Research-Based Theory of Cultural Differences among Nations, International Studies of Management & Organization, 13(1-2), 46-74.

_____(1991), *Cultures and Organizations: Software of the Mind*, London, UK: McGraw-Hill.

_____(2001), *Culture's Consequences: Comparing Values, Behaviors, Institutions, and Organizations Across Nations*, 2nd ed., Thousand Oaks, California: Sage Publications, Inc.

_____(2011), "Dimensionalizing Cultures: The Hofstede Model in Context," *Online Readings in Psychology and Culture*, 2(1), 8.

Hong, Sung-Tai and Kang, Dong Kyoon(2010), "Effects of Patriotism on Product Evaluation: Focused on the Mediating Effects of Consumer Ethnocentism," *Journal of Channel and Retailing*, 15(2), 71-99.

Horney, K. B.(1945), *Our Inner Conflicts*, New York: Norton.

Javalgi, R. G., Khare, V. P. Gross, A. C, and Scherer R. F.(2005), "An Application of the Consumer Ethnocentrism Model to French Consumers," *International Business Review*, 14, 325-344.

Jeong, Insik and Xiao, Shufeng(2008), "Consumer Attitude toward Global Brands : The Perspective of Chinese Consumers," *International Business Review*, 12(1), 1-28.

Ji, L. J., Peng, K., and Nisbett, R. E.(2000). "Culture, Control, and Perception of Relationships in the Environment," *Journal of Personality and Social Psychology*, 78(5), 943-955.

Johanson, J. and Wiedersheim-Paul, F.(1975), "The Internationalization of the Firm: Four Swedish Cases," *Journal of Management Studies*, 12(3), 305-322.

John, A. V. and Brady, M. P.(2011), "Consumer Ethnocentrism and Attitudes toward South African Consumer in Mozambique," *African Journal of Economic and Management Studies*, 2(1), 72-93.

Josiassen, A., Assaf, A. G., and Karpen, I. O.(2011), "Consumer Ethnocentrism and Willingness to Buy: Analyzing the Role of Three Demographic Consumer Characteristics," *International Marketing Review*, 28(6), 627-646.

Jung, J. M. and Kellaris, J. J.(2004), "Cross-National Differences in Proneness to Scarcity Effect: The Moderating Roles of Familiarity, Uncertainty Avoidance, and Need for Cognitive Closure," *Psychology & Marketing*, 21(9), 739-759.

Kahle, L. R., Beatty, S. E., and Homer, P.(1986). "Alternative Measurement Approaches to Consumer Values: The List Values(LOV) and Values and Life Style(VALS)," *Journal of Consumer Research*, 13(3), 405-409.

Kahneman, D. and Tversky, A.(1973), "On the Psychology of Prediction," *Psychological Review*, 80(4), 237-251.

_____ and Tversky, A.(1979), "Prospect Theory: An Analysis of Decision under Risk," *Econometrica*, 47(1), 263-291.

_____ and Tversky, A.(2000), *Choices, Values and Frames*, New York: Cambridge University Press.

Kardes, Frank R., Cronley, Maria L., and Cline, Thomas W.(2016), *Consumer Behavior*, 2nd ed., Cengage Learning.

Katz, D.(1960), "The Functional Approach to the Study of Attitudes," *Public Opinion Quarterly*, 24(2), 163-204.

Keegan, Warren J. and Green, Mark C.(2015), *Global Marketing*, 8th ed., Pearson Education.

Klein, J. G. and Ettenson, R.(1999), "Consumer Animosity and Consumer Ethnocentrism: An Analysis of Unique Antecedents," *Journal of International Consumer Marketing*, 11(4), 5-24.

Kluckhohn, F. R. and Strodtbeck, F. L.(1961). *Variations in Value Orientations*, Evanston, IL: Row, Peterson.

Kreft, I. G. and Leeuw, Jan De(1998), *Introducing Multilevel Modeling*. Thousand Oaks, California: Sage Publications, Inc.

Kruglanski, A. W.(1989), *Lay Epistemics and Human Knowledge: Cognitive and Motivational Bases*, New York: Plenum.

Kumar, A., Fairhurst, A., and Kim, Youn-Kyung(2013), "The Role of Personal Cultural Orientation in Consumer Ethnocentrism among

Indian Consumers," *Journal of Indian Business Research*, 5(4), 235-250.

Lamb, Charles W., Hair, Joseph F., and McDaniel, Carl(2004) *Marketing,* 7th ed., Thomson South-Western.

Lee, A. and Aaker, J.(2004), "Bringing the Frame into Focus: The Influence of Regulatory Fit on Processing Fluency and Persuasion," *Journal of Personality and Social Psychology*, 86(2), 205-218.

Lee, C., and Green, R. T.(1991). "Cross-cultural Examination of the Fishbein Behavioral Intentions Model," *Journal of International Business Studies*, 22(2), 289-305.

LeVine, Robert A. and Campbell, Donald T.(1972), *Ethnocentrism: Theories of Conflict, Ethnic Attitudes, and Group Behavior*, Oxford, England: John Wiley & Sons.

Liu, S.(2016), "TripAdvisor's Approach in China: Travel Fills a Spiritual Void," *CKGSB Knowledge*, 30, 45-52.

Lynch, J. G., Marmorstein, H., and Weigold, M. F.(1988), "Choices from Sets Including Remembered Brands: Use of Recalled Attributes and Prior Overall Evaluations," *Journal of Consumer Research*, 15(2), 169-184.

Masuda, T. and Nisbett, R. E.(2001), "Attending Holistically versus Analytically: Comparing the Context Sensitivity of Japanese and Americans," *Journal of Personality and Social Psychology*, 81(5), 922-934.

Meyers-Levy, J.(1988), "The Influence of Sex Roles on Judgement," *Journal of Consumer Research*, 14, 522-530.

Myers-Levy, J. and Malaviya, P.(1999), "Judgment Formation and Correction Processes: An Integrative Framework of Advertising-Persuasion Theories," *Journal of Marketing*, 63(Special Issue), 45-60.

Mueller, Barbara(1987), "Reflections of Culture: An analysis of Japanese and American Advertising Appeals," *Journal of Advertising Research*, 27(3), 51-59.

Nisbett, R. E., Peng, K., Choi, I., and Norenzayan, A.(2001), "Culture and Systems of Thought: Holistic versus Analytic Cognition," *Psychological Review*, 108(2), 291-310.

Norenzayan, A., Choi, I., and Nisbett, R. E.(2002), Cultural Similarities and Differences in Social Inference: Evidence from Behavioral Predictions and Lay Theories of Behavior, *Personality and Social Psychology Bulletin*,

28(1), 109-120.

Park, Hyun Hee and Jeon, Jung Ok(2018), "The Impact of Mixed eWOM Sequence on Brand Attitude Change: Cross-cultural Differences." *International Marketing Review*, 35(3), 1-24.

Parsons, Elizabeth and Chatzidakis, Andread(2017), *Contemporary Issues in Marketing and Consumer Behavior*, 2nd ed., Routledge.

Peng, K. and Nisbett, R. E.(1999), "Culture, Dialectics, and Reasoning about Contradiction," *American Psychologist*, 54(9), 741-754.

Rokeach, M. J.(1968), *Beliefs, Attitudes, and Values*, San Francisco: Jossey Bass.

Schiffman, Leon G. and Kanuk, Leslie L.(2006), *Consumer Behavior*, 8th ed., Prentice Hall.

_____ and Kanuk, Leslie L.(2006), *Consumer Behavior*, 8th ed., Prentice Hall.

Schwartz, S. H.(1999), "A Theory of Cultural Values and Some Implications for Work," *Appl Psychol Int Rev*, 48(1), 23-47.

Sengupta, J. and Johar, G. V.(2002), "Effects of Inconsistent Attribute Information on the Predictive Value of Product Attitudes: Toward a Resolution of Opposing Perspectives," *Journal of Consumer Research*, 29(1), 39-56.

Shankarmahesh, M. N.(2006), "Consumer Ethnocentrism: An Integrative Review of its Antecedents and Consequences," *International Marketing Review*, 23(2), 146-172.

Sharma, Piyush(2011), "Country of Origin Effects in Developed and Emerging Markets: Exploring the Contrasting Roles of Materialism and Value Consciousness," *Journal of International Business Studies*, 42(2), 285-306.

_____(2015), "Consumer Ethnocentrism: Reconceptualization and Cross-cultural Validation," *Journal of International Business Studies*, 46(3), 381-389.

Sharma, S., Shimp, T. A., and Shin, J.(1995), "Consumer Ethnocentrism: A Test of Antecedents and Moderators," *Journal of the Academy of Marketing Science*, 23(1), 26-37.

Shavitt, Sharon(2008), "Cross-Cultural Issues in Consumer Behavior," in *Social Psychology of Consumer Behavior*, Michaela Wänke (ed.), NY: Psychology Press, 217-240.

_____ and Cho, Hyewon(2016), "Culture and Consumer Behavior: The Role of Horizontal and Vertical Cultural Factors," *Current Opinion in Psychology*, 8(April), 149-154.

Shimp, T. A. and Sharma, S.(1987), "Consumer Ethnocentrism : Construction and Validation of the CETSCALE," *Journal of Marketing Research*, 24(3), 280-289.

Shoham, A., Davidow, M., Klein, Jill G., and Ruvio, A.(2006), "Animosity on the Home Front: The Intifada in Israel and Its Impact on Consumer Behavior," *Journal of International Marketing*, 14(3), 92-114.

Siamagka, N. T. and Balabanis, G.(2015), "Revisiting Consumer Ethnocentrism: Review, Reconceptualization, and Empirical Testing," *Journal of International Marketing*, 23(3), 66-86.

Simomson, I.(1989), "Choice Based on Reasons: The Case of Attraction and Compromise Effects," *Journal of Comsumer Research*, 16(2), 158-174.

Smith, D. C. and Park, C. W.(1992), "The Effects of Brand Extensions on Market Share and Advertising Efficiency," *Journal of Marketing Research*, 29(3), 296-313.

Steenkamp, Jan-Benedict E. M., and de Jong, Martijn G.(2010), "A Global Investigation into the Constellation of Consumer Attitudes Toward Global and Local Products," *Journal of Marketing*, 74(November), 18-40.

_____ and Baumgartner, Hans(1998), "Assessing Measurement Invariance in Cross-national Consumer Research," *Journal of Consumer Research*, 25(1), 78-107.

_____, Hofstede, Frenkel Ter, and Wedel, M.(1999), "A Cross-national Investigation into the Individual and Cultural Antecedents of Consumer Innovativeness," *Journal of Marketing*, 63, 55-69.

Surman, Emma(2009), "The Global Consumer," in *Contemporary Issues in Marketing and Consumer Behavior*, E. Parsons and P. Maclaran (eds), Elsevier Ltd.

Tajfel, H.(1982), "Social Psychology of Intergroup Relations," *Annual Review of Psychology*, 33, 1-39.

Tan, Chin Tiong and Farley, John U.(1987), "The Impact of Cultural Patterns on Cognition and Intention in Singapore," *Journal of Consumer Research*, 13(4), 540–544,

Tepper, T., Bearden, W., and Hunter G.(2001), "Consumers' Need for

Uniqueness: Scale Development and Validation," *Journal of Consumer Research*, 28(June), 50-66.

Thaler, R. H.(1985), "Mental Accounting and Consumer Choice," *Marketing Science*, 4(3), 199-214.

Tongberg, R. C.(1972), "An Empirical Study of Relationships Between Dogmatism and Consumer Attitudes Toward Foreign Products," *Ph.D. dissertation, Pennsylvania State University*, Pennsylvania, PA.

Triandis, H. C.(1998), "Vertical and Horizontal Individualism and Collectivism: Theory and Research Implications for International Comparative Management," *Advances in International Comparative Management*, JAI Press Inc.

Verlegh, W. J. Peeter(2007), "Home Country Bias in Product Evaluation: The Complementary Roles of Economic and Socio-psychological Motives," *Journal of International Business Studies*, 38(3), 361-373.

Vitell, J. Scott, Nwachukwu, L. Saviour, and James, Barnes H.(1993), "The Effect of Culture on Ethical Decision Making: An Application of Hofstede's Typology," *Journal of Business Ethics*, 12(10), 753-760.

von Neumann, J. and Morgenstern, O.(1944), *Theory of Games and Economic Behavior*, Princeton University Press.

Wang, J. and Lee, A. Y.(2006), "The Role of Regulatory Focus in Preference Construction," *Journal of Marketing Research*, 43(1),28-38.

Watson, John J. and Wright, Katrina(2000), "Consumer Ethnocentrism and Attitudes Toward Domestic and Foreign Products," *European Journal of Marketing*, 34(9/10), 1149-1166.

Yoo, Boonghee, and Donthu, Naveen(2005), "The Effect of Personal Cultural Orientation on Consumer Ethnocentrism," *Journal of International Consumer Marketing*, 18(1-2), 7-44.

Zandpour, F., Campos, V., Catalano, J., Chang, C., Cho, Y. D., Jiang, S. F., and Hoobyar, R.(1994), "Global Reach and Local Touch: Achieving Cultural Fitness in TV advertising," *Journal of Advertising Research*, 34(5), 35-64.

전중옥 (대표저자)

현재 부경대학교 경영학부 교수로 재직하고 있다. 성균관대학교와 부산대학교 대학원 (경영학석사)에 이어 미국 University of Alabama에서 마케팅 전공으로 경영학박사를 취득하였다.

영국 Standard Chartered Bank 수출입부 Senior Clerk, 미국 ISSR 마케팅컨설팅 실장, All Communications 마케팅 디렉터 등의 현장 경력과 함께 부경대학교 경영대학장 및 경영대학원장을 역임하였다. 미국 Crummer Graduate School of Business 국제경영학과와 이탈리아 Bocconi University 마케팅학과에서 초빙교수로 강의한 경력과 더불어, 미국 University of Illinois와 일본 Fukuoka 대학에서 방문교수로 지냈다.

Journal of Business Research, International Marketing Review, International Journal of Advertising, 마케팅연구, 소비자학연구, 광고학연구 등 100여편의 국내외 유명 학술지 논문과 함께 저서들이 있다. 주요 관심분야는 소비자행동, 전략적 브랜드 관리, 마케팅 커뮤니케이션, 마케팅 조사, 비교문화연구 등이다. 주요 수상경력으로는 한국마케팅관리학회 최우수논문상(2008), 한국소비자학회 최우수논문상(2009), 한국경제신문 학술상(2010), McGraw-Hill/Irwin Distinguished Paper Awards(2012), CRM 연구 대상(2013) 등이 있다.

또한 한국마케팅학회 회장, 한국마케팅관리학회 회장, 마케팅관리연구 편집위원장 등을 역임하였으며, 한국경영학회 부회장, 한국소비자학회 상임이사를 위시한 관련 학술단체에서의 활동을 수행하였다. 학계 외에도 국가브랜드위원회, 도시브랜드위원회, 민자사업심의위원회 등 국가 및 지방자치단체와 공기관의 위원(장)으로 활동해 오고 있으며, 국내 IT 및 패션 기업 등에서 사외이사, 경영자문역, 고문역을 역임 또는 수행 중에 있다.

이은경

현재 부경대학교 경영학부의 강사로 재직하고 있다.

부경대학교 경영학사, 부산대학교 경영학석사에 이어 부경대학교에서 마케팅 전공으로 경영학박사를 취득하였다. 마케팅연구, 소비자학연구, 한국심리학회지, 마케팅관리연구 등 유명 저널에 다수의 논문을 게재하였으며, 서비스마케팅학회 우수논문상(2017)을 수상했다.

관심분야는 소비자행동, 마케팅 커뮤니케이션, 마케팅 조사, O2O 융합마케팅 등이며, 이러한 관심분야와 함께 마케팅의 다양한 이슈에 대해 연구 활동을 수행하고 있다.

글로벌
마케팅을 위한
소비자행동의
이해

초판인쇄 2019년 02월 25일
초판발행 2019년 02월 25일

지은이 전중옥·이은경
펴낸이 채종준
펴낸곳 한국학술정보㈜
주소 경기도 파주시 회동길 230(문발동)
전화 031) 908-3181(대표)
팩스 031) 908-3189
홈페이지 http://ebook.kstudy.com
전자우편 출판사업부 publish@kstudy.com
등록 제일산-115호(2000. 6. 19)

ISBN 978-89-268-8747-9 93320